掌舵未来：
教师教学管理的新视角

王永领 ◎ 著

吉林文史出版社

图书在版编目（CIP）数据

掌舵未来：教师教学管理的新视角 / 王永领著 .
长春 ：吉林文史出版社，2024. 8. -- ISBN 978-7-5752-
0536-8

Ⅰ . G632.0

中国国家版本馆 CIP 数据核字第 2024U634A8 号

ZHANGDUO WEILAI: JIAOSHI JIAOXUE GUANLI DE XINSHIJIAO

书　　名	掌舵未来：教师教学管理的新视角	
作　　者	王永领	
责任编辑	张　蕊	
出版发行	吉林文史出版社	
地　　址	长春市福祉大路 5788 号	
网　　址	www.jlws.com.cn	
印　　刷	北京四海锦诚印刷技术有限公司	
开　　本	710mm×1000mm　1/16	
印　　张	14.5	
字　　数	232 千字	
版　　次	2025 年 3 月第 1 版	
印　　次	2025 年 3 月第 1 次印刷	
定　　价	58.00 元	
书　　号	ISBN 978-7-5752-0536-8	

前　言

　　随着教育的不断发展和社会的快速变迁，高中教育面临着新的挑战和机遇。教育改革持续推进，学生的学习需求和发展要求也在不断变化，信息技术的发展为教学带来了全新的可能性。在这样的背景下，高中教育需要不断创新，教师教学管理也需要从传统向现代转变，以更好地适应新时代的需求。本书旨在探讨新时代高中教育的新挑战，提出高中教师教学管理的新理念，并就教学设计、课堂管理、学生评价、教学资源与环境优化、教师专业发展等方面提供新视角和策略，以指导高中教师更好地掌舵未来。

　　本书介绍了新时代高中教育面临的挑战，包括教育改革背景、学生发展核心素养的培养、信息化与高中教学的融合，多元化、个性化教学需求等；提出了高中教师教学管理的新理念，包括以学生为中心的教学管理、过程性评价与结果性评价的结合、教师间的协作与共享、终身学习与专业发展等；探讨了教学设计与策略的新视角，包括创新教学设计的基本原则、跨学科融合的教学设计、问题导向与项目式学习、利用技术工具优化教学设计等；讨论了课堂管理与教学氛围的营造，包括有效课堂管理的基础、建立积极的课堂文化、应对课堂中的挑战与冲突、提升学生学习动力的策略等；关注了学生评价与反馈机制，包括学生评价的目的与原则、形成性评价与终结性评价、学生自评与互评的实施、利用反馈改进教学等；强调了教学资源与环境的优化，包括教学资源的整合与利用、创建支持性学习环境、信息技术与教学资源的融合、校外资源的开发与利用等；探讨了教师专业发展与领导力，包括教师专业发展的路径、教师领导力的内涵与培养、教师研究能力的提升、构建教师专业发展共同体等。

　　本书的研究对高中教师具有重要的意义和价值，它提供了新的教学管理思路和方法，为教师在教学实践中提供了更多选择和灵感。通过探索新的教学管理理念，教师可以更好地应对多样化的学生需求，提升教育教学的质量和效果。这有助于建立更具创造性和活力的教育环境，激发学生的学习热情，培养学生的创新精神和批判思维能力，从而实现学生的全面发展，对高中教育的改革和发展具有积极的推动作用。随着社会的不断变革和科技的快速发展，教育体系也需要与时俱进，不断更新理念和方法。本书提出的新视角和策略有助于推动高中教育的转型与升级，使其更符合时代的要求和学生的需求。通过与实际教学实践相结合，本书的研究有望为高中教育带来新的活力和动力，推动教育实践与理论的相互促进，推动教育事业的不断发展。本书的研究呼吁教育工作者不断探索、勇于创新，以更加开放和包容的心态迎接挑战。教育事业是一个永恒的事业，需要不断探索和前行。在不断变化的社会环境中需要不断反思和改进教育教学的理念和方法以适应新时代的需求，本书的研究为教育工作者提供了思考和借鉴的机会，鼓励他们积极探索教育教学的新路径，为教育事业的繁荣发展贡献自己的力量。

目　录

第一章 新时代高中教育的新挑战

第一节 教育改革背景下的高中教学

一、新时代教育改革的趋势分析

在新时代教育改革的浪潮中，教育界正面临着前所未有的变革与机遇，教育科技的融合与应用、课程改革与学习方法创新、教育资源的共享与开放，以及教学评价体系的多元化与个性化，成为推动教育前进的重要趋势。这些变革不仅促进了教育质量和教学效果的提升，还为学生的个性化发展和全面素质提升提供了新的路径，因而分析这些教育改革的趋势具有非常重要的意义。

（一）教育科技的融合与应用

随着科技的不断进步，教育领域也面临着新的挑战和机遇。教育科技的融合与应用已成为新时代教育改革的重要趋势之一。例如利用虚拟现实技术，学生可以在课堂上身临其境地体验历史事件或科学实验，从而增强学习的趣味性和体验感。人工智能技术的应用可以根据学生的学习情况，个性化地推荐学习资源或制订学习计划，提高教学效率和学习成效。教育科技的融合还促进了教育资源的共享与开放，打破了地域和资源的限制，使得优质教育资源能够更加普遍地被广大学生所共享。

（二）课程改革与学习方法创新

随着社会发展和人才需求的变化，课程改革和学习方法创新成为应对新时代教育挑战的重要手段。在课程改革方面，学校逐渐引入跨学科课程，强调学科之间的关联性和综合性，以培养学生的综合素养和创新能力。学习方法的创新也备受重视，例如引入项目式学习、合作学习等新型教学方法，让学生更加活跃地参与到学习过程中，培养其解决问题的能力和团队合作精神。

表1-1-1　课程改革与学习方法创新实施方案

行动方案	具体措施
引入跨学科课程	设计跨学科课程，培训教师定期评估和调整跨学科课程
强调学生综合素养和创新能力	设计课程目标和评价标准，提供多样化的学习任务和项目，鼓励学生在解决问题的过程中运用多种学科知识和技能，创设创新教育平台
引入项目式学习	设计具有挑战性和实践性的项目任务，提供项目导师指导，定期组织项目成果展示和评价
推广合作学习	设计合作学习任务和项目，培训教师，提供合作学习评价机制，评估学生在合作学习过程中的表现和贡献

（三）教育资源的共享与开放

在新时代的教育改革中，教育资源的共享与开放是一项至关重要的举措。通过建设数字化教育平台，各地可以打破地域和资源的局限，实现教育资源的均衡配置和有效利用。这种共享与开放的模式不仅可以让学生在任何时间、任何地点都能够获取到优质的教育资源，还可以促进教育资源的公平共享，缩小地区间教育资源的差距，例如一些优秀的教学视频、教材和教学案例可以通过网络平台免费或付费提供给全国各地的学校和学生使用，从而使得教育资源得以充分流通和共享。这种共享与开放的模式不仅有利于学生的学习，也有利于教师的教学创新和教育质量的提升。因此，教育资源的共享与开放将成为未来教育改革的重要方向之一，推动教育事业向着更加开放、共享、高效的方向发展。

（四）教学评价体系的多元化与个性化

教学评价体系的多元化与个性化是新时代教育改革的重要方向之一，除了传统的考试评价，学校开始广泛采用综合评价、作品展示、实践能力评价等多种方式，以全面评估学生的学习成果和能力。这种多元化的评价体系有助于更全面地了解学生的学习情况，提供更准确的反馈，促进学生的全面发展。个性化评价也备受重视，根据学生的个性特点和学习需求，制定个性化的评价标准和方案，使评价更加贴近学生的实际情况，更有针对性地促进其发展。这样的个性化评价可以更好地激发学生的学习动力，引导其发挥潜能，实现个性化的学习目标。因此，教学评价体系的多元化与个性化不仅有助于提高评价的准确性和有效性，也有助于促进学生的个性化发展和全面素质的提升。

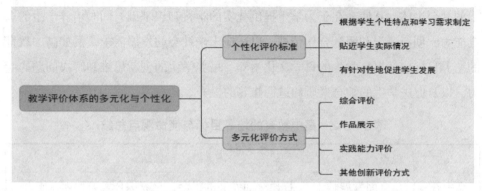

图1-1-1　教学评价体系的多元化与个性化思维导图

新时代教育改革呈现出多方面的趋势和特点，教育科技的融合与应用不断拓展了教学的边界，通过虚拟现实、人工智能等技术为学生提供更丰富的学习体验和个性化学习支持。课程改革与学习方法创新强调跨学科、项目式学习等方式，培养学生的综合能力和创新精神。教育资源的共享与开放通过数字化平台打破了地域限制，让优质教育资源普遍受益。教学评价体系的多元化与个性化更加关注学生个体差异，促进了全面发展和个性化学习目标的实现。这些趋势共同推动着教育朝着更开放、共享、高效的方向发展，为构建更加公平、普惠的教育体系提供了坚实的基础和路径。

二、高中教育在整体教育改革中的地位

高中教育在当今社会教育体系中扮演着至关重要的角色，其培养目标、课程体系调整与优化、特色与定位，以及对未来社会发展的影响与作用，都直接影响着整体教育改革的方向与质量。高中教育不仅是学生学习生涯中的重要阶段，更是塑造未来社会发展方向的关键因素之一，探讨高中教育在整体教育改革中的地位并深入分析其培养目标、课程体系的调整与优化、特色与定位，以及对未来社

会发展的影响与作用，旨在呈现高中教育在推动社会发展和培养人才方面的重要意义。

（一）高中教育的培养目标与使命

高中教育作为学生学习生涯中的重要阶段，其培养目标和使命至关重要。高中教育旨在为学生提供全面发展的机会，培养学生成为具有综合素养和创新能力的社会主体。其使命在于为学生提供扎实的学科知识基础，同时培养学生的思维能力、创新意识和团队合作精神，以适应未来社会的发展需求。例如高中教育的培养目标包括提高学生的科学文化素养、培养学生的创新思维和解决问题的能力，以及促进学生的综合素质和道德修养的提升。

表1-1-2 高中教育的培养目标与使命观点总结

观点	总结
高中教育旨在全面发展学生	提供全面发展的机会，培养综合素养和创新能力
使命是为学生提供学科知识基础	提供学科知识基础，同时培养思维、创新和团队合作能力，适应未来需求
培养目标包括提高科学文化素养等	提高学生科学文化素养，培养创新思维和解决问题能力，促进综合素质和道德修养提升

（二）高中课程体系的调整与优化

随着社会发展和教育理念的不断更新，高中课程体系也需要不断调整与优化。这包括更新课程内容、拓展选修课程、优化课程设置等方面。通过调整课程体系，可以更好地满足学生的学习需求，提高教学质量和效果。例如引入跨学科课程、项目式学习、实践性课程等，以培养学生的综合能力和实践能力，使其在未来社会中更具竞争力。

（三）高中教育的特色与定位

高中教育的特色与定位在整个教育体系中占据着重要地位，因为它直接涉及学生的成长和未来的发展。首先，高中教育应致力于培养学生的创新精神、批判性思维和团队协作能力。这些综合素质在未来社会中至关重要，因为社会不断发展，需要有能力创新解决问题的人才。其次，高中教育不仅是传授学科知识，更应注重培养学生的核心素养和实践能力。这意味着学生需要具备扎实的基础知识，同时也要具备应用知识解决实际问题的能力。在教学内容方面高中课程应更加注重跨学科、实践性和前沿性，激发学生的兴趣和求知欲。教学方法也应多样化，包括启发式教学、项目式学习等，以促进学生的主动学习和合作学习。此外，高中教育的师资队伍建设至关重要，教师需要具备丰富的教学经验和创新能力，能够引导学生全面发展并关注其个性化需求。高中教育的特色与定位应当与社会需求和学生发展需求紧密结合，为学生提供全面发展和个性化发展的支持。

（四）高中教育对未来社会发展的影响与作用

高中教育作为青少年成长过程中至关重要的一环，对未来社会发展具有深远的影响与重要的作用。高中教育的目标是培养具有创新精神和综合素质的优秀人才。通过提供全面的学科知识和实践能力的培养，高中教育为未来社会的各个领域提供了必要的人才支撑。这些人才不仅具备专业技能，还具有创新意识、团队合作能力和社会责任感，能够适应并引领社会的发展趋势。高中教育承担着培养国民素质、传承文化的重要使命，在高中阶段的学生接受的不仅是学科知识，更是民族文化、传统价值观等方面的教育。这种文化传承不仅有助于学生形成正确的价值观念，更有助于维护社会的文化传统和社会稳定。高中教育还对社会的可持续发展和进步起到了积极的推动作用，通过培养具有良好道德素养和社会责任感的学生，高中教育促进了社会的和谐稳定。高中教育也为社会的各个领域输送了大量的专业人才，推动了社会经济、科技、文化等方面的发展。因此，高中教育在整体教育改革中的地位至关重要，其发展和完善不仅关系到个体学生的成长与发展，更关系到未来社会的发展方向和质量。只有不断优化高中教育，培养更多具有创新意识、综合素质和社会责任感的优秀人才，才能更好地推动社会的可持续发展和进步。

高中教育在整体教育改革中占据关键地位，旨在全面发展学生，培养其综合素养和创新能力。通过不断调整课程体系，高中教育满足学生学习需求，为未来社会提供人才支撑，推动文化传承与社会发展。

三、新时代对高中教师的专业素养要求

新时代对高中教师的专业素养提出了更高的要求，其中包括教育理念与教学方法的更新、跨学科能力与综合素养的培养、信息技术应用能力的提升，以及创新能力与问题解决能力的发展。这些要求反映了社会对教育的不断发展和变革，也呼唤着教师在教学实践中不断进步和完善，以更好地适应新时代的教育需求。

（一）教育理念与教学方法的更新与转变

新时代对高中教师的专业素养提出了更高的要求，这包括教育理念与教学方法的更新与转变。传统的教学模式已经不能满足当今社会快速变化的需求，因此，教师需要不断更新自己的教育理念并采用更加灵活多样的教学方法。例如传统的讲授式教学正在向启发式教学、探究式学习等转变。这种转变注重激发学生的兴趣和创造力，引导学生积极参与学习过程，从而更好地适应新时代的教育需求。教师不再是简单地传授知识，而是充当着引导者和激励者的角色，致力于培养学生的创新思维、批判性思维和合作精神。这种更新与转变需要教师不断学习、反思和实践，以适应教育领域的不断发展和变化，为学生提供更优质的教育服务。

（二）教师的跨学科能力与综合素养

新时代的高中教师的专业素养要求不仅限于单一学科的教学能力，更强调跨学科能力与综合素养的发展。现代社会的发展呼唤教师具备跨学科的知识视野和综合素养，能够跨越学科边界，整合不同学科的知识和资源，为学生提供更丰富的学习体验和更深入的学习内容。这种跨学科能力不仅意味着教师要拥有多学科知识，还需要具备解决跨学科问题的能力和方法，例如一位语文老师不仅要关注语言文学领域，还应了解历史、哲学等其他学科的相关知识，通过跨学科的视角帮助学生更好地理解文学作品背后的历史和思想内涵。这种综合素养的发展，有助于拓宽学生的学科视野，促进学生的综合能力和创新能力的提升，更好地适应未来社会的发展需求。因此，高中教师在新时代的教育实践中，应不断加强自身的跨学科学习和能力培养，努力打破学科壁垒，为学生提供更加全面和丰富的教育资源和学习体验。

（三）教师的信息技术应用能力

新时代高中教师的专业素养要求不仅包括教学内容和方法的更新，还涉及信息技术应用能力的提升。随着信息技术的飞速发展，教育领域也日新月异，教师需要具备较高的信息技术应用能力。这包括熟练运用各种教育技术工具，如智能化教学设备、网络教学平台等，将现代技术融入教学中。例如教师可以利用智能化教学设备展示生动的教学资源，如动画、视频等，激发学生的学习兴趣；借助网络教学平台，教师可以开展在线互动教学，提供更加个性化的学习体验，促进学生的自主学习和合作学习。通过提升信息技术应用能力，教师不仅可以提升教学效果和教学体验，还能更好地满足学生在信息化时代的学习需求，培养学生的信息素养和创新能力，为其未来的发展奠定坚实的基础。因此，信息技术应用能力已成为新时代高中教师必备的重要素养之一，教师应积极提升自身的技术水平，不断适应和应用新技术，为教育事业注入新的活力和动力。

（四）教师的创新能力与问题解决能力

高中教师的专业素养要求不仅包括传统的教学技能，更强调创新能力与问题解决能力的培养。教师需要不断创新教学内容和方法，以适应社会发展的需求并引领学生积极探索、勇于实践。例如教师可以结合学科知识和实践经验，设计项目式学习或探究式教学活动，激发学生的学习兴趣和创造力，培养其自主学习和解决问题的能力。面对教学中的各种挑战和问题，教师需要具备解决问题的能力，灵活应对各种教学情境。例如在课堂上遇到学生理解困难时，教师可以采用多样化的教学方法，如辅助解释、示范演示等，帮助学生克服困难。教师还应该善于分析和解决教育实践中的各种问题，如课程设计、学生管理等方面的挑战，为学生的成长和发展提供更好的支持和指导。因此，创新能力与问题解决能力已成为高中教师必备的重要素养之一，教师应积极拓展自身的思维和能力，不断提升自己的教育水平，为学生的全面发展和未来的成功奠定坚实的基础。

新时代高中教师的专业素养要求多方面，包括更新教育理念与教学方法、培养跨学科能力与综合素养、提升信息技术应用能力，以及发展创新能力与问题解决能力。这些要求不仅要求教师在自身学科领域有所突破，更要求其具备跨学科、创新和解决问题的能力，以更好地引领学生应对未来的挑战和变化，促进学生全面发展。

四、教学管理面临的新挑战

教学管理在当今社会面临着诸多新挑战，其中包括学生需求多样化、教师队伍结构优化、教学资源合理配置及教学评价与质量监控的有效实施等方面。随着社会的不断发展和进步，教育的角色和意义变得日益重要，因此，教学管理的质量和效率对于培养优秀人才、推动社会进步至关重要。下文就这些新挑战展开探讨，以期为教育管理者提供思路和解决方案。

（一）学生多样化需求与个性化教育管理

随着社会的不断发展和进步，学生的需求也变得越来越多样化。学生来自不同的家庭背景，具有不同的学习习惯和兴趣爱好，因此对教育的需求也各不相同。这种多样化的需求要求教育管理者和教师实施个性化教育管理，以更好地满足学生的学习需求和发展特点。例如在课堂上，教师可以采用差异化教学策略，根据学生的学习水平和兴趣特点，设计不同的教学内容和任务，使每个学生都能够得到有效的学习支持和指导。学校还可以建立个性化学习档案，定期跟踪学生的学习情况和发展需求，为其提供个性化的学习计划和服务，从而更好地促进学生的全面发展。

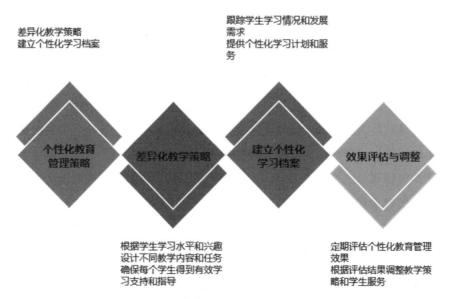

图1-1-2　学生多样化需求与个性化教育管理流程图

（二）教师队伍结构与培训体系的优化

教师队伍的结构对于教学管理至关重要，随着教育理念的不断更新和学科知识的不断发展，教师队伍需要不断优化和完善，以适应新时代的教育需求。这包括招聘具有专业素养和创新能力的优秀教师，激励教师持续提升自身的教育水平和教学能力。建立健全的教师培训体系也是教学管理面临的重要挑战之一。通过开展系统的教师培训活动，包括专业知识的更新、教学方法的研讨及教育技术的应用等，不断提升教师的专业素养和教学水平，以更好地满足学生的学习需求和社会的发展要求。

表1-1-3　教师队伍结构与培训体系的优化行动方案及措施

行动方案	具体措施
优化教师队伍结构	招聘具有专业素养和创新能力的优秀教师，确保教师队伍的质量和多样性
	建立激励机制，鼓励教师持续提升教育水平和教学能力，如提供晋升机会、绩效奖励等
	实施教师团队协作制度，促进教师之间的交流和合作
建立健全的教师培训体系	开展系统的教师培训活动，涵盖专业知识更新、教学方法研讨、教育技术应用等方面
	制订教师培训计划，确保培训活动的定期开展和持续改进，满足教师发展的不同需求
	引入外部专家和学者，提供先进的教育理念和实践经验，丰富教师的知识和视野
提升教师专业素养和教学水平	组织教师参加学科竞赛、教育研讨会等活动，促进其专业素养和教学水平的提升
	支持教师开展教学研究和创新，提供相应的资源和时间，鼓励教师在教学实践中尝试新方法和策略
	开展教师评价和反馈机制，通过课堂观察、学生反馈等方式评估教师教学效果，提供改进建议和支持

（三）教学资源配置与利用的合理化

有效的教学资源是教育质量的重要保障之一，然而目前教学资源的分配和利用存在着不均衡和浪费的现象，这给教学管理带来了新的挑战。因此，教学管理者需要加强对教学资源的调查和评估，合理配置教学资源，确保资源的有效利用和优化。例如可以建立教学资源共享平台，促进校际资源共享和协作，提高资源利用效率；还可以加强对教学设备和教材的更新和管理，确保教学资源的更新和优质化，为学生提供更好的学习条件和环境。

（四）教学评价与质量监控的有效实施

教学评价和质量监控是教学管理的重要环节，可以帮助学校和教师及时发现问题、改进教学方法、提高教育质量。然而在实际操作中教学评价存在着标准不一、方法单一等问题，质量监控的效果不尽如人意。因此，教学管理者需要加强对教学评价体系的建设和完善，探索多元化的评价方法，包括学生自评、同行评议、家长评价等，全面了解教学过程和教育效果。建立健全的质量监控机制，加强对教学过程和教师队伍的监督和管理，及时发现问题、解决问题，保障教育质量的稳步提升。

教学管理所面临的新挑战需要以更加开放的心态和创新的思维来应对，学生多样化需求要求实施个性化教育管理，教师队伍结构的优化需要不断提升教师的专业素养和教学能力，教学资源的合理配置需要加强对资源的调查评估和利用，而教学评价与质量监控的有效实施则需要建立完善的评价体系和监控机制。只有这样，才能更好地应对教育管理中的各种挑战，不断提升教育质量，为社会的发展和进步做出更大的贡献。

第二节　学生发展核心素养的培养

一、核心素养的定义及其对教育的重要性

核心素养是当代教育领域的一个重要概念，涵盖了学生在学习过程中所需掌

握的基本能力和品质。与传统的知识技能相比，核心素养更加注重学生的综合发展和情感品质的培养，其中包括批判性思维、创造力、沟通能力及合作精神等。这些素养不仅有助于学生在学业上取得成功，更重要的是为学生未来面对各种挑战时能够做出恰当的应对，以及展现出更高的素养和品质。下文将探讨核心素养的定义及其对教育的重要性，以及它与学生综合发展、21世纪能力的关联，最后重点阐述核心素养在培养学生创新思维和解决问题能力方面的作用。

（一）核心素养的概念解析

核心素养是指学生在学习过程中所须掌握的基本能力和品质，它不仅局限于学科知识的掌握，更注重学生的综合发展和情感品质的培养。这些素养包括但不限于批判性思维、创造力、沟通能力及合作精神等。批判性思维能够帮助学生分析问题、评估信息，做出理性的判断；创造力则激发学生的想象力和创新能力，培养学生解决问题的能力；沟通能力是指学生能够有效地表达自己的观点、倾听他人的意见并能够与他人进行良好的交流；而合作精神则强调了学生在团队合作中的重要性，培养了学生的团队意识和合作能力。在当今社会快速变化的环境下，培养学生的核心素养已经成为教育的重要任务之一，以帮助学生更好地适应未来的挑战和发展需求。

（二）核心素养对学生综合发展的意义

核心素养对学生综合发展具有深远的意义，其培养不仅是为了学业上的成功，更是为了学生在未来面对各种挑战时能够做出恰当的应对。核心素养的培养有助于学生更好地适应未来的职业发展。随着社会的不断进步和变化，传统的知识技能已经不能满足现代职场的需求，而具备批判性思维、创造力、沟通能力和合作精神等核心素养的学生更具竞争力，能够更好地适应和胜任未来的工作。核心素养的培养也有助于学生在日常生活中展现出更高的素养和品质，例如通过培养沟通能力和合作精神，学生能够更好地处理人际关系，建立良好的人际网络；而通过培养创造力，学生能够更好地解决生活中的问题，创造更美好的生活。核心素养的培养不仅有助于学生的职业发展，更能够提升学生在各个方面的综合素养，使其成为未来社会的有益成员。

（三）核心素养与 21 世纪能力的关联

核心素养与21世纪所需的能力密切相关，这些能力包括但不限于创新能力、信息素养、跨文化沟通能力等。创新能力是21世纪所需的重要素养之一，它要求个体能够不断地提出新的想法、解决问题，并将创意付诸实践。核心素养中的创造力正是培养学生创新能力的基础。信息素养是指个体能够有效地搜索、评估和利用信息的能力，这在信息爆炸的时代显得尤为重要。核心素养中的批判性思维和沟通能力能够帮助学生辨别信息的真伪，从而提高学生的信息素养水平。随着全球化进程的加速，跨文化沟通能力也成为21世纪必备的能力之一。核心素养中的合作精神能够帮助学生在跨文化环境中更好地与他人合作，解决跨文化交流中的问题。核心素养与21世纪所需的能力密切相关，其培养可以帮助学生更好地适应当今社会的发展趋势，具备应对各种挑战的能力。

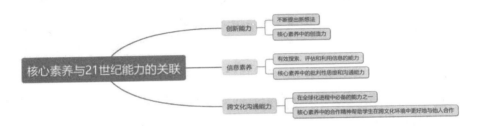

图1-2-1 核心素养与21世纪能力的关联思维导图

（四）核心素养在培养学生创新思维和解决问题能力方面的作用

核心素养在培养学生创新思维和解决问题能力方面起着至关重要的作用。核心素养中的批判性思维培养了学生分析问题、评估信息、提出合理解决方案的能力。这种思维方式激发了学生的创新意识，使学生能够勇于挑战现状，寻找新的解决方案。核心素养中的创造力培养了学生独立思考、富有想象力的能力，使学生能够在解决问题时提出独特的、创新的解决方案。核心素养还强调学生的合作精神，通过团队合作，学生可以共同思考、协同努力，更快地找到问题的解决方案。核心素养的培养使学生在面对问题时能够具备批判性思维、创新意识和团队合作精神，从而更好地应对各种挑战，展现出更强的领导力和创新能力。

核心素养作为学生在学习过程中所需掌握的基本能力和品质，对于学生的综合发展具有深远的意义。通过培养核心素养，学生不仅能够更好地适应未来的职业发展，还能够在日常生活中展现出更高的素养和品质。核心素养与21世纪所需的能力密切相关，其培养可以帮助学生更好地适应当今社会的发展趋势，具备应对各种挑战的能力。特别是在培养学生创新思维和解决问题能力方面，核心素养发挥着至关重要的作用，激发学生的创新意识和团队合作精神，使他们能够更好地应对各种挑战，展现出更强的领导力和创新能力。

二、核心素养在高中教学中的具体体现

核心素养的融合与体现是高中教学中的关键所在，不仅要传授学科知识，还需要培养学生的批判性思维、创造力、沟通能力和合作精神等核心素养。这不仅是为了应对日益复杂的社会环境，更是为了培养学生的综合能力和价值观，为其未来的发展打下坚实的基础。

（一）学科知识与核心素养的融合

高中教学中的学科知识与核心素养的融合是至关重要的，通过将学科知识与核心素养相结合，可以促进学生全面发展。例如历史课程不仅是简单地传授历史事件和人物，还应该培养学生的批判性思维。比如在学习二战时，教师可以引导学生分析战争爆发的原因，评估各方的行动及思考战后的影响。这样的学习过程不仅帮助学生掌握历史知识，还培养了学生的批判性思维和分析能力。

（二）核心素养在课程设置中的体现

在高中课程设置中体现核心素养的培养至关重要，除了传统的学科知识外，课程应该设计多样化的活动，以培养学生的综合能力和品质。例如在语言课程中，可以安排写作、演讲、辩论等活动，让学生有机会提高沟通能力和表达能力。通过写作锻炼学生的逻辑思维和文字表达能力，通过演讲和辩论培养学生的口头表达和辩论技巧。引入跨学科的内容也是一种有效的方式，让学生在学习中获得更广泛的知识，形成全面的视野。例如将文学作品与历史背景结合，让学生了解文学作品所处的历史时代，从而加深对文学作品的理解。通过这样的课程设置，学生不仅能够掌握学科知识，还能够培养批判性思维、创造力、沟通能力和合作精神等核心素养，为未来的发展打下坚实的基础。

（三）核心素养在学生综合能力评价中的应用

在学生综合能力评价中，充分考虑核心素养的表现是非常重要的。传统的考试评价往往只能反映学生的知识掌握程度，而忽略了其他重要的能力和品质。因此，采用项目作业、口头报告、团队合作等方式进行评价可以更全面地了解学生的综合能力和核心素养水平。例如团队项目可以成为评价学生综合能力的有效方式，在这样的项目中，学生不仅需要展示对学科知识的理解和应用，还需要展现出批判性思维、沟通能力和团队合作精神。学生在团队合作中能否有效地交流和协作，能否运用批判性思维解决问题，以及最终的项目成果是否创新且符合要求，都可以作为评价的重要指标。口头报告也是评价核心素养的有效手段之一，通过让学生进行口头表达，不仅可以考查学生的沟通能力和表达能力，还可以了解学生的思维深度和创造力。学生在报告中能否清晰地陈述观点、逻辑清晰地展开论述，以及是否能够应对提问和反驳，都是评价核心素养的重要方面。

表1-2-1　核心素养在学生综合能力评价中的应用观点总结

观点	总结
传统考试评价只反映知识掌握程度	传统考试评价无法全面评价学生的能力和素养
采用项目作业、口头报告、团队合作等方式可以更全面地评价学生的综合能力和核心素养	项目作业、口头报告和团队合作等方式包括批判性思维、沟通能力和团队合作精神等
学生在团队项目中展示的交流、协作、批判性思维等能力	在团队项目中，学生需要展示多方面的能力，如交流协作能力及运用批判性思维解决问题的能力，这些是评价学生综合能力和核心素养的重要指标
口头报告能够考查学生的沟通能力、表达能力、思维深度和创造力	口头报告是评价学生核心素养的有效手段之一，包括沟通、表达、思维和创造力等

（四）核心素养对学生学习态度和价值观的影响

核心素养的培养对学生的学习态度和价值观产生了积极的影响，通过培养批判性思维和创造力，学生逐渐形成了积极探索、勇于挑战的学习态度。学生不再满足于仅仅接受表面知识，而是更倾向于深入思考问题的根本原因，寻求创新的解决方案。这种积极的学习态度使学生更加乐于接受新的知识和挑战，不断提升自己的能力。通过培养合作精神和沟通能力，学生学会了更好地与他人合作，形成了积极的学习氛围。在合作中，学生学会了尊重他人、倾听他人的意见并能够有效地与他人进行交流和协作。这种合作精神不仅有助于他们更好地理解知识，还能够培养他们的团队意识和社会责任感。在这样的学习氛围中，学生能够相互激励、共同进步，形成良好的学习习惯和积极的学习态度。

高中教学中的学科知识与核心素养的融合表现在课程设置、教学方法和评价方式等方面，通过设计多样化的活动和引入跨学科内容，学生不仅能够掌握学科知识，还能够培养批判性思维、创造力、沟通能力和合作精神等核心素养。这样的教学模式不仅有助于学生全面发展，还能够对其学习态度和价值观产生积极的影响，使他们成为未来社会的有益成员。

三、教师在核心素养培养中的关键角色

教师在核心素养培养中扮演着关键的角色，其意识与态度、教学方法与策略、个性化指导与辅导及与家校合作等方面的作用不可忽视。通过深入了解教师在这些方面的作用，能够更好地理解他们如何影响学生的全面发展和核心素养的提升。

（一）教师的意识与态度

教师的意识与态度对核心素养培养起着关键作用。教师需要深刻认识到核心素养的重要性，意识到不仅要传授学科知识，还要培养学生的综合能力和品质。教师的积极态度能够激发学生的学习兴趣和参与度，鼓励他们勇于探索、思考和创新。例如一位具有积极意识和态度的教师会鼓励学生提出问题、质疑现象并引导他们通过批判性思维去探究问题的本质，从而培养学生的独立思考能力。

（二）教师的教学方法与策略

教师的教学方法与策略是核心素养培养的重要手段。教师应该采用多样化

的教学方法，如启发式教学、问题解决式教学等，以激发学生的学习兴趣和主动性。例如一位教师可以通过提出具有挑战性的问题，引导学生运用所学知识和技能去解决问题，从而培养他们的创造力和解决问题的能力。教师还应该根据学生的个体差异采取个性化的教学策略，满足不同学生的学习需求和发展水平。

表1-2-2 教师的教学方法与策略实施方案

行动方案	具体措施
采用多样化的教学方法	使用启发式教学方法，通过引导学生思考和探索，激发其学习兴趣和主动性
	实施问题解决式教学，提出具有挑战性的问题，引导学生运用知识和技能解决问题，培养其创造力和解决问题的能力
个性化教学策略	了解学生的个体差异，包括学习风格、兴趣爱好、学习能力等，制定针对性的教学策略，满足不同学生的学习需求和发展水平
	提供个性化的学习资源和辅助材料，帮助学生弥补知识和技能方面的不足，提升其学习效果和成绩
运用现代教育技术	整合现代教育技术，如多媒体教学、网络课堂等，丰富教学手段，提高教学效果和吸引力
	引导学生利用互联网资源进行自主学习和探究式学习，培养其信息获取和分析能力，拓宽学习视野

（三）教师的个性化指导与辅导

教师的个性化指导与辅导在学生核心素养培养中扮演着至关重要的角色。通过关注每个学生的独特特点和学习需求，教师能够为他们提供量身订制的学习指导和支持。例如针对那些在沟通能力方面较为薄弱的学生，教师可以开展额外的口头表达训练活动。这些训练不仅包括技巧性的讲解，更重要的是针对性的练习和个性化的反馈。通过这样的个性化指导，学生能够在一个更加适应自己学习需求的环境中获得成长，从而提升他们的核心素养水平。教师的个性化指导和辅导能够激发学生的学习潜力，促进他们的全面发展。

（四）教师与家校合作在核心素养培养中的作用

教师与家校合作在学生核心素养培养中扮演着不可或缺的角色。家长是学生成长过程中的重要支持者，他们与教师的密切合作能够促进学生的综合发展。例如教师可以定期与家长交流学生的学习情况和进展，共同探讨如何更好地支持学生的学习和成长。这种合作有助于建立起学生学校和家庭之间的紧密联系，使得学生在学校和家庭中得到一致的教育指导和支持。家长也可以在家庭环境中为学生创造积极的学习氛围，鼓励他们发展核心素养。例如家长可以鼓励孩子参加课外活动，提供额外的学习资源和支持。通过教师与家校的合作，学生能够得到更全面的支持和指导，有助于他们核心素养的全面提升。这种紧密的合作关系不仅有助于促进学生的学业发展，还能够培养他们的社会责任感和团队合作精神，为他们未来的成功打下坚实的基础。

教师在核心素养培养中的关键角色体现在多个方面：他们的意识与态度影响着学生的学习态度和动力，教学方法与策略直接影响学生的学习效果和能力培养，个性化指导与辅导帮助学生在个体差异中实现全面发展，而与家校合作则为学生提供了更广泛的支持和指导。教师的角色不仅在于传授知识，更在于激发学生的潜力和培养他们的综合素养，为其未来的成功奠定坚实基础。

四、实施核心素养培养的有效教学策略

实施核心素养培养的有效教学策略是教育领域的重要议题之一。在当今社会，传统的教学方法已经不能满足学生全面发展的需求，因此，教育界不断探索并实践各种教学策略，以培养学生的综合素养。下文将探讨几种有效的教学策略，包括项目式学习法、合作学习、实践性教学及利用创新教学技术实现个性化学习路径。

（一）项目式学习法的运用

项目式学习法是一种基于学生自主探究和实践的教学方法，能够有效促进学生的综合素养发展。通过项目式学习，学生可以在解决具体问题的过程中，融合多学科知识，培养批判性思维和解决问题的能力。例如一位教师在生物课上组织学生进行生态环境保护项目，学生需要调查本地生态环境的现状、分析存在的问题并提出改进方案。在这个过程中，学生不仅学习了生物学的知识，还涉及地理、社会学等多个学科领域，培养了他们的跨学科能力和综合素养。

（二）合作学习与团队合作能力的培养

合作学习在学生团队合作能力的培养中扮演着重要角色。例如在一堂英语课上，教师可以组织学生分成小组，共同完成一个英语演讲项目。每个小组成员都需要参与讨论、协商并分工合作完成演讲稿的撰写和演绎。在这个过程中，学生不仅学习了英语表达的技巧，还培养了团队合作的精神，学会了如何在小组中有效沟通和协作。通过这样的合作学习，学生不仅能够提升自己的个人能力，还能够体验到团队协作的重要性，从而培养良好的团队合作能力和解决问题的技能。

（三）实践性教学与跨学科学习

实践性教学是一种学生能够深度参与并激发他们学习兴趣的方法。例如在化学课上，教师可以组织学生进行化学实验，让他们亲自动手操作、观察现象并通过实验结果进行分析和总结。通过这样的实践性教学，学生不仅能够加深对化学知识的理解，还能够培养实验技能和科学思维。例如在酸碱中和实验中，学生不仅学习了化学反应的基本原理，还亲自操作酸碱溶液的配制和滴定过程，从中体会到化学实验的精密性和实践操作的重要性。实践性教学也有助于促进跨学科学习。例如在进行化学实验时，学生需要运用数学知识计算溶液浓度，同时也涉及物理学中有关浓度的概念。因此，实践性教学不仅可以加强学生对具体学科的理解，还能够促进不同学科之间的联系和整合，培养学生的综合素养。

（四）创新教学技术与个性化学习路径

创新教学技术为教学带来了更多可能性，尤其是在个性化学习路径的设计上。通过利用现代科技手段，如互动式教学软件和虚拟实验室，教师能够为学生创造个性化的学习体验。例如教师可以利用在线教学平台为学生设置不同的学习任务和资源，根据他们的学习进度和水平进行教学内容和方式的调整。这意味着，学生可以按照自己的学习节奏和方式进行学习，不再受到传统课堂的时间和空间限制。对于那些学习速度较快或较慢的学生，他们都能够在个性化的学习路径上获得更好的学习体验和效果。而且，通过这样的个性化学习路径，学生的学习兴趣也会得到更好的激发，从而更加积极主动地参与学习，提高他们的学习素养水平。因此，创新教学技术的应用不仅能够提高教学效果，还能够为学生提供更加个性化和优质的教育体验。

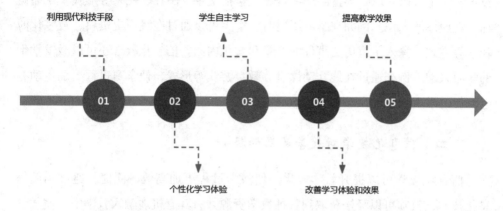

图1-2-2　创新教学技术与个性化学习路径流程图

项目式学习法通过让学生自主探究和实践，促进他们跨学科综合素养的发展。合作学习培养了学生的团队合作能力，帮助他们在团队中有效地协作解决问题。实践性教学不仅加深了学生对学科知识的理解，还促进了跨学科学习的整合。而创新教学技术为个性化学习提供了路径，能够更好地满足不同学生的学习需求，激发他们的学习兴趣，提高学习效果和素养水平。这些教学策略的综合运用将有助于培养学生全面发展所需的核心素养。

第三节　信息化与高中教学的融合

一、信息化教学的意义及其发展趋势

信息化教学的发展对教育领域产生了深远的影响，它不仅为学生学习提供了更灵活、多样的方式和平台，还提升了教学效果，改变了传统的教育模式。信息化教学的未来发展趋势展示了更广阔的前景，将与新兴技术的应用深度融合，为教育带来更多可能性。下文将探讨信息化教学的意义及其发展趋势，以及对学生学习、教学效果和教育教学模式的影响。

（一）信息化教学对学生学习的促进作用

信息化教学为学生学习提供了更加灵活、多样的方式和平台，通过信息化技术，学生可以获取到丰富的学习资源，包括文字、图片、视频等形式，从而更加直观地理解知识。例如在学习历史时，学生可以通过在线历史资料、数字化博物馆等方式，深入了解历史事件的背景和文化内涵。信息化教学还可以激发学生的学习兴趣。例如通过在线互动课堂、教育游戏等形式，使学习过程更加生动有趣，促进学生的积极参与和主动学习。

（二）信息化教学对教学效果的提升

信息化教学可以提升教学效果，使教学过程更加高效、便捷，通过利用信息化技术，教师可以轻松获取到各种教学资源并将其有机地融入教学中，使教学内容更加生动、直观。例如使用多媒体教学课件、在线教学平台等工具，教师可以通过图片、视频等形式展示抽象概念，帮助学生更好地理解和掌握知识。信息化教学还能够提供个性化的学习体验，根据学生的学习特点和需求进行订制化教学，提高教学的针对性和有效性。因此，信息化教学不仅可以丰富教学手段，提升教学质量，还能够激发学生的学习兴趣，促进他们提高学习效果。

（三）信息化教学对教育教学模式的变革

信息化教学正逐渐改变传统的教育教学模式，实现教育的个性化、差异化发展。传统的教育教学模式注重教师的讲授和学生的被动接受，而信息化教学则更加注重学生的主动参与和个性化学习。例如通过在线学习平台、远程教育系统等工具，学生可以随时随地进行学习，不受时间和地点的限制，从而实现教育的灵活性和自主性。信息化教学还能够打破传统学科之间的界限，实现跨学科的整合和交叉，促进学科知识的综合应用和创新发展。

表1-3-1　信息化教学对教育教学模式的变革观点总结

观点	总结
信息化教学注重学生主动参与和个性化学习	信息化教学强调学生在学习过程中的主动性和个性化，与传统模式中教师讲授、学生被动接受有所不同

续表

观点	总结
利用在线学习平台等工具，学生具备时间和地点自由	学生通过在线学习平台和远程教育系统等工具，能够随时随地进行学习，克服了时间和地点上的限制，增加了学习的灵活性
打破学科界限，促进跨学科整合与创新发展	信息化教学有助于打破传统学科之间的界限，促进不同学科之间的整合和交叉，推动学科知识的综合应用和创新发展

（四）信息化教学的未来发展趋势与前景展望

　　未来的信息化教学将迎来更广阔的发展前景，与教育教学的融合将更加深化。新兴技术如人工智能、大数据和虚拟现实将为信息化教学带来更多的可能性，例如人工智能技术能够根据学生的学习数据和状态，智能生成个性化的学习内容和教学方案，从而满足不同学生的学习需求；大数据分析将为教师提供精准的教学反馈和指导，帮助他们更好地调整教学策略。这些新技术的应用将使信息化教学呈现出更加多样化、智能化的趋势，促进教育的个性化、差异化发展。未来信息化教学将成为教育发展的重要方向，为每个学生提供更优质的学习体验和发展机会，进一步推动教育的进步与发展。

　　信息化教学对学生学习起到了促进作用，为他们提供了更多样化的学习资源和平台，激发了学习兴趣，使学习过程更加生动有趣。它也提升了教学效果，使教学更高效、便捷，提供了个性化的学习体验，增强了教学的针对性和有效性。信息化教学正在改变传统的教育模式，实现了教育的个性化、差异化发展，打破了学科之间的界限，促进了知识的综合应用和创新发展。未来随着人工智能、大数据和虚拟现实等新技术的不断发展，信息化教学将呈现出更多样化、智能化的趋势，为每个学生提供更优质的学习体验和发展机会，推动教育的进步与发展。

二、高中信息化教学的现状与挑战

　　尽管高中信息化教学已经在许多地区得到了普及，为学生和教师提供了更多元化的学习方式和平台，然而信息化教学也面临着一系列挑战，如教育资源不均衡、教师培训不足及学生自律意识的缺乏，因而有必要探讨高中信息化教学的现状、挑战及未来的发展趋势。

（一）高中信息化教学的普及程度和应用范围

目前，高中信息化教学在许多地区已经得到了普及，应用范围涵盖各个学科和教学环节。许多学校配备了多媒体教室和电子教学设备，教师可以利用这些设备进行教学，呈现课程内容、展示教学资源。许多高中还建立了在线学习平台或者使用教育应用程序，学生可以通过这些平台获取学习资料、参与在线讨论、完成作业等。信息化教学已经成为高中教育的一部分，为教学提供了更多元化的方式和平台。

表1-3-2　高中信息化教学的普及程度和应用范围行动方案及措施

行动方案	措施
提升教师信息化教学能力	为教师提供信息化教学培训，包括多媒体教学技术和在线教育工具的使用
推广多媒体教室和电子教学设备的使用	在学校配备多媒体教室，安装投影仪、电子白板等设备，提供教师进行多媒体教学的场所和设备
建立和完善在线学习平台和教育应用程序	开发或引入在线学习平台和教育应用程序，为学生提供课程资料、在线讨论、作业提交等功能
加强信息化教学与传统教学的整合	整合信息化教学资源与传统教材，设计具有互动性和多样性的教学内容
持续评估和改进信息化教学效果	设立评估机制，定期收集信息化教学效果的反馈意见，进行评估和改进

（二）高中信息化教学中存在的问题和挑战

尽管高中信息化教学取得了一定的进展，但仍然面临一些问题和挑战，包括教育资源不均衡、教师信息化教学能力不足、学生自律意识不强等。在一些地区，教育资源分配不均衡，导致一些学校的信息化教学设备和资源较为匮乏，影响了信息化教学的质量。一些教师缺乏信息化教学的相关培训和技能，难以充分利用信息化技术进行教学。一些学生对于信息化教学的自主学习能力和自律意识不足，容易产生学习效果不佳的情况。因此，需要进一步加强教育资源的均衡配置、提升教师的信息化教学能力并加强学生的信息素养培养，以应对信息化教学中的挑战和问题。

（三）学生和教师在信息化教学中的角色和态度

在信息化教学中的学生和教师扮演着不同但同样重要的角色，学生不再是被动接受者，而是积极的学习者和参与者。他们需要主动利用电子资源、网络平台和多媒体工具，积极探索知识，解决问题，培养自主学习的能力。教师成为信息化教学的设计者和引导者，他们需要灵活运用信息技术，设计多样化的教学活动，根据学生的需求和学习进度调整教学内容和方法。除了传授知识，教师还扮演着引导学生探索、思考和创造的角色。在这一过程中，学生和教师都需要保持积极的态度，不断学习和探索新的教学方法和技术，以提升教学效果和学习成果。只有通过共同努力，才能实现信息化教学的最大价值，促进学生全面发展。

（四）高中信息化教学的发展趋势与未来挑战

未来的高中信息化教学将持续向智能化、个性化发展。随着人工智能、大数据等技术的广泛应用，信息化教学将更加智能化，能够根据学生的个性化需求和学习状态，智能生成个性化的学习内容和教学方案，例如人工智能可以根据学生的学习数据和行为模式，提供个性化的学习建议和反馈，帮助学生更高效地学习。信息化教学也面临着一些挑战，如教育资源不均衡、教师信息化教学能力不足等。应对这些挑战需要政策支持和专业培训，以提高教育资源的配置均衡性，加强教师的信息化教学能力，推动高中信息化教学的全面发展。只有通过不断创新和努力，才能实现信息化教学在高中教育中的更大突破和进步。

高中信息化教学的普及程度和应用范围已经较广，但仍然存在诸多问题和挑战。学生和教师在信息化教学中的角色和态度也在不断演变。未来随着人工智能、大数据等技术的发展，高中信息化教学将朝着智能化、个性化的方向发展，但同时也需要解决教育资源不均衡、教师培训不足等问题，以推动信息化教学在高中教育中的全面发展。

三、提升教师信息化教学技能的途径

随着科技的迅速发展，信息化技术已经深刻改变了教育的面貌，使得教师信息化教学技能变得至关重要。教师需要具备这些技能，以适应现代教学环境，有效地利用各种技术手段设计和实施教学活动，从而提高教学效率，丰富教学内容，激发学生的学习兴趣和参与度，因此，提升教师信息化教学技能已成为教育领域的当务之急。

（一）教师信息化教学技能的必要性和重要性

教师信息化教学技能的必要性和重要性不容忽视。随着科技的快速发展，信息化技术已经深刻改变了教育的面貌，教师需要具备良好的信息化教学技能，才能更好地适应现代教学环境，有效地利用各种技术手段设计和实施教学活动。拥有这些技能可以帮助教师提高教学效率，丰富教学内容，激发学生的学习兴趣和参与度。例如教师可以通过利用网络资源、多媒体教学工具等，打破传统的课堂教学模式，创造更具互动性和趣味性的学习氛围，更好地促进学生的学习和发展。因此，教师信息化教学技能的提升对于提高教学质量和培养学生的综合素养具有重要意义。

表1-3-3　教师信息化教学技能的必要性和重要性观点总结

观点	总结
教师信息化教学技能的必要性	随着科技的发展，信息化技术已经深刻改变了教育的面貌，教师需要适应并掌握这些技能
	具备信息化教学技能可以提高教学效率，丰富教学内容，激发学生的学习兴趣和参与度
教师信息化教学技能的重要性	教师利用网络资源、多媒体教学工具等，可以创造更具互动性和趣味性的学习氛围，促进学生的学习和发展
	教师信息化教学技能的提升对于提高教学质量和培养学生的综合素养具有重要意义

（二）培训与专业发展机会提供的教师信息化教学技能

为了提升教师的信息化教学技能，各种培训机构和专业发展机构提供了丰富多样的课程和培训项目。这些培训项目旨在帮助教师了解最新的信息化教学理念、技术和方法并提供实际操作的机会。例如教育部门可以组织信息化教学培训班，邀请专家学者进行讲授；教师可以通过参加这些培训班学习到最新的信息化教学技能。专业培训机构和在线学习平台也提供了丰富的课程资源，教师可以根据自己的需求和兴趣选择适合的培训项目进行学习。这些培训项目不仅涵盖信息化教学的理论知识，还包括实践操作和案例分析，帮助教师更好地掌握信息化教学的核心技能和方法。通过参加这些培训项目，教师可以不断提升自己的信息化教学水平，更好地适应现代教育的发展需求。

（三）在职教师信息化教学技能的自主提升方法

在职教师可以通过多种方式自主提升信息化教学技能，他们可以利用互联网资源查阅相关的教学技术文献，了解最新的信息化教学理念和方法。通过阅读专业书籍、期刊论文或教学博客，教师可以不断拓宽自己的知识视野，了解行业前沿动态。参与在线教学社区或论坛也是一个有效的学习途径，在这些平台上，教师可以与其他同行交流经验、分享教学资源，获取实用的教学建议和技巧。教师还可以利用业余时间自主开展信息化教学实践。通过尝试新的教学工具、设计创新的教学活动，教师可以逐步探索适合自己教学内容和教学风格的信息化教学方法并不断改进和完善。这些自主学习和实践的过程不仅能够提升教师的信息化教学技能，还能够增强他们的教学创新能力和应变能力，从而更好地应对教育变革和挑战。

表1-3-4　在职教师信息化教学技能的自主提升方法实施方案

行动方案	具体措施
查阅教学技术文献和资源	利用互联网资源查阅相关的教学技术文献、专业书籍、期刊论文或教学博客，了解最新的信息化教学理念和方法
参与在线教学社区和论坛	参与在线教学社区或论坛，与其他教师交流经验、分享教学资源，获取实用的教学建议和技巧
自主开展信息化教学实践	利用业余时间开展信息化教学实践，尝试新的教学工具，设计创新的教学活动，不断探索和改进信息化教学方法
持续反思和改进教学实践	定期对教学实践进行反思和评估，根据反馈调整教学方法和策略，不断提升信息化教学技能和教学效果

（四）教育机构和政府部门提供的支持与资源

教育机构和政府部门在提升教师信息化教学技能方面扮演着重要角色。政府可以通过制定政策，鼓励学校和教育机构加大对信息化教学技能提升的支持和投入。这些政策可以包括资助信息化教学培训项目、设立奖励机制激励教师参与技能提升、制订教育数字化发展规划等。政府可以提供经费支持，资助教育机构开展各类信息化教学培训活动，为教师提供学习和发展的机会。政府还可以投资建设教育资源平台，集聚优质的教学资源和工具，为教师提供丰富多样的教学支持和辅助工具。教育机构也可以在校内建立专门的信息化教学支持团队，为教师提供订制化的培训和指导服务，帮助他们更好地应用信息化技术进行教学。通过政府和教育机构的支持与资源，教师可以更轻松地获取相关的培训和发展机会，不断提升自己的信息化教学技能，促进教育的现代化发展。

在提升教师信息化教学技能的过程中，各种培训机构和专业发展机会提供了丰富多样的课程和培训项目，为教师提供了学习和发展的机会。教师也可以通过自主学习和实践，不断拓宽知识视野，提升教学水平。教育机构和政府部门在提供支持与资源方面起着重要作用，通过制定政策、提供经费支持、建设教育资源平台等方式，为教师提供更多的培训和发展机会，促进教育的现代化发展。

四、信息化与教学管理深度结合的策略

随着信息化技术的不断发展和普及，教育领域也在逐步融入数字化的趋势中，信息化与教学管理的深度结合成为当今教育领域的一项重要战略。下文将探讨信息化技术在教学管理中的应用与价值，分析教学管理中信息化技术所面临的挑战与解决方案，提出教学管理与信息化技术的协同发展策略，以及展望信息化教学管理的未来发展方向与重点领域。

（一）信息化技术在教学管理中的应用与价值

信息化技术在教学管理中的应用涵盖了诸多方面，包括教务管理、学生管理、教学资源管理等。通过学校管理信息系统，管理者可以实现对课程安排、教室调度、考试安排等方面的有效管理，提高教学效率。信息化技术还可以帮助学校实现学生信息管理，包括学籍管理、成绩管理、考勤管理等，提高了学生信息管理的准确性和效率。教学管理中的信息化技术还可以用于教学资源的管理与分享，例如建立教学资源库，方便教师共享课件、教学视频等资源，促进教学资源

的共享与利用。综合利用信息化技术，可以实现教学管理的精细化和智能化，提高教学管理的效率和水平。

（二）教学管理中信息化技术所面临的挑战与解决方案

信息化技术在教学管理中面临的挑战包括信息安全问题、技术更新换代快、人员培训与应用等方面，为了解决这些挑战，学校需要加强信息安全意识教育，建立完善的信息安全管理制度和技术保障措施。学校还应密切关注信息化技术的发展动态，及时更新硬件设备和软件系统，确保教学管理系统的稳定运行。学校还需要加大对教职工的信息化技术培训力度，提高教职工的信息化技术应用能力，促进信息化技术在教学管理中的有效应用。

表1-3-5　教学管理中信息化技术所面临的挑战与解决方案观点总结

观点	总结
信息安全问题	信息化技术在教学管理中面临信息安全问题，学校需要加强信息安全意识教育，建立完善的信息安全管理制度和技术保障措施
技术更新换代快	信息化技术发展迅速，学校需要密切关注技术动态，及时更新硬件设备和软件系统，确保教学管理系统的稳定运行
人员培训与应用	为应对信息化技术在教学管理中的挑战，学校应加大对教职工的信息化技术培训力度，提高教职工的信息化技术应用能力
	加强人员培训和支持可以促进信息化技术在教学管理中的有效应用，提高管理效率和质量

（三）教学管理与信息化技术的协同发展策略

教学管理与信息化技术的协同发展需要学校建立健全的管理机制和技术支持体系。学校应建立信息化管理团队，明确信息化技术在教学管理中的应用目标和规划，制订相应的实施方案。学校需要加强硬件设备和网络基础设施建设，提高信息化技术的支撑能力。学校还应加强对教职工的信息化技术培训，培养一支信息化技术应用能力强、教学管理水平高的教职工队伍。学校可以建立教学管理与信息化技术相结合的绩效考核机制，激励教职工积极投入信息化教学管理工作中。

（四）信息化教学管理的未来发展方向与重点领域

未来，信息化教学管理的发展方向将主要集中在智能化、个性化和数据化方面。智能化方面，学校可以借助人工智能、大数据等技术，实现教学管理过程的自动化和智能化，提高管理效率和水平；个性化方面，学校可以利用信息化技术对学生进行个性化教学管理，根据学生的学习特点和需求，制订个性化的学习计划和教学方案，提高教学质量和学生满意度；数据化方面，学校可以通过信息化技术实现对教学管理过程的全面监控和数据分析，及时发现问题并加以解决，推动教学管理的持续改进和提升。

信息化与教学管理的深度结合为教育领域带来了诸多新的机遇与挑战，充分利用信息化技术，可以实现教学管理的精细化和智能化，提高教学管理的效率和水平。然而，信息化技术在教学管理中也面临着诸多挑战，需要通过加强安全意识教育、更新技术设备、加强人员培训等手段加以解决。未来信息化教学管理将朝着智能化、个性化和数据化方向发展，以更好地满足教育发展的需求，促进教学管理水平不断提升。

第四节　多元化、个性化教学需求

一、学生多元化的背景及其对教学的影响

学生多元化是当今教育领域的一个重要议题，它涵盖了来自不同社会文化背景的学生、个体差异，以及技术发展对学生学习方式的影响等多个方面。下文将探讨这些因素对教学的影响并分析教育政策在此背景下的作用。

（一）社会文化背景对学生多元化的影响

学生的社会文化背景在很大程度上塑造了他们的价值观、信仰体系、语言习惯及行为模式，这种多元化的社会文化背景对教学有着深远的影响。例如在一个多元文化的社会中，学生来自不同的民族、宗教或地域，这会导致他们对世界的看法和理解方式有所不同。在教学中，教师需要考虑到这种多样性，采用更灵活

的教学方法和资源，以确保所有学生都能够理解和参与到学习中去。

（二）学生个体差异对教学的影响

学生个体差异在认知、情感、学习风格、兴趣爱好等方面表现出多样性，例如有些学生更倾向于通过视觉方式学习，他们喜欢观看图表、图像或演示文稿来理解概念；而另一些学生更偏好通过听觉方式学习，更喜欢倾听讲解或听音频资料，这些个体差异对教学提出了挑战。传统的一刀切教学方式无法充分满足每个学生的需求，因此，教师需要采用多样化的教学方法和策略，例如结合视听教学资源、提供多种形式的学习任务和活动、鼓励学生使用不同的学习工具等，以确保每个学生都能够有效地参与到教学过程中并取得学习成果。通过充分考虑学生的个体差异，教师可以创造出更具包容性和多样性的学习环境，促进每个学生的学习成功。

（三）技术发展对学生多元化的影响

随着技术的飞速发展，学生的学习方式和渠道也变得多元化。通过互联网和各种应用程序，学生可以轻松获取到丰富的学习资源，包括在线课程、教学视频、交互式学习工具等。这种便利的信息获取方式使得学生可以根据自己的兴趣和学习需求自主选择学习内容和学习时间，从而更加个性化地进行学习。技术还提供了各种交互式学习工具，如在线测验、虚拟实验等，可以帮助学生更加直观地理解和应用所学知识。教师在教学中充分利用这些技术手段，不仅可以提高学生的学习效率，还可以激发他们的学习兴趣和积极性。因此，教师需要不断学习和掌握新的教学技术，灵活运用于教学实践中，以满足学生多元化的学习需求，促进他们的全面发展。

（四）教育政策对学生多元化的影响

教育政策的制定和实施对学生的学习环境和机会平等产生直接影响。一方面是一些政策鼓励学校采取差异化教学的方法，以满足学生的个性化学习需求。这意味着学校需要更多地关注学生的个体差异，提供针对性的教学方案和资源，以确保每个学生都能够得到充分的支持和指导。另一方面是一些政策着重于提高教育资源的公平分配，以减少不同学生之间的差距。这包括提供更多的教育补贴或奖励措施，以确保贫困地区或弱势群体的学生也能够享受到优质的教育资源。因此，教育政策的变化会直接影响到学生的多元化教学需求。教师需要及时了解政策变化，调整教学策略，以更好地满足学生的需求，促进他们的全面发展。教育政策的制定者也应该考虑到学生的多样性和个性化需求，制定更加灵活和包容的政策措施，以推动教育公平和社会进步。

学生多元化的背景包括社会文化差异、个体学习差异和技术发展等方面，这些因素对教学带来了挑战，但同时也为教育提供了更多的可能性。教师需要灵活运用多样化的教学方法和资源，以满足学生的个性化需求，促进他们的全面发展。教育政策的制定和实施也直接影响着学生的学习环境和机会平等，因此需要及时调整以适应学生的多元化需求，推动教育公平和社会进步。

二、个性化教学的理念及其实施难点

个性化教学是一种教育理念，旨在根据每个学生的独特需求、能力和学习风格，量身定制教学方案，以实现最佳学习效果。其核心原则包括尊重学生个体差异、关注学生需求、灵活运用教学方法、提供多样化的学习资源等。然而实施个性化教学存在一系列挑战，涉及教师角色转变、资源与技术支持及评估与反馈等。

（一）个性化教学的概念与原则

个性化教学是一种教育理念，旨在根据每个学生的独特需求、能力和学习风格，量身定制教学方案，以实现最佳学习效果。其原则包括尊重学生个体差异、关注学生需求、灵活运用教学方法、提供多样化的学习资源等。针对不同的学生群体，教师可以采用不同的教学策略和资源，比如为视觉型学生提供图表和图像资料，为听觉型学生提供听力资料，以满足他们的学习偏好和需求。

（二）教师角色转变与个性化教学的挑战

个性化教学对教师角色提出了新的挑战，要求他们不再采取统一的教学方法，而是根据每个学生的独特需求和学习风格进行个性化的教学。这意味着教师需要投入更多的时间和精力来了解每个学生，包括他们的学习习惯、兴趣爱好和学习能力等。然而，教师个人能力和时间资源的限制是一个挑战，他们无法为每个学生提供完全个性化的教学。个性化教学也需要教师转变传统的教学观念，接受更加灵活和关注学生个体差异的教学模式。这种角色转变需要时间和努力，并会遇到抵触情绪和困难。因此，教师需要不断学习和成长，以适应个性化教学的要求，提升自己的教学水平，更好地促进学生的学习和发展。

（三）资源与技术支持个性化教学的难点

个性化教学依赖现代技术来提供丰富的教学资源和工具，然而有效地利用这些资源却并非易事。教师在个性化教学过程中面临着一系列挑战。教师需要花费大量时间和精力来筛选、评估和订制适合不同学生的教学资源，这意味着他们需要对市面上的各种教学资源进行详细的调查和分析，以确保选用的资源能够满足每个学生的学习需求。然而，这种筛选和评估过程非常烦琐，消耗大量时间和精力。对于一些技术工具的使用需要专业的培训和支持。尽管现代技术为个性化教学提供了丰富的可能性，但对于一些教师来说，掌握这些技术工具并将其应用于教学实践并不容易，因此，他们需要接受相关的培训和支持，以提升自己的技术水平和教学能力。虽然现代技术为个性化教学提供了广阔的发展空间，但教师需要克服一系列难点，才能有效地利用这些资源来支持个性化教学，促进学生的学习和发展。

（四）评估与反馈在个性化教学中的作用与困难

在个性化教学中，评估和反馈扮演着关键的角色，对教学的改进和学生的学习至关重要。评估帮助教师了解每个学生的学习进展和需求，以便调整教学策略，提供更加贴近学生需求的教育服务。然而，实施个性化评估和反馈并非易事。由于每个学生的学习需求和进步水平各不相同，因此需要采用多样化的评估方法。这包括日常观察、学生作品展示、口头回答问题、小组讨论等，以全面了解每个学生的学习情况。评估结果需要能够准确反映每个学生的学习情况，为此教师需要制定清晰的评估标准并确保评估过程客观公正。个性化反馈需要针对每个学生的具体情况进行调整和制定，这要求教师具备较高的专业水平和教学经验。因此，有效地实施个性化评估和反馈需要教师不断学习和提升自己的能力，以确保为每个学生提供个性化的学习支持和指导。

表1-4-1　评估与反馈在个性化教学中的作用与困难实施方案

行动方案	具体措施
多样化评估方法	使用日常观察、学生作品展示、口头回答问题、小组讨论等方法，全面了解每个学生的学习情况
制定清晰评估标准	教师须明确制定个性化评估标准，确保评估过程客观公正，能够准确反映每个学生的学习情况
针对性个性化反馈	根据评估结果，针对每个学生的具体情况进行个性化反馈，提供有针对性的学习支持和指导
持续学习与提升	教师需要不断学习和提升自己的教育能力，包括专业水平和教育经验，以有效地实施个性化评估和反馈

个性化教学的实施面临诸多挑战，其中包括教师角色转变、资源与技术支持及评估与反馈。教师需要适应新的教学模式，投入更多时间了解每个学生的需求并灵活运用多样化的教学资源和方法。教师还需掌握现代技术，以支持个性化教学的实施。评估与反馈则是个性化教学中至关重要的环节，需要采用多样化的评估方法并确保评估结果准确反映每个学生的学习情况，为个性化教学提供有针对性的反馈。虽然实施个性化教学存在一定困难，但通过不断学习和提升，教师可以更好地促进学生的学习和发展，实现教育目标。

三、满足多元化、个性化需求的教学策略

在当今多元化的学习环境中，满足学生个性化需求的教学策略变得至关重要，弹性教学设计、教学内容与方法的灵活调整、利用技术工具支持个性化学习及推广学习社区与协作学习，成为教育界探索的焦点，探讨这些策略如何帮助教师更好地满足学生的多元化需求、促进学生个性化学习，具有举足轻重的意义。

（一）弹性教学设计与差异化教学

弹性教学设计是一种针对学生个体差异的教学策略，旨在提供灵活的学习环境，以满足不同学生的需求。在弹性教学设计中，教师可以根据学生的学习风格、能力水平和兴趣爱好，调整教学内容、教学方法和评估方式。例如在一堂课中，教师可以为不同能力水平的学生设计不同难度的任务，以确保每个学生都能

够参与其中并取得进步。差异化教学是弹性教学设计的具体实践，它强调根据学生的个体差异，采用不同的教学方法和资源，以满足他们的学习需求。例如对于阅读能力较弱的学生，教师可以提供更简化的阅读材料并配以图片或音频资料，以帮助他们理解内容。通过弹性教学设计和差异化教学，教师能够更好地满足多元化、个性化的学习需求，提高教学的效果和学生的学习动力。

（二）教学内容与方法的灵活调整

教学内容与方法的灵活调整是满足多元化、个性化需求的重要策略之一，教师可以根据学生的学习需求和实际情况，调整教学内容和方法，以更好地促进他们的学习。例如在教授数学概念时，教师可以根据学生的理解程度选择不同的教学策略，通过故事、游戏或实际问题来引入概念，以增加学生的学习兴趣和参与度。教师还可以根据学生的兴趣爱好和学习风格，设计不同形式的任务和活动，以激发他们的学习动力和创造力。通过灵活调整教学内容与方法，教师能够更好地满足学生的个性化需求，提高教学的效果和学生的学习成效。

（三）利用技术工具支持个性化学习

利用技术工具支持个性化学习是一种有效的教学策略，可以为学生提供个性化的学习体验和资源。例如通过在线学习平台和教育应用程序，学生可以根据自己的学习进度和兴趣选择课程内容并在自己的时间和地点进行学习。这些技术工具还可以提供个性化的学习建议和反馈，帮助学生更好地理解和掌握知识。虚拟实验室和模拟软件也为学生提供了探索和实践的机会，帮助他们更深入地理解抽象的概念和原理。通过利用技术工具支持个性化学习，教师能够更好地满足学生的个性化需求，提高教学效果和学生的学习体验。

（四）学习社区与协作学习的推广

建立学习社区和推广协作学习是促进多元化、个性化教学的重要途径之一。学习社区可以为学生提供一个共享资源和经验的平台，让他们在互相交流和合作中共同成长，例如通过创建在线论坛和学习群组，学生可以分享学习资料、解答疑惑，共同探讨问题和应对挑战。教师还可以组织小组项目和合作任务，让学生在协作中学习和成长。通过学习社区和协作学习，学生能够从彼此的经验和观点中受益，拓宽自己的视野，提高学习效果和合作能力。

教育的本质在于激发学生的潜能，而满足多元化、个性化需求的教学策略正是实现这一目标的关键。通过弹性教学设计和差异化教学，教师能够更好地关注学生的个体差异，提供个性化的学习体验。灵活调整教学内容与方法、利用技术工具支持个性化学习及推广学习社区与协作学习，更是促进多元化、个性化教学的重要途径。随着教育技术的不断发展和教育理念的更新，教师有信心通过这些策略，为每个学生创造更加丰富、个性化的学习环境，让他们在学习中实现自我价值的最大化。

四、教学管理中的个性化关怀与支持

在教学管理中，个性化关怀与支持是确保每位学生得到全面发展的关键。从学生档案管理到心理健康支持，再到家校合作和教师团队的专业发展，各个方面都紧密相连，共同构成了一个完整的个性化教育体系。接下来探讨如何通过这些措施，为学生提供更加贴心和有效的个性化教育支持。

（一）学生档案管理与个性化教育方案制定

学生档案管理在个性化教育中扮演着重要角色，通过建立和维护完善的学生档案，学校可以全面了解每个学生的学习特点、个性特征、学业表现和发展需求。这些档案记录着学生的成长历程、学习能力评估、兴趣爱好等信息，为制订个性化教育方案提供了依据和支持，例如对于某个学生可能发现他在数学领域具有较高的天赋，但在语言表达方面稍显困难。通过分析学生档案，学校可以为其制订专门的学习计划，强化其数学能力的培养，并提供额外的语言支持和辅导，以便全面促进学生的发展。

（二）学生心理健康与个性化支持服务

学生的心理健康是个性化支持的重要方面，学校应该建立健全的心理健康支持服务体系，通过心理评估和定期跟踪，及时发现和应对学生的心理问题。例如对于一些内向或焦虑的学生，学校可以提供个性化的心理辅导和支持，帮助他们建立自信、缓解焦虑。学校还可以开展心理健康教育活动，提高学生的心理健康意识，培养他们有效应对压力和管理情绪的能力。

（三）家校合作与个性化教育需求的沟通与协调

家校合作是个性化教育实现的关键，因为家长了解孩子的个性和需求，能够为学校提供更有效的支持。学校可以通过定期的家长会议、家访等方式，建立起与家长的密切联系，例如通过家长会议，学校可以向家长介绍个性化教育的理念和实施计划，并听取家长对于学生发展的想法和建议。学校也可以向家长提供有关教育的指导和资源，帮助他们在家中延续学校的教育和培养。通过这种紧密的合作，学校能够更好地了解学生在家庭环境中的情况和需求，有针对性地调整教学方案和提供个性化支持，最终促进学生的全面发展。

（四）教师团队与个性化教学经验分享及专业发展支持

确保教师团队的专业发展与个性化教育实践同步是关键，学校可以建立定期的教师培训和经验分享机制，例如每月一次的教师研讨会或工作坊，让教师分享个性化教学的实践经验和有效策略。这种分享可以是基于成功案例的介绍、教学资源的共享，或者是教学技巧的演示。通过与同事的互动和反思，教可以相互学习、激发创新思维并将所学知识应用到自己的教学实践中。学校还可以邀请专家学者进行专题讲座，介绍最新的个性化教育理论、实践和技术。这种专业发展活动可以帮助教师了解行业趋势，拓展教学思路并提升专业水平。学校还可以为教师提供参与学术会议或研讨会的机会，让他们与其他领域的专家进行交流，开阔视野，激发教学创新。

个性化关怀与支持在教学管理中扮演着重要角色，通过学生档案管理制订个性化教育方案，提供学生心理健康支持服务，加强家校合作与沟通及促进教师团队的专业发展与经验分享，学校能够为每位学生提供全面的个性化教育支持，实现其潜能的最大化。这种关怀与支持不仅有助于学生的学业发展和心理健康，也为其未来的成长和成功奠定了坚实的基础。

第二章 高中教师教学管理的新理念

第一节 以学生为中心的教学管理

一、以学生为中心的教学管理理念的内涵

以学生为中心的教学管理理念在当今教育领域日益受到重视，它标志着教学方式和教育目标的深刻变革。这一理念不仅意味着将学生置于教学的核心地位，更体现了对学生个性化发展和全面成长的关注。这种理念下的教育不再是简单地向学生传授知识，而是更注重培养学生的自主性、创造性和批判性思维，使其成为积极的学习者和全面的人才。

（一）学生的主体地位和价值观

以学生为中心的教学管理理念强调将学生置于教学的核心位置，将其视为学习过程的主体和发展的主体。这意味着教育不再是简单地向学生传授知识，而是注重激发学生的自主性、创造性和批判性思维。学生的主体地位体现在教学目标的设置上，不再仅仅关注知识的传授，而是更加关注学生的综合素养和个性发展。学生的主体地位也要求教师更加重视学生的意见和需求，在教学过程中尊重学生的价值观和个性特点，为其提供更加个性化的学习支持和指导。例如在语文课堂上，教师不仅要讲解文学作品的内容，还要引导学生深入思考作品中的人物形象、情节发展和主题内涵。教师可以通过开放式讨论、小组合作和个人写作等方式，激发学生对文学作品的理解和感悟，引导他们从不同角度去解读作品，培养其批判性思维和审美情趣。这样的教学方式将学生视为学习的主体，使他们在探索和思考中实现个性化的成长和发展。

（二）个性化学习和多元评价

个性化学习是以学生的兴趣、能力、学习风格和需求为出发点，为每个学生量身定制的学习路径和学习方式。多元评价则是针对学生的多样化表现和能力，采用多种评价方式和工具，全面、客观地评价学生的学习成果和发展情况。这种理念的内涵在于认识到每个学生的独特性，拒绝一刀切的教学和评价方式，致力于为每个学生提供更加个性化、全面化的学习支持和评价反馈。例如在数学教学中，教师可以根据学生的数学水平和学习兴趣，设置不同难度和类型的数学问题，以激发学生的学习兴趣和动力。教师可以采用多种评价方式，如作业表现、小组讨论、项目展示等，全面评价学生的数学能力和思维水平。通过个性化学习和多元评价，学生可以根据自己的学习特点和需求进行学习，同时获得更加全面和客观的评价反馈，从而实现自我发展和提升。

（三）教师角色的转变与教学策略的创新

以学生为中心的教学管理理念要求教师从传统的知识传授者转变为学习的引导者和组织者，教师的角色不再是单方面地向学生传递知识，而是更多地关注学生的学习需求和个性发展。教师需要成为学生学习的引导者，通过激发学生的学习兴趣、引导学生自主探究和合作学习，帮助学生建立起自主学习的能力和习惯。教师也需要成为学生学习的组织者，通过合理的课程设计和教学组织，为学生提供具有挑战性和启发性的学习任务和环境。例如在科学课堂上，教师可以引导学生通过实验探究和讨论，发现科学问题背后的规律和原理。教师不再是简单地向学生讲解科学知识，而是通过设计实验和提出问题，激发学生的好奇心和求知欲，引导他们自主探究和发现。教师还可以组织学生进行小组合作和研究性学习，让学生在合作中相互交流、分享思考，共同解决科学问题，从而培养其团队合作和解决问题的能力。

表2-1-1 教师角色的转变与教学策略的创新观点总结

观点	总结
教师角色的转变	教师从传统的知识传授者转变为学习的引导者和组织者，关注学生的学习需求和个性发展
	教师需要成为学生学习的引导者，激发学生的学习兴趣、引导学生自主探究和合作学习
教学策略的创新	教师需要成为学生学习的组织者，通过合理的课程设计和教学组织，提供具有挑战性和启发性的学习任务和环境
	创新教学策略包括引导学生通过实验探究和讨论，组织学生进行小组合作和研究性学习，培养学生的团队合作和解决问题能力

（四）教育公平与包容性的实现

以学生为中心的教学管理理念追求教育公平和包容性，致力于为每个学生提供平等的学习机会和支持。教育公平意味着不论学生的背景、能力或特点如何，都应该获得公正的教育资源和待遇。而包容性教育则是指教育系统应该能够接纳和尊重每个学生的个性差异和特殊需求，为他们提供个性化的学习支持和服务。学校可以通过制订差异化的教学计划和提供有针对性的教学资源，满足不同学生的学习需求和能力水平，例如为有特殊学习需求的学生提供个性化的学习计划和辅助工具，帮助他们克服学习障碍，实现学业进步。学校还可以开展多元文化教育和反歧视教育活动，促进学生之间的理解和尊重，营造一个包容、和谐的学习环境。通过这些努力，教育公平和包容性的目标得以实现，每个学生都能够在公平、包容的教育环境中获得成长和发展的机会。

以学生为中心的教学管理理念是对传统教育模式的一次革命性尝试，它将教育的本质重新定位为关注学生的需求和发展。在这一理念的指导下，教育者不断探索新的教学方式和管理策略，以适应社会发展和学生个性化发展的需求。个性化学习和多元评价为每个学生提供了更加个性化、全面化的学习支持和评价反馈，教师角色的转变与教学策略的创新使教学更加灵活多样，教育公平与包容性的实现为每个学生提供了平等的学习机会和支持。通过共同努力，以学生为中心的教学管理理念将为教育事业的发展注入新的活力和动力，为每个学生的成长和发展提供更加均衡、个性化的教育环境。

二、实施以学生为中心的教学管理的步骤

实施以学生为中心的教学管理是教育领域的重要趋势之一，其核心在于将学生的需求置于教学的核心位置，通过了解学生的需求与背景，设定符合其个性化发展需求的教学目标，灵活选择多样化的教学方法并及时收集和分析学生的参与度与反馈信息以优化教学效果，激发学生的学习兴趣和积极性。

（一）学生需求与背景的深入了解

要实施以学生为中心的教学管理，首先需要深入了解学生的需求和背景。这包括学生的学习水平、兴趣爱好、学习方式、家庭背景、文化习惯等方面的信息。通过与学生交流、观察和调查，教师可以更好地把握每个学生的特点和需求，为其量身定制个性化的学习计划和教学策略。例如在了解学生需求的基础上，教师可以针对不同学生的学习习惯和兴趣，灵活调整课程内容和教学方法，使教学更加贴近学生的实际需求，提高教学效果和学习积极性。

（二）教学目标的设定与调整

基于对学生需求的深入了解，教师需要设定具体可操作的教学目标并根据学生的实际表现和反馈不断调整和优化这些目标。教学目标应该既符合教育部门的要求，又能够满足学生的个性化发展需求。通过设定清晰的教学目标，教师可以有效引导学生的学习方向，帮助他们明确学习重点，提高学习效率。例如在语言课堂上，教师可以根据学生的语言水平和学习目标，设定不同层次和类型的词汇掌握目标，确保每个学生都能在适合自己的学习阶段有所收获。

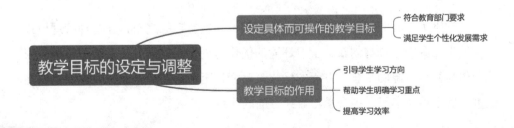

图2-1-1　教学目标的设定与调整思维导图

（三）教学方法的选择与应用

针对不同学生的需求和特点，教师需要灵活选择和应用多样化的教学方法。这包括讲授、示范、讨论、实验、小组合作、问题解决等多种教学方式。通过多样化的教学方法，教师可以更好地激发学生的学习兴趣，满足他们不同的学习风格和学习需求。例如在数学课堂上，教师可以通过具体的实例和案例演绎，帮助学生理解抽象的数学概念；通过小组讨论和问题解决，培养学生的团队合作意识和解决问题的能力。

（四）学生参与度和反馈的收集与分析

以学生为中心的教学管理强调学生的参与和反馈，教师应该积极鼓励学生参与课堂活动和学习过程并及时收集和分析学生的反馈信息。通过课堂观察、问卷调查、作业评价等方式，教师可以了解学生对教学内容和方法的看法，发现问题和改进空间。教师还可以根据学生的参与度和反馈信息调整教学策略，进一步优化教学效果。例如在英语阅读课上，教师可以定期组织学生进行阅读小组讨论并收集学生对阅读材料的理解和感受，以便调整课程设计和教学内容，更好地满足学生的学习需求和期望。

实施以学生为中心的教学管理需要从深入了解学生需求与背景开始，然后设定与调整教学目标，选择与应用适合学生的教学方法并重视学生的参与度和反馈信息。这一系列步骤的实施可以有效地提高教学效果，满足学生的学习需求和期望，促进其个性化发展。

三、以学生为中心的教学管理的优化策略

以学生为中心的教学管理是当今教育领域的主要趋势之一，在这种管理模式下，教学资源的整合与创新、学习环境的优化与创设、教师专业发展与培训及家校合作与社会资源的整合等方面的优化策略变得至关重要。下面探讨这些策略在促进学生个性化学习、提升学习效果方面的作用和意义。

（一）教学资源的整合与创新

在实施以学生为中心的教学管理中，教学资源的整合与创新是至关重要的

一环。这包括整合课程教材、多媒体资料、网络资源等，以提供丰富多样的学习资源，满足学生个性化的学习需求。例如教师可以利用在线教育平台、教学视频和互动课件等创新教学资源，为学生提供更加生动有趣的学习体验，激发其学习兴趣。教师还可以通过与其他学校、机构合作，共享教学资源，提高资源利用效率，拓宽学生的学习视野。

（二）学习环境的优化与创设

学习环境的优化与创设对培养良好的学习氛围和激发学生兴趣至关重要。教师可以布置温馨舒适的教室环境，搭建多样化的学习区域，营造积极向上的学习氛围。具体来说，教师可以在教室中设置不同功能区域，如小组讨论区，让学生在讨论中锻炼沟通合作能力；阅读角，为学生提供安静专注的空间，提高阅读能力；实验区，为学生提供实践机会，激发探究兴趣。教师可以设置展示墙，展示学生的优秀作品，激发自豪感和竞争意识。使用柔和的灯光和合适的家具布局，为学生营造舒适的学习环境。通过优化学习环境，学生的自主学习和合作学习能力将得到提升，进而提高学习成效。

表2-1-2　学习环境的优化与创设行动方案及措施

行动方案	具体措施
布置温馨舒适的教室环境	使用柔和的灯光和合适的家具布局，营造舒适的学习氛围
	设计有吸引力的墙面装饰和教室布置，如鲜明的色彩、学习标语、学生作品展示等，增加学习环境的趣味性和活跃性
搭建多样化的学习区域	设置不同功能区域，如小组讨论区、阅读角、实验区等，满足学生不同的学习需求和方式
	在小组讨论区域提供合适的桌椅和讨论工具，鼓励学生展开合作学习和思想交流
创造积极向上的学习氛围	设置展示墙展示学生的优秀作品和成就，激发学生的自豪感和竞争意识
	制定奖励机制，鼓励学生积极参与学习

（三）教师专业发展与培训

教师的专业发展与培训对提升教学质量和教学管理水平至关重要，学校可以积极组织各类教育培训、研讨会和学术交流活动，为教师提供持续学习和成长的机会。特别是针对个性化教学管理的需求，学校可以组织针对不同学科和年级的教学管理研讨会。在这些活动中，教师可以分享成功经验、探讨问题并借鉴他人的教学方法和策略。通过与同行的交流和碰撞，教师可以不断更新教学理念和方法，提高个性化教学的实施水平。学校还可以邀请教育专家和学术领域的专家参与培训活动，为教师提供更加系统和专业的学习资源，拓宽他们的教育视野，提升教学水平。终身学习是教师成长的必由之路，通过不断的专业发展与培训，教师可以更好地适应教育领域的变化，为学生提供更优质的教育服务。

（四）家校合作与社会资源的整合

家校合作与社会资源的整合是以学生为中心的教学管理的重要支撑，学校应积极与家长进行沟通和合作，建立起家校共育的紧密联系。通过与家长的合作，学校可以更好地了解学生的家庭背景、兴趣爱好及学习情况，从而更有针对性地制订个性化的教学计划。学校还可以利用社会资源，邀请行业专家、社会组织和企业机构参与学校教育教学活动。例如学校可以与企业合作开展实习项目或校企合作课程，让学生在实践中学习专业知识和技能，拓宽职业视野，提高就业竞争力。通过整合家校资源和社会资源，学校可以为学生提供更广阔的学习空间和实践机会，促进其全面发展和个性化成长。

以学生为中心的教学管理的优化策略包括教学资源的整合与创新、学习环境的优化与创设、教师专业发展与培训及家校合作与社会资源的整合，这些策略的实施可以更好地满足学生个性化的学习需求，营造良好的学习氛围，提高教师的教学水平，促进学校与家庭、社会资源的紧密合作，为学生的全面发展和个性化成长提供有力支持。

第二节　过程性评价与结果性评价的结合

一、过程性评价与结果性评价的定义及区别

在教育领域，评价是促进学生学习和教学质量提升的关键环节。过程性评价和结果性评价作为评价体系中的重要组成部分，各自具有独特的特点和作用。下文将探讨过程性评价与结果性评价的定义、区别及它们之间的联系与衔接，以帮助人们更好地理解教育评价的本质及其在实践中的应用。

（一）过程性评价的定义

过程性评价是教学中一种重要的评价方式，它注重在教学过程中对学生的学习情况和教学效果进行持续、系统的观察、记录和分析。这种评价方式的关键在于跟踪和引导学生的学习过程，以帮助教师及时了解学生的学习进展并发现潜在的问题，从而及时调整教学策略。例如通过课堂观察、小组讨论记录和作业批改等方式，教师可以了解到学生在学习过程中的理解程度、学习态度和问题反馈，从而针对性地进行教学调整和指导。过程性评价的实施有助于教师更好地了解学生的学习情况，及时发现并解决问题，提高教学质量，促进学生学习效果的提升。

（二）结果性评价的定义

结果性评价是对学生在一定学习期间内所获得的学习成果和最终表现进行评价的方式。与过程性评价强调监测学习过程不同，结果性评价侧重于对学生是否达到预期学习目标的评估。这种评价方式通常通过考试、作业、项目成果等形式来衡量学生的学习成果，例如期中考试和期末考试可以评估学生对课程内容的掌握程度，作业和项目成果可以评估学生在实践中的应用能力和创造性思维。结果性评价的实施有助于检验教学目标的实现程度，为教学改进提供重要依据。通过结果性评价，教师可以了解学生在特定学习阶段的学习成果，从而及时调整教学

策略，促进学生的全面发展。

（三）过程性评价与结果性评价的区别

过程性评价侧重于教学过程中的持续监测和反馈，着重于了解学生的学习进展和问题，以便及时调整教学策略，促进学生的学习过程。而结果性评价则关注学生在一段时间内所达到的学习成果，着眼于检验学生是否达到了既定的学习目标和标准。因此，过程性评价更加注重教学过程中的指导和促进，而结果性评价则更加侧重于总结和评估学生的学习成果。

（四）两种评价方式的联系与衔接

尽管过程性评价和结果性评价有着不同的侧重点，但并不是相互独立的，而是相辅相成、相互衔接的。过程性评价为结果性评价提供了重要的数据和信息基础，帮助教师更好地理解学生的学习过程和问题，从而调整教学策略，促进学生的学习；而结果性评价则反过来验证了教学过程的有效性，检验教学目标的实现情况并为教学改进提供参考依据。例如通过过程性评价，教师发现学生对某一知识点掌握不够扎实，于是可以针对性地加强教学并通过结果性评价检验学生该知识点的学习成果是否得到了提高。

过程性评价和结果性评价在教育评价中扮演着不可或缺的角色，过程性评价注重教学过程中的持续监测和反馈，帮助教师及时调整教学策略，促进学生的学习过程；而结果性评价侧重于检验学生是否达到预期学习目标，为教学改进提供重要依据。尽管它们侧重点不同，但二者相辅相成，相互衔接，共同促进教育的全面发展。

二、两种评价方式相结合的重要性

在教育教学中评价是促进学生发展和提高教学效果的重要环节，过程性评价和结果性评价作为两种主要的评价方式，在教学实践中发挥着各自独特的作用。然而，单独运用其中一种评价方式可能无法全面地反映学生的学习情况和教学效果。因此，将过程性评价与结果性评价相结合成为一种重要的教学策略。下文将探讨这两种评价方式相结合的重要性，分别从促进全面发展、提供及时反馈和指导、促进学习动力和积极性，以及实现教学目标的有效评估等方面进行阐述。

（一）促进全面发展的需求

将过程性评价和结果性评价相结合，有助于促进学生的全面发展。过程性评价能够帮助教师及时了解学生的学习过程和问题并在教学过程中进行调整和指导，促进学生在认知、情感、态度等多个方面的全面发展。而结果性评价则可以客观地评估学生是否达到了预期的学习目标，从而为学生提供一个清晰的学习方向，使其能够在各个方面得到充分的发展。例如通过过程性评价发现学生在团队合作能力方面存在不足，教师可以针对性地进行教学调整和指导；而通过结果性评价评估学生在团队项目中的表现，可以客观地反映学生在这方面的发展水平，从而为其提供更加全面的成长支持。

（二）提供及时反馈和指导

过程性评价和结果性评价相结合，能够为学生提供及时的反馈和指导。过程性评价通过持续观察和记录学生的学习过程，能够及时发现学生的学习困难和问题并为其提供针对性的指导和支持，帮助其及时调整学习策略，提高学习效果。而结果性评价则能够客观地评估学生的学习成果，为学生提供一个清晰的目标和方向，激发其学习动力和积极性。例如通过过程性评价发现学生对某一知识点掌握不够扎实，教师可以及时给予反馈和指导；而通过结果性评价检验学生在该知识点的学习成果，可以激发学生的学习动力，提高学习效果。

（三）促进学习动力和积极性

将过程性评价和结果性评价相结合，有助于促进学生的学习动力和积极性。过程性评价能够在学习过程中及时发现学生的学习困难和问题并为其提供针对性的指导和支持，增强学生的学习信心和动力；而结果性评价则能够客观地评估学生的学习成果，为学生提供一个清晰的目标和方向，激发其学习的积极性。例如通过过程性评价发现学生在某一学科方面存在困难，教师及时给予指导和支持；而通过结果性评价检验学生在该学科的学习成果，可以增强学生的学习动力，提高学习积极性。

（四）实现教学目标的有效评估

过程性评价和结果性评价相结合，能够更有效地实现教学目标的评估。过程性评价通过持续观察和记录学生的学习过程，帮助教师及时了解学生的学习情况和问题，从而调整教学策略，促进教学目标的实现；而结果性评价则能够客观地评估学生是否达到了预期的学习目标，为教学改进提供重要依据。例如通过过程性评价发现教学方法不够有效，教师可以及时调整教学策略；而通过结果性评价评估学生的学习成果，可以检验教学目标的实现程度，为教学改进提供参考依据。

综上所述，将过程性评价与结果性评价相结合对于教育教学具有重要意义。这种综合评价方式不仅可以促进学生的全面发展，提供及时的反馈和指导，促进学习动力和积极性，还能够实现教学目标的有效评估。通过过程性评价和结果性评价的有机结合，教师可以更好地了解学生的学习情况，及时调整教学策略，从而提高教学效果，促进学生的全面发展。

三、实施过程性评价与结果性评价结合的策略

在教育实践中的评价是促进学生学习和教学质量提升的重要手段，而实施过程性评价与结果性评价的结合，则是确保评价全面、准确的关键策略之一。下文将探讨四项策略，以帮助教育工作者更好地整合这两种评价方式，从而更有效地了解学生的学习情况，促进他们的全面发展。

（一）制定清晰的评价标准和指标

在进行过程性评价与结果性评价的结合时，首要的策略是制定清晰的评价标准和指标。这些标准和指标应该明确反映出学生所需达到的认知、情感、技能等方面的目标，例如在评价学生的团队合作能力时，可以制定沟通能力、协作能力、责任心等方面的指标。通过明确的评价标准和指标，教师能够更准确地观察和评估学生的学习情况，从而为他们提供有针对性的指导和支持。

（二）结合教学实践设计评价方案

为了确保评价的有效性，需要将评价方案与教学实践紧密结合起来，这意味

着评价活动应该与教学内容、教学方法和学生实际情况相适应。例如在教学某一知识点后，可以通过小组讨论、作业展示等形式进行过程性评价，了解学生的学习情况；而在学期末，则可以通过考试、项目展示等方式进行结果性评价，评估学生的整体学习成果。通过结合教学实践设计评价方案，可以更好地反映学生的实际学习情况，提高评价的准确性和有效性。

表2-2-1 结合教学实践设计评价方案观点总结

观点	总结
评价方案与教学实践结合	评价活动应与教学内容、教学方法和学生实际情况相适应，以确保评价的有效性
	过程性评价可以在教学某一知识点后进行，如小组讨论、作业展示等形式，了解学生的学习情况
	结果性评价可以在学期末进行，如考试、项目展示等方式，评估学生的整体学习成果
提高评价的准确性和有效性	结合教学实践设计评价方案可以更好地反映学生的实际学习情况，提高评价的准确性和有效性

（三）整合多种评价方法和工具

综合运用多种评价方法和工具是实施过程性评价与结果性评价结合的关键策略之一，不同的评价方法和工具可以从不同角度全面地了解学生的学习情况，避免单一评价方法的局限性。例如可以结合课堂观察、学习日志、口头答辩、问卷调查等多种方式进行过程性评价；而结果性评价可以包括考试、作业、项目展示、实践表现等多种形式。通过整合多种评价方法和工具，可以更全面地了解学生的学习情况，提高评价的客观性和准确性。

（四）强化评价结果的反馈和应用

强化评价结果的反馈和应用是实施过程性评价与结果性评价结合的重要策略。评价结果应该及时向学生反馈并针对性地提供指导和支持，帮助他们改进学习策略，提高学习效果。评价结果也应该为教师的教学改进提供重要参考。通过分析评价结果，教师可以及时调整教学策略，针对性地进行教学指导，提高教学效果。因此，强化评价结果的反馈和应用是实施过程性评价与结果性评价结合的关键步骤，对于促进学生的全面发展和提高教学效果具有重要意义。

制定清晰的评价标准和指标、结合教学实践设计评价方案、整合多种评价方法和工具，以及强化评价结果的反馈和应用是实施过程性评价与结果性评价结合的关键策略，这些策略有助于教育工作者更全面、准确地了解学生的学习情况，提高教学效果，促进学生的全面发展。通过不断地改进和完善这些策略，可以进一步提升教育评价的质量和效益。

第三节　教师间的协作与共享

一、教师协作与共享的意义和价值

在教育领域的教师协作与共享是推动教学发展和提高教学质量的重要途径之一。通过教师间的交流与合作，不仅可以促进教学方法的创新与改进，还能够增强团队凝聚力，提高学生的学习效果，以及促进个人教育成长。下面探讨教师协作与共享的意义和价值，并就提升教学质量、增强团队凝聚力、提高学生学习效果及提升个人成长等方面展开具体讨论。

（一）提升教学质量

教师协作与共享对提升教学质量起到了至关重要的作用。通过与同事分享教学经验、教学方法和教学资源，教师可以相互学习、相互促进，不断改进和完善自己的教学方式。例如一位教师在教学过程中采用了一种新的互动教学方法，通过与其他教师分享，他们也可以尝试这种方法并在实践中进行改进。这样的交流和分享可以帮助教师不断地更新自己的教学理念，提高教学水平，进而提升整体的教学质量。

（二）增强团队凝聚力

教师协作与共享有助于增强团队的凝聚力，形成更加和谐、团结的工作氛围。当教师共同面对教学中的挑战和困难时，通过相互支持、协作和交流，可以增强彼此之间的信任和理解。例如在备课组中，教师可以共同讨论教学计划，互相提供建设性的意见和建议，从而增进团队之间的合作和沟通，形成紧密的团队关系。这种团队凝聚力可以促进团队的有效运作，更好地为学生提供优质的教育服务。

（三）提高学生学习效果

教师协作与共享对提高学生学习效果至关重要，它不仅能够丰富教学内容，满足不同学生的学习需求，还能够激发学生的学习兴趣和积极性。例如一位教师可能擅长利用多媒体技术进行教学，通过与其他教师共享这种技术的应用方法，其他教师也可以借鉴并尝试在自己的教学中应用。一些教师可能在组织实践活动方面有丰富的经验，通过分享这些经验，可以帮助其他教师更好地设计和组织相关活动，从而提高学生的实践能力和应用能力。通过教师间的协作和共享，学生可以接触到更加丰富多样的学习内容和教学方式，从而激发他们的学习兴趣，提高学习效果。

表2-3-1　提高学生学习效果实施方案

行动方案	具体措施
教师协作与共享	建立教师间的合作交流平台，如教研组、专业发展会议等，促进教师之间的交流与分享
	鼓励教师定期举办教学经验分享会，分享成功的教学案例、教学方法和教学资源
丰富教学内容和方式	教师可以互相借鉴、学习其他教师在教学中应用的多媒体技术、教学工具和教学策略
	推动跨学科合作，促进不同学科领域的教师之间的合作，丰富学生的学习内容和体验
激发学生学习兴趣和积极性	教师之间可以分享组织实践活动的经验和方法，帮助其他教师更好地设计和组织相关活动
	利用学生参与式教学、探究式学习等方式，激发学生的学习兴趣和积极性，提高学习效果

（四）提升个人成长

教师协作与共享对于个人成长至关重要。通过与其他教师的交流与分享，教师能够不断拓宽自己的教学视野，学习到新的教学理念和方法。例如参加教研活动或工作坊可以让教师了解到最新的教育理论和教学技术，从而拓展自己的教学思路，提升专业素养和教学能力。这种持续的学习与成长不仅有助于提升教师的职业发展，更能够为他们更好地为学生服务提供保障。通过不断地与他人交流合作，教师能够不断反思和改进自己的教学实践，逐步成长为更优秀的教育者，为学生的学习和成长提供更加有力的支持和指导。

教师协作与共享不仅对提升教学质量、增强团队凝聚力、提高学生学习效果及个人成长具有重要意义和价值，而且是推动教育改革和发展的关键因素之一。通过教师之间的交流与合作，教育工作者可以不断吸取他人的经验和智慧，不断改进和完善自己的教学实践，为学生的学习和成长提供更加优质的教育服务。因此，应当进一步加强教师间的协作与共享，为教育事业的发展注入更多的动力与活力。

二、建立教师协作与共享机制的途径

在当今教育领域，建立教师协作与共享机制是促进教学水平提升的重要途径之一。通过各种形式的交流与合作，教师能够相互学习、借鉴，共同提高教学水平，为学生提供更优质的教育体验。以下将探讨几种建立教师协作与共享机制的途径，以期为教育改革与发展提供有效的参考和借鉴。

（一）创设交流平台

建立教师协作与共享机制的重要途径之一是创设交流平台。这样的平台可以是学校内部的教研组织，也可以是跨学校、跨地区的教育交流平台。通过这些平台，教师可以定期举行教学经验交流会、教学观摩活动、教学案例分享等形式的活动，促进教师之间的交流与合作。例如在一个学校内部，可以建立教师交流分享的专门平台，让教师分享自己的教学方法、教学资源，互相学习、借鉴，共同提高教学水平。

（二）建立导师制度

建立导师制度是为教师协作与共享提供有效支持的重要途径。在这一制度下，经验丰富、教学水平较高的老师担任导师，与新任或经验较少的教师结对，展开教学指导与交流。导师通过分享自身的教学经验和技巧，帮助新教师更好地适应教学工作，例如导师可以与新教师分享应对学生挑战的策略，或是教学资源的获取途径。这样的互动不仅促进了教学技能的传承，也加强了师生之间的互信与合作，从而提升了整体教学水平。通过导师制度，学校可以有效地培养出更多优秀教师，为教育事业的发展奠定坚实的基础。

（三）建立网络平台

建立网络平台是促进教师协作与共享的关键举措之一。通过互联网和现代科技手段，可以建立在线教学资源共享平台或教育社区，为教师提供一个便捷的交流与合作平台。在这样的网络平台上，教师可以随时随地分享教学资源、讨论教学问题，实现跨地区、跨学科的合作与交流。例如一些教育机构可以建立专门的在线教学资源库，教师可以上传自己的教学课件、教案等，供他人免费下载和使用，从而实现资源的共享和互惠。教育社区也是一个重要的网络平台，教师可以在这里参与各种教育讨论、分享教学心得，与同行交流经验，共同成长。通过建立网络平台，可以打破时间和空间的限制，促进教师之间的交流与合作，推动教育事业的发展。

（四）鼓励跨学科合作

鼓励跨学科合作是建立教师协作与共享机制的重要途径之一。在这种合作模式下，教师可以跨学科合作开展教学活动，创造出更加丰富和多样化的学习体验。例如语文老师和艺术老师可以共同设计一堂融合文学赏析和美术创作的课程，在这样的课程中，学生不仅可以学习文学作品的欣赏与分析，还能通过艺术创作表达自己的情感与想法，从而全面发展自己的多元能力。跨学科合作不仅丰富了教学内容，还促进了教师间的交流与合作。通过跨学科合作，教师可以互相学习、借鉴对方的教学经验和教学方法，共同探讨如何更好地将不同学科的知识融合在一起，为学生提供更具有挑战性和启发性的学习体验。对于学生而言，跨学科合作也带来了诸多益处，他们可以从不同学科中获取丰富的知识和技能，培养跨学科思维和综合能力，更好地适应未来社会的多元化需求。

建立教师协作与共享机制的途径多种多样，其中包括创设交流平台、建立导师制度、建立网络平台及鼓励跨学科合作等。这些途径不仅促进了教师之间的交流与合作，也为教育事业的发展提供了坚实的基础。通过这些努力，可以有效地提升教师的教学水平，为学生提供更丰富、更优质的学习体验，推动教育事业不断向前发展。

三、教师协作与共享中的难点及解决方案

教师协作与共享在教育领域扮演着至关重要的角色，然而面对种种挑战，如时间压力、沟通不畅、资源匮乏和心态问题，教师需要寻找有效的解决方案来促进合作与共享的实践。

（一）时间压力

教师常常承担繁忙的教学工作和琐碎的学校管理任务，时间成为他们合作与共享的一大难点。例如教师可能需要花费大量时间备课、批改作业及参加会议等，这样的时间压力使得他们很难抽出时间与同事交流合作。解决这一问题的方法包括合理分配工作时间、精简会议内容、利用科技手段提高工作效率等，例如学校可以通过调整课表安排，为教师留出专门的交流时间；利用在线会议工具，让教师可以灵活地参与会议，节省时间。

（二）沟通交流不畅

沟通交流不畅是教师协作与共享中的另一个障碍。有时候教师可能由于地域、学科、年级等因素，难以进行有效的沟通与交流，例如不同学科的教师之间可能缺乏共同语言，导致沟通困难。为了解决这一问题，可以采取多种方法，例如建立跨学科交流平台、组织跨学科培训等，学校可以定期组织跨学科教研活动，让不同学科的教师互相借鉴和学习，拓宽视野，促进交流与合作。

（三）共享资源不足

共享资源不足也是教师协作与共享中的一个挑战。有时候教师可能因为缺乏优质的教学资源而难以展开合作与共享，例如某些学校可能缺乏现代化的教学设备，或是缺乏丰富多样的教学资料。为了解决这一问题，学校可以通过建立教学资源库、鼓励教师自主创作资源等方式来丰富共享资源，例如学校可以建立在线教学资源平台，教师可以将自己制作的优质教学资源上传到平台上，供他人免费使用，从而实现资源的共享与共赢。

（四）心态问题

心态问题在教师协作与共享中是一个关键的挑战。教师可能受到个人成就感不足或竞争心理过重的影响，不愿与他人合作或共享资源。解决这一问题需要从组织文化和个人心理两方面入手。学校可以通过倡导合作共赢的理念来塑造积极的协作氛围。鼓励教师树立团队意识，认识到协作是共同成长的关键。组织培训或研讨会，强调协作对教学水平提升的重要性，让教师意识到合作可以带来更大的成就感和收获。教师个人也应通过自我调整来培养积极的合作心态。他们可以主动与同事交流，分享自己的教学经验和资源，学习借鉴他人的优点和方法。建立良好的师德师风，尊重他人的劳动成果，同时也要有开放的心态去接受他人的建议和意见。

要解决教师协作与共享中的难点，需要学校和个人共同努力。学校可以通过调整工作安排、提供技术支持和倡导合作文化来营造良好的协作氛围。教师个人也应调整心态，主动参与交流合作，共同克服时间压力、沟通障碍和资源匮乏等问题，实现教育事业的共同进步。

第四节　终身学习与专业发展

一、终身学习与专业发展的概念及重要性

终身学习与专业发展是教师职业发展中不可或缺的重要组成部分。终身学习

强调个体持续学习的态度和行为，而专业发展则是教师通过不断学习、反思和实践提高教育水平和专业素养的过程。它们相互交织、相辅相成，共同推动教师的职业成长和教育事业的发展。

（一）终身学习的概念

终身学习是一种持续不断的学习态度和行为，意味着个体在整个生命过程中不断获取新的知识、技能和经验，以应对不断变化的社会、职业和个人需求。这种学习不仅限于正式的教育阶段，还包括自主学习、社会经验积累及工作实践中的反思与提升。终身学习强调个体的主动性和持续性是一个与时俱进、不断进步的过程。

（二）专业发展的概念

专业发展是指教师通过不断学习、反思和实践，提高自身的教育水平和专业素养，以更好地适应教育领域的变化和需求。它涵盖了教师在教学技能、课程设计、评估方法、学科知识、教育技术等方面的不断提升和发展。专业发展不仅是为了满足个人的职业发展需求，更是为了提升教育质量、促进学生发展而进行的系统性学习和成长过程。

（三）终身学习与专业发展的相互关系

终身学习与专业发展是教师职业发展中密不可分的两方面。终身学习为教师提供了持续学习的机会和平台，使其能够不断获取新知识、技能和经验。这种不断学习的态度和行为为教师的专业发展提供了源源不断的动力和资源，使其能够应对不断变化的教育需求和挑战。专业发展是终身学习的具体体现，通过参与专业发展活动，如培训、研讨会、研究项目等，教师能够不断提升自身的教育水平和专业素养。通过这些活动，教师可以不断拓展自己的知识领域、提高教学技能、更新教育理念，从而实现个人职业发展目标，更好地适应教育领域的变化和需求。因此，终身学习与专业发展相辅相成，共同推动教师的职业成长和教育事业的发展。

（四）为何终身学习与专业发展对教师至关重要

终身学习与专业发展对教师至关重要，因为教育领域的知识和技术在不断更新和发展，教师需要通过终身学习来跟进最新的教育理论和实践。专业发展可以提高教师的教学水平和专业素养，增强其教育教学能力，更好地服务于学生的学习和成长。终身学习和专业发展还能够增强教师的职业满足感和工作动力，促进教师个人的成长和发展。终身学习与专业发展是教师职业发展的必由之路，对于提升教育质量、推动教育事业发展具有重要意义。

终身学习与专业发展对教师至关重要，终身学习为教师提供了持续学习的机会和平台，使其能够不断适应变化的教育需求；而专业发展则是终身学习的具体体现，通过参与各种专业发展活动，教师不断提升自身的教育水平和专业素养。这种相互关系促进了教师的个人成长，同时也提升了教育质量，推动了教育事业的发展。

二、教师终身学习与专业发展的路径与资源

教师终身学习与专业发展是教育界永恒的主题，对于提升教学质量、适应时代需求至关重要。在这个快速变化的时代，教师需要不断更新知识、掌握最新的教学方法和理论，以更好地引领学生走向成功。为了实现这一目标，教师可以借助各种学习路径和资源，构建自己的专业发展之路。

（一）学习路径

教师终身学习与专业发展的学习路径多样化且灵活，包括但不限于学位课程、培训工作坊、研讨会、研究项目等。学位课程是一种常见的学习路径，教师可以通过攻读硕士、博士学位来深入学习教育理论和教学方法。培训工作坊提供了简短而集中的学习机会，教师可以参与各种主题的培训，例如课堂管理、创新教学方法等。研讨会则是教师交流和分享经验的重要平台，通过与同行的讨论和互动，教师可以开拓思路、汲取新思想。教师还可以参与各种研究项目，如教育科研项目、课题研究等，从而深入研究教育领域的前沿问题，提升自身的研究能力和学术水平。

（二）自主学习资源

自主学习资源是教师进行终身学习与专业发展的重要支持，包括学术期刊、在线课程、教学资源库、社交媒体等。学术期刊是教师获取最新教育研究成果和理论的重要途径，通过阅读期刊文章，教师可以了解教育领域的前沿动态。在线课程则为教师提供了灵活的学习机会，他们可以根据自己的时间和兴趣选择各种在线课程进行学习，这些平台提供了丰富的教育课程资源。教学资源库和社交媒体也是教师获取教学资料和交流经验的重要渠道，例如教师可以通过教育专业网站、教学博客等获取教学案例、教学设计等资源，同时也可以通过社交媒体平台加入教育专业的讨论和交流。

（三）持续教育机构与项目

持续教育机构与项目为教师提供了系统化的专业发展机会，包括教育学院、专业协会、认证课程等。教育学院通常提供各种学位课程和培训项目，教师可以选择根据自己的需求和兴趣参与。专业协会则为教师提供了更具针对性的专业发展项目和活动，例如举办年会、研讨会、讲座等，帮助教师了解行业最新动态和发展趋势。认证课程也是教师获取专业认可和提升教学能力的重要途径，如国家级教师资格考试、教育技术认证等。

（四）导师指导与辅导

导师指导与辅导是教师终身学习与专业发展的重要支持，通过与专业导师、同事合作及反思实践经验，教师可以获得更深层次的学习和成长。专业导师可以为教师提供个性化的指导和建议，帮助其解决教学中的难题和挑战，同时也可以分享自己的经验和见解。与同事合作则可以促进教师之间的互动和交流，共同探讨教学问题，分享教学经验，从而促进共同进步。教师还可以通过反思实践经验，不断总结和提升自己的教学方法和效果，实现个人教学目标和专业发展目标。

教师终身学习与专业发展之路多元而丰富，包括学习路径、自主学习资源、持续教育机构与项目及导师指导与辅导等方面。通过灵活选择学习路径、利用自主学习资源、参与持续教育项目并与导师和同事合作，教师可以不断提升自己的专业水平，为教育事业做出更大的贡献。

三、激励教师参与终身学习与专业发展的策略

激励教师积极参与终身学习与专业发展是教育机构持续进步和提高教学质量的关键，通过提供奖励与认可、资源支持、灵活的学习机会及建立学习文化与氛围等策略，教育机构可以激发教师的学习热情，推动其不断提升专业水平，从而为学生提供更优质的教育服务。

（一）提供奖励与认可

激励教师参与终身学习与专业发展的策略之一是提供奖励与认可。教育机构可以设立各种奖励机制，如优秀教学奖、专业发展奖等，以鼓励教师积极参与各类学习活动和专业培训。这些奖励不仅可以提高教师的学习积极性，还能够增强其对专业发展的动力和信心。给予教师适当的认可和表彰，如在学校或教育机构内部发布获奖名单、表彰优秀教师等，也能够激发其他教师的学习热情，形成积极向上的学习氛围。

（二）提供资源支持

教育机构可以提供各种资源支持，帮助教师顺利开展终身学习与专业发展，这些资源包括经费支持、学习设施、教学设备等。通过提供经费支持，教师可以报名参加各种培训班、学术会议，购买学习资料和教材，从而更好地开展学习活动。提供先进的学习设施和教学设备，如图书馆、实验室、多媒体教室等，也能够为教师的学习提供便利条件，提高学习效率和质量。

（三）提供灵活的学习机会

为了激励教师参与终身学习与专业发展，教育机构需要确保提供灵活多样的学习机会。这意味着不仅要组织各种形式的培训活动、讲座和研讨会，还需要根据教师的工作时间和需求，合理安排这些活动的时间和地点，以确保尽可能多的教师能够参与其中。推广在线学习平台也是一个有效的方式，教师可以根据自己的时间和兴趣，选择适合自己的课程进行学习，而无须受限于特定的时间和地

点。这种灵活性不仅能够满足教师的个性化学习需求，还可以提高他们的学习积极性和效率，从而促进他们的专业发展和教学水平的提升。

（四）建立学习文化与氛围

建立学习文化和氛围对于教师的专业发展至关重要，学校可以通过组织各种学习交流活动来实现这一目标，例如定期举办教学经验分享会、学术讲座等，让教师之间可以互相学习、借鉴，共同成长。学校领导和管理者也应该树立榜样，积极参与学习活动并鼓励教师踊跃参与，从而形成良好的学习氛围。通过这些举措可以激发教师的学习热情，提升他们的专业水平和教学质量。当教师感受到学习是被鼓励和支持的，他们就会更愿意投入终身学习与专业发展中，不断提升自己的能力和水平，从而为学生提供更好的教育服务。这种学习文化和氛围的建立也将促进整个学校的发展，使其成为一个充满活力和创新的教育机构。

为了激励教师参与终身学习与专业发展，教育机构可以采取多种策略。提供奖励与认可，如设立优秀教学奖和专业发展奖，能够激发教师的学习积极性和动力；提供资源支持，包括经费支持、学习设施和教学设备等，可以为教师的学习提供便利条件；提供灵活的学习机会，如组织各类培训活动和推广在线学习平台，能够满足教师的个性化学习需求；建立学习文化与氛围，通过组织学习交流活动，鼓励教师互相学习借鉴，促进教师的专业发展和教学质量的提升。这些策略的综合运用将有助于形成积极向上的学习氛围，推动教育机构的持续发展。

第三章 教学设计与策略的新视角

第一节 创新教学设计的基本原则

一、创新教学设计的核心理念

教学设计的创新性是现代教育发展的关键之一，旨在超越传统模式，激发学生的学习潜能并提升他们的综合能力。下文将探讨创新教学设计的核心理念，包括教学设计的创新性概念、跨学科和跨文化元素的融合设计，以及引入新技术和教学方法的重要性，最后重点探讨促进学生创造力和批判性思维的设计原则。

（一）教学设计的创新性概念

教学设计的创新性概念涵盖了对传统教学模式的挑战和超越，旨在打破传统的教学框架，以更富创造性和活力的方式促进学生的学习。创新教学设计强调教学过程的灵活性和多样性，鼓励教师尝试新的教学策略和方法，以满足不断变化的学生需求和社会发展的要求。这种创新性的教学设计不仅关注知识的传授，更注重学生的全面发展和个性化成长。

（二）融合跨学科和跨文化元素的设计

融合跨学科和跨文化元素的设计是指将不同学科领域的知识和不同文化背景的元素有机地结合在教学设计中，以丰富学生的学习经验和视野。通过跨学科的设计，学生可以从多个学科角度理解和探索同一主题，培养综合性的思维能力和解决问题的能力。融合跨文化元素的设计可以帮助学生更好地理解和尊重不同文化之间的差异，培养跨文化交流与合作的能力。例如在历史课上通过音乐和艺术作品展示不同文化的历史传统，可以使学生更加深入地理解历史事件背后的文化背景。

（三）引入新技术和教学方法的理念

引入新技术和教学方法的理念是教学设计中的重要考量，其核心在于充分利用现代技术和创新方法来提升教学效果和学生参与度。随着科技的快速发展，传统的教室教学已经不再是唯一选择，而是可以通过各种数字化工具和在线资源进行扩展和丰富。例如教师可以利用虚拟现实技术，让学生在虚拟环境中进行实地考察和体验，使学习过程更加生动和直观。游戏化学习平台也是一个有效的教学工具，通过设计具有挑战性和互动性的课堂活动，吸引学生的注意力并激发他们的学习兴趣。这些新技术和教学方法的引入不仅能够增加教学的趣味性和吸引力，还可以提高学生的学习效率和深度理解能力，从而推动教育的不断进步和发展。

（四）促进学生创造力和批判性思维的设计原则

促进学生创造力和批判性思维的设计原则是教学设计中至关重要的一环，这一原则旨在培养学生的创新意识和批判性思维，以使他们能够应对未来的挑战。在教学设计中，教师可以通过设计启发性和具有挑战性的学习任务和项目来激发学生的好奇心和探索欲。例如教师可以提出开放性问题，鼓励学生运用自己的知识和想象力进行探讨和解决，从而培养他们的创造力。通过组织开放性的讨论和问题解决活动，教师可以引导学生思考和分析，培养他们的批判性思维和逻辑推理能力。例如教师可以让学生分析现实生活中的问题并提出解决方案，通过讨论和辩论，激发学生的思维，促进他们的成长和发展。通过这些实践性的活动，学生不仅可以锻炼自己的创造力和批判性思维，还可以培养解决问题的能力，为未来的学习和生活做好充分准备。

创新教学设计的核心理念涵盖了多个方面，教学设计的创新性概念要求教师打破传统模式，以更富创造性和灵活性的方式促进学生的学习；融合跨学科和跨文化元素的设计丰富了学生的学习经验和视野，培养了综合性的思维能力和跨文化交流与合作的能力；引入新技术和教学方法的理念提升了教学效果和学生的参与度，使教育更具吸引力和趣味性；促进学生创造力和批判性思维的设计原则强调培养学生的创新意识和逻辑推理能力，为其未来的学习和生活做好充分准备。这些理念共同构成了创新教学设计的重要内容，推动着教育的不断发展和进步。

二、以学生为中心的教学设计原则

以学生为中心的教学设计原则是教育教学中的重要理念之一，旨在充分考虑学生的个体差异和需求，激发学生的学习兴趣和能动性，促进他们的全面发展，下文将探讨四项关键的教学设计原则：照顾学生个体差异、注重学生参与和合作、引导学生自主学习与自我评价，以及培养学生问题解决和实践能力的设计方法。

（一）照顾学生个体差异的设计策略

以学生为中心的教学设计应当充分考虑学生个体差异，因为每个学生都具有独特的学习风格、能力水平和兴趣爱好。教师可以采用灵活多样的教学方法和资源，以满足不同学生的需求和发展水平。例如在一堂课中，教师可以结合小组讨论、个人探究和实践活动等多种教学方式，以确保每个学生都能够找到适合自己的学习方式并取得良好的学习效果。

（二）注重学生参与和合作的设计原则

学生参与和合作是以学生为中心的教学设计中的重要原则，旨在激发学生的学习兴趣和提升他们的学习效果。通过促进学生的积极参与和合作，教师能够创造更加丰富和具有互动性的学习环境。这种参与和合作不仅有助于学生更好地理解和应用知识，还能培养他们的团队合作和沟通能力，这些能力在现实生活和未来职场中至关重要。教师可以采用多种方式来实现学生的参与和合作，例如设计小组项目、讨论活动和角色扮演等。通过小组项目，学生可以共同合作解决问题或完成任务，从中学会协作、分工和互相支持。讨论活动可以激发学生的思维，促进他们交流观点和思想，培养批判性思维和表达能力。而角色扮演则能够让学生身临其境，通过模拟场景体验，提高他们的情景应对能力和创造力。

（三）引导学生自主学习与自我评价的策略

引导学生自主学习和自我评价是以学生为中心的教学设计中的重要策略，通过给予学生自主学习的机会和资源，教师可以激发学生的学习动力和主动性。学生可以根据自己的兴趣和需求，在教师的指导下自主选择学习内容和学习方式。

这种自主学习的方式可以激发学生的学习兴趣和探究欲望，增强他们的自主学习意识和能力。在自主学习的过程中，教师还应该引导学生学会对自己的学习进行评价和反思。学生可以在教师的指导下设定学习目标并通过自我评价来检查自己的学习进展，教师可以提供评价标准和工具，帮助学生分析自己的学习成果并制订下一步的学习计划。通过自我评价和反思，学生能够发现自身的优势和不足并采取相应的措施来改进和提升自己的学习能力。一个实践的例子是在一门课程中，教师可以让学生自主选择一个感兴趣的主题并设计一个小型研究项目。学生可以在教师的指导下收集、整理和分析相关信息，提出自己的观点和结论。在项目完成后，教师可以引导学生进行自我评价，让他们思考项目的成功之处和改进的方向。通过这样的自主学习和自我评价过程，学生不仅加深了对所学知识的理解，还培养了自主学习和自我管理的能力。

（四）培养学生问题解决和实践能力的设计方法

培养学生问题解决和实践能力是教学设计的关键目标之一，通过让学生参与真实的问题解决和实践性的活动，他们可以将所学知识应用到实际情境中，从而更深入地理解和掌握所学内容。教师可以采用多种设计方法来实现这一目标。教师可以组织学生参与社区服务项目，通过参与社区服务，学生可以接触到真实的社会问题并思考如何通过他们所学的知识和技能来解决这些问题。例如学生可以组织环保活动、志愿者服务或社区改善项目，从中培养他们的团队合作、领导能力和社会责任感。教师可以设计科学实验或工程项目，通过进行科学实验或工程项目，学生可以动手操作、观察现象、收集数据并运用科学原理和方法来解决问题。例如学生可以设计实验来探究物理、化学或生物等学科的基本原理，或者参与工程项目来解决实际的工程难题，从中培养他们的实验设计、数据分析和创新能力。

以学生为中心的教学设计应当致力于实现多样化和个性化的教学策略，以满足学生的不同需求和发展水平。教师应关注学生个体差异，采用灵活多样的教学方法，确保每个学生都能找到适合自己的学习方式。学生的参与和合作是推动学习效果的重要动力，教师应通过设计小组项目、讨论活动等方式，培养学生的团队合作和沟通能力。教师应引导学生进行自主学习和自我评价，激发他们的学习动力和自主性，培养他们的自主学习意识和能力。培养学生的问题解决和实践能力是教学设计的关键目标，教师可以通过组织社区服务项目、设计科学实验或工程项目等方式，让学生将所学知识应用到实际生活中，培养其解决问题和创新能力。以学生为中心的教学设计原则旨在促进学生全面发展，提升其学习效果和实践能力，为其未来的学习和生活奠定坚实基础。

三、灵活性与适应性的平衡

在教育领域，教学设计的灵活性成为越来越重要的概念，教师需要在设计课程和教学活动时具备灵活的调整和变通能力，以满足不断变化的教学环境和学生需求。以下将探讨教学设计中的灵活性概念、灵活性原则，适应不同学习风格和学科特点的教学设计方法，以及与教师角色转变之间的关系。

（一）教学设计中的灵活性概念

教学设计中的灵活性指的是教师在设计课程和教学活动时具有调整和变通的能力。这种灵活性包括对不同教学环境和学生需求的适应性，以及对教学方法和资源的多样化运用。灵活性的概念意味着教师不僵化于一成不变的教学计划，而是根据实际情况和学生反馈灵活调整教学内容和方式，以确保教学的有效性和适应性。

（二）根据教学环境和学生需求调整教学设计的灵活性原则

灵活性原则意味着教师应根据不同的教学环境和学生需求进行调整和适应，这包括考虑到教学资源的可用性、教学设施的条件、学生的学习水平和兴趣特点等因素。例如当教学环境受到限制时，教师可以通过调整教学方法和组织形式来适应情况，将课堂讲授与小组讨论相结合，或者利用在线学习平台进行远程教学。教师还应关注学生的学习需求和反馈，根据学生的学习进展和理解情况调整教学内容和进度，以确保每个学生都能够得到有效的学习支持和指导。

（三）适应不同学习风格和学科特点的教学设计方法

在进行教学设计时，教师需要考虑到不同学习风格和学科特点，以提供多样化的学习体验和支持。例如对于视觉型学习者，教师可以通过图表、图片等视觉化资源来呈现知识内容；对于听觉型学习者，可以利用讲述、录音等方式进行知识传递；而对于动手型学习者，则可以通过实验、案例分析等实践性活动来促进学习。不同学科具有不同的特点和要求，教师需要根据学科特点选择合适的教学方法和策略。例如在数学课堂中，教师可以采用问题解决和探究式学习；而在语言课堂中，可以结合阅读、写作和口语练习等多种方式来提高学生的语言能力。

（四）教师角色转变与教学设计灵活性的关系

随着教育理念和技术的不断演进，教师的角色从传统的知识传授者转变为学生学习过程中的引导者和促进者。这种角色转变要求教师具备灵活的教学设计能力，以适应多样化的教学环境和学生需求。教师不再仅仅是课堂上的主讲者，而是需要关注学生的个性化需求和学习过程。通过灵活的教学设计，教师能够根据不同学生的学习风格和能力水平，为他们提供个性化的学习体验和支持。这种角色转变强调了教师在教学过程中的引导作用，教师不再是单方面地传授知识，而是与学生共同探索、合作学习，从而促进学生的自主学习和发展。

教学设计中的灵活性涵盖了对教学环境和学生需求的适应性，以及对教学方法和资源的多样化运用。教师应根据不同的教学环境和学生需求进行调整和适应，关注学生的学习进展和反馈，以确保教学的有效性和适应性。教师还需考虑到不同学习风格和学科特点，选择合适的教学方法和策略。教师角色的转变要求教师具备灵活的教学设计能力，成为学生学习过程中的引导者和促进者，与学生共同探索、合作学习，促进学生的自主学习和发展。

四、实践性与反思性的结合

教学设计是教育工作者不可或缺的一环，它直接影响着教学质量和学生学习效果，而在教学设计中实践性与反思性的结合则是确保教学有效性和教师专业成长的关键。下文将探讨教学设计中的实践性考量、反思的必要性和重要性、实践与反思相结合的模式，以及持续改进与迭代的教学设计策略，旨在为教育工作者提供深入思考和实践指导。

（一）教学设计中的实践性考量

在教学设计中实践性考量是至关重要的，教师需要确保设计的教学活动能够在实际教学中得以有效实施并达到预期的教学效果。这包括考虑到教学资源的可获得性、教学设施的条件、学生的实际情况等因素，例如在设计一个实验课程时，教师需要确保实验材料的充足性并预先考虑到可能出现的实验操作难点，以便在实践中做出及时调整和指导。

（二）反思教学设计的必要性和重要性

反思教学设计在教师的专业成长和教学质量提升中扮演着至关重要的角色。通过反思，教师可以深入审视自己的教学目标是否明确，教学活动是否与学生的实际需求相契合，以及教学过程中是否存在问题和挑战。这种反思不仅有助于发现教学中的不足之处，还能够为今后的教学实践提供宝贵的经验和启示。例如一位教师在反思中发现自己在课堂设计中未充分考虑到学生的不同学习风格，导致部分学生未能有效参与。经过反思后，教师可以调整教学设计，采用更多样化的教学方法，以更好地满足学生的学习需求。这样的反思和改进过程有助于教师不断提升教学水平，为学生提供更加优质的教育服务。

（三）实践与反思相结合的教学设计模式

实践与反思相结合的教学设计模式是一种强调教学实践与反思之间密切联系的教学方法，在这种模式下的教师不仅在设计教学活动时考虑实际情况，还在实践中不断地反思和调整。例如一位教师在课堂上尝试了一种新的教学方法，如小组合作学习。在实践过程中，教师会观察学生的反应和学习效果并在课后进行反思。教师可能会思考这种教学方法是否促进了学生的合作能力，是否符合课程目标，以及是否有需要改进的地方。基于这样的反思，教师可以调整教学策略，优化教学设计，进一步提高教学效果。这种循环的实践和反思过程使教师能够不断地完善自己的教学方法，适应不同的教学环境和学生需求，从而提高教学质量。

（四）持续改进与迭代的教学设计策略

持续改进与迭代的教学设计策略是确保教学质量不断提升的关键方法之一。教师应认识到教学设计是一个动态的过程，需要不断地进行调整和改进。通过定期收集学生的反馈意见、观察学生的学习表现及评估教学效果，教师可以及时发现教学中存在的问题和不足之处。例如教师可以通过课后问卷调查、小组讨论或个别反馈等方式收集学生的意见和建议。根据这些反馈，教师可以分析教学效果，找出需要改进的方面并据此进行教学设计的调整和改进。这样的持续改进和迭代过程可以帮助教师不断提高教学质量，更好地满足学生的学习需求，促进学生的学习和发展。

在教育教学的实践中，实践性与反思性的结合是确保教学质量不断提升的重要方法，教师在教学设计中需要充分考虑实践情况，同时不断反思教学过程中的问题与挑战，以及对学生的实际需求。实践与反思相结合的模式使教师能够在实践中不断调整和完善教学设计，以提高教学效果。持续改进与迭代的策略则为教师提供了持续改善教学的方法和途径，通过不断收集反馈意见和观察学生表现，及时调整教学设计，以适应不断变化的教学环境和学生需求，从而促进学生的学习和发展。

第二节 跨学科融合的教学设计

一、跨学科融合的意义与价值

跨学科融合教学是当今教育领域的一大创新，它不仅为学生提供了更广阔的知识视野和学习兴趣，还培养了学生的综合性思维、解决问题的能力及创新思维。跨学科教学也为教师带来了更大的灵活性和多样性，使教学更贴近学生的实际需求和兴趣特点。下面探讨跨学科融合教学的意义与价值，从促进综合性思维和能力培养、拓宽学生知识视野和学习兴趣、培养学生解决问题的能力和创新思维，以及提升教学的灵活性和多样性等方面进行阐述。

（一）促进综合性思维和能力培养

跨学科融合教学可以促进学生的综合性思维和能力培养，通过将不同学科的知识和技能有机结合，学生被引导去思考和解决跨学科性问题，培养他们的综合分析能力和综合解决问题的能力。例如一个涉及历史、地理和文学的跨学科项目，教师可以要求学生分析某一历史时期的地理环境对文学作品创作的影响，这需要学生整合各学科知识进行全面思考。

（二）拓宽学生的知识视野和学习兴趣

跨学科融合教学的意义在于打破传统学科之间的界限，拓宽学生的知识视野和学习兴趣。传统学科划分下，学生往往只接触到自己专业领域的知识，容易产生知识的碎片化现象，缺乏对知识整体性的理解。而跨学科教学将不同学科有机结合，例如将科学、艺术和技术融合在一个可持续发展的项目中，学生不仅学习科学知识，还了解艺术表现形式，从而激发对可持续发展问题的关注。通过跨学科融合教学，学生可以从不同角度去理解同一个问题，拓展知识边界，培养综合性思维，进而提升学习兴趣和学习动力。这样的教学方式不仅使学生对学习更感兴趣，也使他们更容易理解和应用所学知识，为未来的学习和发展奠定坚实的基础。

（三）培养学生解决问题的能力和创新思维

跨学科融合教学为培养学生解决问题的能力和创新思维提供了良好的平台。在现实生活中很多问题往往不仅属于一个学科范畴，而是涉及多个领域的知识和技能，传统学科教学往往难以全面解决这些复杂的问题。而跨学科教学则要求学生跨越学科界限，将不同学科的知识和方法有机结合，以解决具体问题。例如一个关于社会环境问题的跨学科项目可能涉及科学、工程和社会学等多个学科领域。学生需要结合科学的原理、工程的技术及社会学的观察和调查方法，设计出创新的解决方案。这种综合性的思考和跨学科的合作不仅培养了学生解决复杂问题的能力，也激发了他们的创新思维。通过跨学科融合教学，学生不仅可以学到各学科的知识，还能够学会如何将这些知识有机结合，创造性地解决现实生活中的问题，为未来的学习和工作打下坚实的基础。

（四）提升教学的灵活性和多样性

跨学科融合教学的灵活性和多样性为教学带来了新的可能性。传统的学科教学往往受到学科内容和课程设置的限制，而跨学科教学则打破了这种限制，使教学更加灵活多样。教师在设计跨学科教学活动时可以根据学生的实际需求和兴趣特点，选择不同的教学内容和方法，使教学更贴近学生的学习需求。例如教师可以结合学生的兴趣爱好和特长，设计不同主题的跨学科项目，如结合音乐和数学进行音乐创作与数学建模的项目，或者结合历史和地理进行历史考古与地理勘测的项目等。这样的教学设计不仅能够增加教学的趣味性和吸引力，还能够激发学生的学习兴趣和学习动力，提高他们的学习效果和成绩。跨学科教学还可以促进学科之间的交叉和融合，拓宽学生的知识视野，培养他们的综合性思维能力，为他们未来的学习和发展奠定良好的基础。因此，跨学科融合教学的灵活性和多样性对于提升教学质量和学生学习效果具有重要意义。

跨学科融合教学的意义与价值不言而喻，它不仅促进了学生的全面发展，培养了综合性思维和创新能力，还拓宽了学生的知识视野和学习兴趣，同时提升了教学的灵活性和多样性。通过跨学科融合教学，学生不仅在各学科领域有所涉猎，还能够学会如何将这些知识有机结合，创造性地解决现实生活中的问题，为未来的学习和工作奠定坚实的基础。因此，跨学科融合教学在当今教育中具有重要意义，值得进一步推广和深入研究。

二、寻找学科间的联系与共同点

寻找学科间的联系与共同点是促进跨学科融合教学的关键步骤之一，通过分析不同学科的知识结构和关联性，探索学科之间的交叉点和共通概念，借助教学资源和案例寻找学科间的联系，以及进行跨学科教研和交流，教师可以更好地展示学科之间的联系与应用，提升教学质量和学生学习效果。

（一）分析不同学科之间的知识结构和关联性

不同学科之间的知识结构和关联性是跨学科融合教学的基础，可以通过分析各学科的核心概念和基本原理来理解它们之间的联系。例如数学中的函数概念在物理学中可以应用于描述运动规律，而在经济学中可以用来建立数学模型预测市场变化，还可以观察到不同学科之间存在着共同的方法论和思维模式。比如科学和历史研究都需要进行实证分析和推理，虽然具体的研究对象不同，但其方法却有很多相似之处。通过分析不同学科之间的知识结构和关联性，可以更好地理解它们之间的内在联系，为跨学科融合教学提供理论基础。

（二）探索学科之间的交叉点和共通概念

学科之间的交叉点和共通概念是跨学科融合教学的重要切入点。例如生物学和化学之间存在着生物化学这一交叉领域，研究生物体内化学反应的过程。在这个交叉领域，概念如酶、基因、代谢等既涉及生物学的内容，又依赖化学原理来解释。数学作为一门基础学科，在各个学科中都有着广泛的应用，例如统计学在社会科学和自然科学中都起着至关重要的作用，而几何学在工程学和艺术领域也有着不可或缺的地位。探索学科之间的交叉点和共通概念有助于发现跨学科教学的切入点，促进学科之间的互相借鉴和交流。

（三）借助教学资源和案例寻找学科间的联系

借助丰富的教学资源和案例是寻找学科间联系的有效途径。教学资源可以包括教科书、课件、教学视频等，通过综合利用这些资源，可以展示不同学科之间的联系和应用。例如针对一个关于人口增长的跨学科项目，可以利用地理学的人口地理知识来分析人口分布规律，再结合数学统计方法对人口增长趋势进行预测，最后通过历史资料和经济学理论来探讨人口增长对社会经济的影响。教学案例可以通过具体实例来展示学科之间的交叉点和应用场景，激发学生的学习兴趣和思维探索欲望。

（四）进行跨学科教研和交流，分享经验和发现

跨学科教研和交流是推动跨学科融合教学发展的重要途径，教师可以通过参加教研活动、学术会议等，与其他学科领域的教师进行交流和分享经验，共同探讨跨学科教学的有效方法和策略。建立跨学科教研团队，开展合作研究项目，共同探索跨学科教学的理论和实践问题，形成良性循环的研究机制。通过跨学科教研和交流，教师可以不断丰富自己的教学经验，提高跨学科融合教学的质量和效果，为学生提供更优质的教育服务。

通过分析不同学科的知识结构和关联性可以深入探索学科之间的联系和共同点，借助教学资源和案例，教师能够展示学科之间的交叉点和应用场景，激发学生的学习兴趣。跨学科教研和交流可以促进教师间的经验分享和学科间的互相借鉴。通过这些方法和途径，学科间的联系与共同点得以凸显，实现了跨学科融合教学的目标，为学生提供了更丰富、更有挑战性的学习体验。

三、设计跨学科的教学活动与项目

跨学科教学的设计是教学策略中的一种重要形式，它能够帮助学生从多个学科的角度去理解和解决现实世界中的复杂问题。然而，要成功地设计跨学科的教学活动和项目并不是一件容易的事情，因而需要探讨如何制定明确的跨学科教学目标和任务，并结合各学科特点设计教学内容和活动，制定合适的评价标准和方法，以及利用技术手段和教学资源支持跨学科教学的实践方法和策略。

（一）制定明确的跨学科教学目标和任务

在设计跨学科的教学活动和项目之前，首先需要确立清晰的跨学科教学目标和任务。这些目标应该明确指出所要达到的学科知识、技能和跨学科能力，例如一个跨学科项目的目标可能是让学生理解地球生态系统的运作机制，同时培养他们的问题解决能力和团队合作精神。为了实现这一目标，教师需要明确规定学生需要掌握的各个学科的知识和技能，以及他们需要完成的具体任务和项目成果。

（二）结合学科特点设计跨学科的教学内容和活动

跨学科教学活动和项目的设计应该充分考虑各个学科的特点，使之能够有机地结合在一起，形成一个完整的教学体系。例如一个关于环保的跨学科项目可以包括地理学、生物学、化学等多个学科的内容。在设计活动和内容时，可以利用地理学的地图技能来分析污染源的分布情况，利用生物学的知识来研究生态系统的影响，利用化学的原理来探讨环境污染物的种类和来源等。通过这样的设计，学生既可以全面理解环保问题，又能够学习到各个学科的知识和技能。

（三）制定合适的评价标准和方法

为了有效评价学生在跨学科教学项目中的表现，制定合理的评价标准和方法至关重要。这些评价标准应全面涵盖学生在不同学科中的知识掌握与应用能力，同时强调其跨学科综合能力的培养。以环保项目为例，评价标准可以细分为对环境科学理论的理解、实际环境问题分析的深度、团队合作与领导力的展现及创新解决方案的提出能力。在评价方法上，可以结合形式多样的评估方式来观察和记录学生的表现，例如通过小组的口头报告来检验学生的团队协作和表达能力，通过项目展示或海报展示来评估学生对项目的综合处理和视觉表达能力，书面报告则可以用来评价学生的研究、写作和批判性思维能力。同行评审和教师观察也是重要的评价手段，它们帮助教师从不同角度了解学生在跨学科项目中的综合表现。这种多维度的评价方式不仅促进学生在学科知识上的深化，也助力于跨学科能力的提升。

（四）利用技术手段和教学资源支持跨学科教学

跨学科教学中的技术手段和教学资源的充分利用可以极大地支持教学的开展。通过网络资源，教师可以轻松获取到各个学科的相关信息和资料，为跨学科教学提供丰富的内容支持。例如可以引导学生通过在线数据库或学术期刊了解最新的科研成果和学科知识，从而加深对跨学科主题的理解。利用多媒体技术设计生动有趣的教学内容能够吸引学生的注意力，提高他们的学习兴趣。教师可以借助动画、视频等形式生动地展示抽象的概念，让学生更直观地理解跨学科内容。利用在线平台进行学生之间的互动和合作也是非常有效的方法。通过在线讨论、协作文档等工具，学生可以跨越时空限制，共同合作完成任务和项目，促进彼此之间的交流和合作能力的培养。技术手段和教学资源的有效利用有助于提高跨学科教学的效率和效果，为学生提供更丰富、更具互动性的学习体验。

跨学科教学的设计需要从多个方面进行考虑和规划，教师应该制定清晰的跨学科教学目标和任务，明确学生需要达到的学科知识、技能和跨学科能力。教学内容和活动的设计应该充分考虑各学科特点，使之有机地结合在一起，形成一个完整的教学体系。在评价方面，需要制定多维度的评价标准和方法，全面评估学生在跨学科项目中的表现。利用技术手段和教学资源能够有效支持跨学科教学的开展，提高教学效率和效果。跨学科教学的设计需要教师综合考虑各种因素，以确保学生能够全面发展并达到预期的学习目标。

四、评价跨学科融合的教学效果

跨学科融合教学是一种促进学生全面发展的教育模式，其评价需要设计有效的工具和方式，综合考量学生在不同学科和跨学科能力方面的表现并收集学生和教师的反馈意见。通过分析评价结果，及时调整和改进教学设计，可以不断提升跨学科融合教学的效果。

（一）设计有效的评价工具和方式

在评价跨学科融合的教学效果时，设计有效的评价工具和方式至关重要。评价工具应该能够全面反映学生在各个学科和跨学科能力方面的表现，同时具有客观性和可操作性，例如可以设计综合性的项目评估表，包括学生的学科知识掌握、问题解决能力、团队合作能力等多个方面的评价指标。评价方式可以采用书面报告、口头展示、项目展示、小组讨论等形式，以全面了解学生的学习情况和能力表现。

（二）综合考量学生在不同学科中的表现

在跨学科教学评价中综合考量学生在不同学科中的表现至关重要，这意味着评价不仅应关注学生在各学科的学习成绩，还须重视跨学科能力的培养。例如考虑一个环保项目，评价学生需要涉及地理、生物、化学等学科的知识和技能。除了检查他们对这些学科的理解和应用能力外，还需要评估他们在团队合作、问题解决和创新思维等跨学科能力方面的表现。例如评价学生的团队合作能力可以通过他们在小组中的协作程度和角色扮演来进行，问题解决能力可以通过他们提出并解决环境挑战的方式来评估，而创新思维则可通过他们提出的环保解决方案的创意程度和可行性来衡量。因此，评价跨学科教学效果时，须从多个角度综合考虑学生在不同学科和跨学科能力方面的表现，以全面评价他们的学习成果和能力发展。

（三）收集学生和教师的反馈意见

收集学生和教师的反馈意见对评价跨学科融合教学效果至关重要。学生的反馈可以通过问卷调查、小组讨论或个别面谈等方式收集。他们可以分享对教学活动的喜好、挑战和建议，以及对跨学科学习体验的感受和看法。这些反馈有助于教师了解学生对教学内容和方法的反应，发现可能存在的问题并及时调整教学策略。教师自身也应该通过观察和反思，收集对教学实践的反馈意见。他们可以审视教学过程中的优点和不足，思考如何更好地促进跨学科融合教学的实施并制定改进措施。综合学生和教师的反馈意见，可以更全面地评价跨学科教学的效果并为未来的教学设计提供指导和借鉴。

（四）分析评价结果，调整和改进跨学科教学设计

分析评价结果并调整和改进跨学科教学设计是持续提升教学质量的重要环节，教师应该系统地收集和整理评价数据，进行深入分析，找出教学中存在的问题和不足之处。如果评价结果显示学生在某个学科领域的掌握不够深入，教师可以采取多种改进措施。根据评价结果，教师可以针对性地调整教学内容和教学方法。比如增加相关学科的案例分析、实地考察或实验课程，以加深学生对该学科的理解和应用能力。如果评价结果显示学生在跨学科能力方面有欠缺，教师可以优化跨学科连接，设计更多跨学科整合的项目和活动，例如通过跨学科团队合作的项目，让学生在实践中培养问题解决和创新思维能力。根据评价数据，教师可以为学生提供个性化的支持和指导。针对学生在某个学科或能力上的不足，提供额外的辅导或资源，帮助他们更好地提升。建立有效的反馈机制，让学生和教师能够及时交流意见和建议。通过定期反馈和沟通，可以更快地发现问题并及时调整教学策略。

评价跨学科融合教学效果需要综合考量学生在各学科和跨学科能力方面的表现，设计有效的评价工具和方式并收集学生和教师的反馈意见。通过分析评价结果，及时调整和改进教学设计，可以提升学生的学习效果和跨学科能力。

第三节　问题导向与项目式学习

一、问题导向学习的理论基础

问题导向学习作为一种学习方式，旨在通过学生提出和解决问题来促进知识和技能的构建。其特点包括学习目标以问题为导向、学习过程注重学生的主动参与和探究、学习内容贴近学生生活和实际应用、评价方式注重学生的问题解决能力和思维能力等。这种学习方法不仅培养了学生的批判性思维和创造性思维，也促进了他们对知识的深入理解和实际应用能力的提升。下文将探讨问题导向学习的理论基础，包括认知建构主义理论和社会交往理论对其的支持，以及批判性思

维和创造性思维在其中的角色。

（一）问题导向学习的概念和特点

问题导向学习是一种基于学生提出和解决问题的学习方式，强调学习者通过探究和解决实际问题来构建知识和技能。其特点包括学习目标以问题为导向、学习过程注重学生的主动参与和探究、学习内容贴近学生生活和实际应用、评价方式注重学生的问题解决能力和思维能力等。通过问题导向学习，学生能够更深入地理解知识，培养批判性思维和解决问题的能力。

（二）认知建构主义理论对问题导向学习的支持

认知建构主义理论为问题导向学习提供了理论基础和支持，根据认知建构主义理论，学习是学习者通过积极参与和与环境互动来建构知识的过程，而不是接受知识。在问题导向学习中，学生在解决实际问题的过程中，不断地探索、思考和合作，从而建构新知识。他们通过与问题的互动，将现有知识与新信息进行整合和重构，深化对知识的理解。例如学生在解决一个跨学科问题时，不仅是被动地接受各学科的知识，而是通过思考和探究，将这些知识融合在一起，形成全新的理解和解决方案。因此，认知建构主义理论为问题导向学习的实践提供了理论支持，强调了学生的主动参与和知识建构过程的重要性。

（三）社会交往理论在问题导向学习中的应用

社会交往理论在问题导向学习中具有重要的应用意义，根据社会交往理论，学习是通过与他人的交往和合作来实现的，人们通过交流、分享和互动来共同构建知识。在问题导向学习中，学生常常以小组形式进行合作，共同探究和解决问题。通过小组合作，学生能够分享彼此的观点和想法，从不同角度思考问题，激发思维，促进问题的深入理解和解决。教师在问题导向学习中扮演着引导者的角色，通过组织讨论和提供指导，促进学生之间的互动和合作。教师的引导可以帮助学生更好地理解问题的本质，激发他们的思维和创造力，推动问题的解决过程。因此，社会交往理论为问题导向学习提供了重要的理论支持和实践指导，强调了合作与互动在学习过程中的重要性。

（四）批判性思维和创造性思维在问题导向学习中的角色

在问题导向学习中，批判性思维和创造性思维发挥着关键作用。批判性思维帮助学生审视问题，分析信息，评估证据，从而能够做出合理的决策和解决问题的方案。通过批判性思维，学生能够深入思考问题的各个方面，辨别信息的可靠性和偏见，从而形成全面、准确的理解。在问题导向学习中，学生需要不断质疑和思考，以确保他们所提出的解决方案是经过充分考虑和论证的。创造性思维激发学生的创新能力，使他们能够提出新的观点和解决方案。在问题导向学习中，学生面临的问题通常是开放性和复杂的，需要创造性思维来寻找创新的解决方案。通过创造性思维，学生能够跳出传统的思维模式，大胆提出新颖的想法并将其应用于解决实际问题。这种创新能力不仅培养了学生的创造性思维，也为他们未来面对各种挑战提供了宝贵的能力支持。

问题导向学习建立在认知建构主义理论和社会交往理论的基础之上，强调学生通过解决实际问题来构建知识和技能。在这个过程中，学生运用批判性思维来审视问题、分析信息、评估证据，以做出合理的决策和解决方案；通过创造性思维来提出新的观点和解决方案，应对开放性和复杂的问题。这种学习方式注重学生的主动参与和合作，促进了他们的问题解决能力和创新能力的发展，为未来的学习和生活奠定了坚实的基础。

二、项目式学习的实施步骤

项目式学习是一种富有活力的教学方法，旨在通过学生参与真实世界项目，解决实际问题，促进其综合能力和跨学科能力的发展。项目式学习的实施步骤涵盖项目选择和设计、实施和管理，以及评价和总结等关键阶段。

（一）项目式学习的定义和原理

项目式学习是一种基于项目的教学方法，通过让学生参与真实世界的项目，以解决实际问题为目标，促进学生的综合能力和跨学科能力的发展。其原理在于通过项目设计和实施过程中的探究、合作和反思，使学生在真实情境中应用所学知识和技能，从而达到更深层次的理解和学习效果。例如一个关于环保的项目可以让学生研究当地垃圾处理问题并提出改进方案，通过这个过程，学生不仅学会了环境科学知识，还培养了解决问题的能力和团队合作精神。

（二）项目选择和设计

在项目选择和设计阶段，教师需要以学生为中心，考虑其兴趣、实际情况和教学目标来确定项目主题。了解学生的兴趣和关注点是至关重要的，因为这可以帮助他们更加投入和积极地参与项目。需要考虑项目的实践性，即项目是否能够让学生将所学知识和技能应用于实际情境中，从而增强学习的实用性和可持续性。一个成功的项目选择和设计过程需要确定项目的教学目标，包括知识、技能和态度方面的目标。这些目标应与课程标准和学生需求相一致。通过问卷调查、小组讨论或个别谈话等方式了解学生的兴趣和关注点，确定一个能够引起他们兴趣和激发动力的项目主题。结合教学目标和学生兴趣，确定一个具有挑战性和实践性的项目主题，例如社区服务、环境保护、科学探索等都是激发学生兴趣和培养综合能力的优秀项目主题。根据项目主题，设计相应的任务和活动。这些任务和活动应该具有启发性和引导性，能够促进学生的主动学习和合作学习。制订清晰的项目计划，包括项目的时间安排、任务分配、资源准备等，确保项目能够按计划顺利进行。如果可能，考虑将不同学科的知识和技能融入项目中，以促进学生跨学科综合能力的发展。

（三）项目实施和管理

在项目实施和管理阶段，教师扮演着引导者和支持者的角色，需要密切指导学生进行研究、合作和实践，以确保项目按计划顺利进行。教师应提供必要的资源和支持，包括信息获取渠道、实践工具、学习材料等，以帮助学生顺利完成项目任务。教师需要引导学生解决在项目实施过程中遇到的问题，鼓励他们克服困难，发挥创造力，实现项目目标。例如当学生在调查环节遇到困难时，教师可以提供相关资料和指导，帮助他们找到解决问题的途径。教师还应定期组织讨论和反馈，以确保项目的进展和质量。通过定期汇报项目进展情况，学生可以分享彼此的成果和困难，获得同伴和教师的反馈和建议，进而调整和完善项目方案。例如每周组织一次小组讨论会，学生分享本周的工作成果和遇到的问题，教师提供指导和建议，共同解决困难，推动项目向前发展。

（四）项目评价和总结

在项目评价和总结阶段，教师需要综合考虑学生的参与度、成果质量和团队合作情况，对项目进行全面评价。评价方式可以包括个人评价、团队评价和项目成果评价等多个层面，以全面了解学生的学习情况和项目效果。教师还应与学生共同总结项目经验和教训，提出改进建议，以便今后的项目实施能够更加顺利和有效。例如教师可以组织学生进行自我评价和互评，分析项目过程中的成功因素和不足之处并提出改进方案，以提高项目的质量和效果。

项目式学习的实施步骤包括项目选择和设计、实施和管理及评价和总结。在项目选择和设计阶段，教师须以学生为中心，确定项目主题并设计相关任务和活动；在实施和管理阶段，教师扮演着引导者和支持者的角色，提供必要的资源和支持，引导学生解决问题并组织讨论和反馈；在评价和总结阶段，教师须综合考虑学生的参与度、成果质量和团队合作情况，对项目进行全面评价并与学生共同总结项目经验和提出改进建议。通过这些步骤，可以确保项目式学习的有效实施，促进学生全面发展。

三、教师在问题导向与项目式学习中的角色

在问题导向与项目式学习中，教师的角色不仅是传统意义上的知识传授者，而更像是一位导航员，引领学生穿越知识的海洋。教师作为引导者，扮演着激发学生好奇心、引导解决问题的重要角色。在项目设计和实施过程中，教师的支持与指导也是学生能否成功完成任务的关键因素。下文将探讨教师在问题导向与项目式学习中的角色，包括作为引导者、在问题提出和解决过程中的指导、在项目设计和实施中的支持与指导，以及在评价和反思中的作用与意义。

（一）教师作为引导者的角色

在问题导向与项目式学习中，教师扮演着引导者的重要角色。他们不仅需要提供学习的方向和目标，还要激发学生的好奇心和探究欲望，引导他们主动参与学习过程。作为引导者，教师应该建立积极的学习氛围，鼓励学生自主学习和合作探究，例如教师可以组织讨论，启发学生提出问题并引导他们通过探究和实践来寻找答案。

（二）教师在问题提出和解决过程中的指导

在问题导向的学习环境中，教师不再是传统的知识传授者，而是成为学习的引导者和激励者。教师的指导在问题提出和解决过程中尤为重要。教师需要引导学生提出有挑战性和深度的问题，这些问题应该能够激发学生的思考和探索欲望。教师应该帮助学生寻找解决问题的方法和途径，可以通过提供相关资源和指导来支持他们。例如在一个关于环境污染的项目中，教师可以指导学生收集环境数据、分析污染来源并提出减少污染的可行方案。教师的指导不仅有助于学生理清思路，还能够培养他们解决问题的能力和创新思维。

（三）教师在项目设计和实施中的支持与指导

在项目设计和实施过程中，教师的支持与指导至关重要。教师需要根据学生的兴趣和学习需求，设计具有挑战性和实践性的项目任务。这些任务应当能够激发学生的学习热情并促使他们积极参与。教师应该提供必要的资源和支持，帮助学生顺利完成任务。这可能涉及提供学习资料、技术设备、实践场地等方面的支持，以确保学生能够顺利开展项目活动。教师还需要指导学生规划项目进程，确保任务按计划有序进行。在项目实施过程中，学生可能会遇到各种困难和挑战，教师应该及时给予指导和支持，帮助他们克服障碍。例如在一个社区服务项目中，学生可能会面临调查对象不配合或数据收集困难等问题，教师可以提供解决方案或协助解决。教师应该确保项目活动按计划顺利进行，定期与学生进行沟通和反馈，及时调整项目进程。通过持续的支持与指导，教师能够帮助学生克服困难，实现项目目标，提升他们的综合能力和实践技能。

（四）教师在评价和反思中的作用与意义

在问题导向与项目式学习中，教师在评价和反思过程中扮演着重要角色。他们需要综合考虑学生的参与度、成果质量和团队合作情况，对学生的学习过程和成果进行全面评价。通过评价和反思，教师可以发现学生的优势和不足并及时给予反馈和指导，帮助他们不断提升。教师还应与学生共同总结项目经验，提出改进建议，以便今后的学习能够更加有效。例如在一个关于创业的项目中，教师可以与学生一起评价项目的商业价值和创新性，反思团队合作的优势和挑战并提出未来发展的方向和策略。

教师在问题导向与项目式学习中扮演多重角色，既是引导者又是指导者、支持者和评价者。他们通过引导学生提出深度问题、指导解决问题、支持项目实施及评价反思学习过程，促进学生的自主学习、创新思维和团队合作能力的发展。教师的角色不仅是为了学生的学术成就，更是为了培养他们的综合能力和实践技能，使他们能够在未来的学习和工作中做出积极的贡献。

四、学生自主学习与合作学习的结合

学生的学习不再局限于传统的课堂教学，而是越来越注重培养他们的自主学习能力和团队合作精神。在问题导向学习中，学生被鼓励提出问题、探索解决方案，这激发了他们的主动学习意识。合作学习在项目式学习中扮演着至关重要的角色，通过小组合作，学生不仅能够拓宽视野，还能够培养团队合作意识和沟通技能。在这个过程中的学生被赋予不同的角色，需要相互协作、协商决策，以实现共同目标。

（一）学生在问题导向学习中的自主学习能力培养

问题导向学习强调学生的自主性和探究精神，促进他们主动参与学习过程。在这种学习模式下，学生需要培养自主学习的能力，包括自我设定学习目标、独立思考和解决问题的能力等。教师通过激发学生的好奇心和探索欲望，引导他们提出问题并提供必要的指导和支持，以培养其自主学习的能力。例如在一个关于历史事件的研究项目中，学生可以自主选择研究的方向和方法，通过阅读文献、采访专家等途径，独立获取相关知识和信息，并通过分析和综合形成自己的见解和结论。

（二）合作学习在项目式学习中的重要性

在项目式学习中合作学习扮演着至关重要的角色，它能够促进学生之间的交流与合作，从而拓宽他们的视野和学习范围。通过小组合作，学生可以共同探讨问题，分享资源和经验，相互学习并促进成长。例如在一个关于历史事件的研究项目中，学生可以分成小组，每个小组负责研究不同的历史事件，然后通过合作交流各自的发现和见解，全面理解历史事件的多个方面。合作学习培养了学生的团队合作精神和沟通技能，在小组合作中的学生需要相互协作、协商决策，这促使他们培养出良好的团队意识和合作能力。通过与他人交流和讨论，学生还能提升自己的沟通技能，学会倾听他人的意见并表达自己的观点。例如在一个关于环境保护的项目中，学生需要共同商讨保护措施并达成共识，这锻炼了他们的协商和沟通能力。合作学习也能激发学生的竞争意识，提高团队的执行力和效率。通过小组合作，学生会感受到来自同伴的积极性和努力，从而激发自己更加努力的动力，提高团队整体的执行力和工作效率。例如在一个关于科学实验的项目中，小组成员会相互比较实验结果并追求更好的成绩，这种竞争促使每个成员都更加努力投入项目中，从而提高了整个小组的执行效率。

（三）学生在小组合作中的角色分配与协作技能培养

在小组合作中的学生被赋予不同的角色，这有助于促进团队的协调和高效运作。教师可以根据学生的兴趣、技能和经验，合理分配角色，使每个成员都能充分发挥自己的潜力。例如在一个关于社会问题的调查项目中，教师可以将学生分为数据收集员、信息整理者和报告撰写者等不同角色，以便高效完成各项任务。通过这样的分工，学生能够专注于自己擅长的领域，提高工作效率。学生在小组合作中也需要培养良好的协作技能，这包括有效的沟通能力、团队合作意识和问题解决能力。在合作过程中，学生需要学会倾听他人的意见，尊重不同的想法并通过协商达成共识，以实现共同的目标。例如在社会问题调查项目中，学生可能会遇到数据收集不足或信息整理不准确的问题，这时候团队成员需要相互协作，共同解决问题，确保最终的调查报告准确完整。

学生的自主学习能力和合作学习精神在现代教育中占据着重要地位。问题导向学习培养了学生的自主性和探究精神，使他们能够独立思考、解决问题。合作学习则促进了学生之间的交流与合作，提高了团队的执行力和效率。在小组合作中，学生通过分工合作，充分发挥自己的潜力，同时培养了良好的协作技能。学生自主学习与合作学习的结合，为他们的学习和成长提供了有力支持。

第四节　利用技术工具优化教学设计

一、技术工具在教学设计中的作用

技术工具在教学设计中扮演着重要角色，不仅能提高教学效率，支持个性化学习，还能增强学生的参与度并拓展学习资源渠道。下文将深入探讨这些方面并总结它们对教育的积极影响。

（一）提高教学效率

利用技术工具可以显著提高教学效率。在线课堂平台的运用让教师能够轻松地上传教学资料、布置作业及进行考试评估，这节省了大量的时间和精力。通过电子化的方式管理学生信息和课程进度，教师能够更加高效地进行教学计划的管理，及时给予学生反馈和指导。而智能化的教学工具则能够根据学生的学习情况提供个性化的学习路径，从而更好地满足学生的学习需求，进一步提高教学效率。这些技术工具的应用不仅简化了教师的工作流程，也为学生提供了更加高效和个性化的学习体验。

（二）个性化学习支持

技术工具的应用为个性化学习提供了有效支持，满足了不同学生的学习需求。通过学习管理系统或在线学习平台，教师可以根据学生的学习情况和兴趣爱好，为他们量身定制学习计划和资源推荐。例如一些自适应学习系统能够根据学生的学习表现自动调整教学内容和难度，以及时满足学生的学习进度和能力水平。这种个性化的学习支持使得每个学生都能够在适合自己的学习环境中取得进步并提高学习的效率和成效。个性化学习还能够激发学生的学习兴趣，增强他们的学习动机，从而更好地促进学生的学习和发展。

（三）增强学生参与度

技术工具的互动性和多样性极大地增强了学生的参与度。通过在线讨论平台、虚拟实验室等工具，学生能够在课堂之外进行互动和合作，分享自己的观点和经验。这种参与度的增强不仅促进了同学之间的交流和合作，还拓宽了学生的思维视野。教学游戏和模拟环境也能够吸引学生的注意力，激发他们的学习兴趣。通过这些有趣的学习方式，学生更愿意投入学习中去，从而促进他们在学习过程中的深层次理解和应用能力的提升。这种增强的学生参与度不仅使学习更加生动有趣，也有助于培养学生的团队合作和沟通能力，从而更好地满足现代教育对学生综合素养的需求。

（四）拓展学习资源渠道

技术工具的广泛应用为学生拓展了学习资源的渠道，提供了更加丰富多样的学习资料和资源。通过网络搜索、在线图书馆、开放式课程平台等，学生可以轻松获取到海量的学习资源，从而拓展了学习的广度和深度。例如学生可以通过在线视频平台观看名校教授的讲座，参与国际性的学术讨论，这样不仅能够接触到前沿的学术思想和研究成果，还能够拓宽自己的学术视野和知识面。学生还可以通过在线图书馆访问各种专业书籍和期刊，获取最新的学术资源和研究成果，这有助于他们在学习过程中深入挖掘和探索知识。开放式课程平台则提供了大量的免费课程和学习资源，学生可以根据自己的兴趣和需求自主选择学习内容，自主学习，从而实现个性化的学习目标。这些丰富多样的学习资源不仅满足了学生的学术需求，也为他们提供了更加开放和自由的学习空间。

技术工具的广泛应用为教育带来了显著的改变，提高了教学效率，使教师能够更轻松地管理教学过程并根据学生的需求提供个性化的学习支持。技术工具也促进了学生的参与度，通过互动性和多样性的设计，激发了学生的学习兴趣。技术工具还拓展了学习资源的渠道，为学生提供了丰富多样的学习资料和资源，从而促进他们的学习和发展。因此，技术工具在教学设计中的作用不容忽视，它们为教育的发展带来了新的机遇和挑战。

二、选择合适的技术工具辅助教学

选择合适的技术工具是教学中至关重要的一环，因为它能够有效地支持课程目标和内容，促进学生的学习和理解。下文将探讨选择技术工具时的几个关键因素，包括教学内容匹配性、用户友好性评估、教学目标一致性及资源可持续性考虑。

（一）教学内容匹配性

在选择合适的技术工具时，教学内容的匹配性至关重要。工具应当能够有效地支持课程目标和内容，促进学生的学习和理解。例如在数学课程中，使用数学建模软件可以帮助学生将抽象的数学概念转化为具体的图形或实际应用。通过这样的工具，学生可以通过实践探索数学理论，在模拟的环境中加深对数学原理的理解。这种匹配性使得技术工具成为教学的有效辅助，帮助学生更好地掌握课程内容，提高学习效果。

（二）用户友好性评估

在选择合适的技术工具时，用户友好性评估至关重要。工具应易于操作和理解，以确保教师和学生能够快速上手并有效地利用。例如一个简洁直观的用户界面、清晰的操作步骤和详细的使用说明都可以提高工具的用户友好性。通过简化操作流程和提供清晰的指导，技术工具可以减少用户的学习曲线，使其更容易上手和应用于教学实践中。这种用户友好性不仅提升了工具的可用性，也增强了教师和学生的满意度，从而更好地支持教学活动的顺利进行。

（三）教学目标一致性

在教学中选择合适的技术工具必须与教学目标保持一致，工具应能够有效地促进学生实现预期的学习目标并与课程教学理念相契合。例如如果课程的目标是培养学生的创造力和解决问题能力，那么选择一个支持学生参与项目式学习和实践探究的工具将更为合适。通过这样的工具，学生可以在实际的项目中应用所学知识，通过解决真实问题来培养创造力和解决问题的能力。因此，选用与教学目标一致的技术工具能够更好地支持教学实践，使教学活动更加贴近课程目标，促进学生的全面发展。

（四）资源可持续性考虑

在选择技术工具时，资源的可持续性是一个关键考量因素，工具应具有稳定的技术支持和更新周期，以确保长期的可用性和功能完善性。工具的成本和可扩展性也需要考虑，以满足教育机构和学生的需求并能够灵活地适应教学需求的变化。例如选择开源软件或基于云端服务的工具可以降低成本并提高可持续性。开源软件通常由社区维护，具有广泛的技术支持和更新，同时允许用户根据自身需求进行定制和修改。而基于云端服务的工具则可以实现跨平台和灵活扩展的特性，使教学活动更具弹性和可操作性。因此，综合考虑资源的可持续性可以为教学活动提供更多的可能性和持续的支持。

在选择合适的技术工具时，教育工作者需要综合考虑多个因素。首先，要确保工具与教学内容相匹配，能够有效地支持课程目标和内容，促进学生的学习和理解。其次，工具的用户友好性评估也至关重要，以确保教师和学生能够快速上手并有效地利用。再次，工具选择还应与教学目标保持一致，能够有效地促进学生实现预期的学习目标并与课程教学理念相契合。最后，考虑工具的资源可持续性，包括稳定的技术支持和更新周期、成本和可扩展性，以确保长期的可用性和功能完善性。综合考虑这些因素，可以选择出最适合教学实践的技术工具，为教学活动提供更多的可能性和持续的支持。

三、利用技术工具创新教学方法与手段

教学方法与手段的创新对于提升教学效果至关重要。在当今数字化时代利用技术工具创新教学方法已成为教育领域的一大趋势，因而探讨交互式学习工具应用、虚拟实验与模拟环境构建、多媒体教学资源开发及智能化辅助教学工具探索这四方面，展示技术工具在教学中的广泛应用及其对教学方式创新带来的积极影响具有重大作用。

（一）交互式学习工具应用

交互式学习工具的应用为教学带来了全新的活力和趣味性。通过这些工具，学生能够积极地参与学习过程，与教材内容进行互动，从而更深入地理解知识。例如在语言学习领域，各种在线语言学习平台提供了多样的交互式学习工具，如语音识别和语音对话模拟，学生可以通过与虚拟角色对话来练习口语表达，这种互动性促进了语言沟通能力的提升，为学习者提供了更加生动和实用的学习体验。

（二）虚拟实验与模拟环境构建

虚拟实验与模拟环境的构建为教学提供了更加安全和便捷的实验体验，通过

虚拟实验平台，学生可以在仿真的实验环境中进行各种实验操作，观察现象并进行数据分析，而无须使用实际的实验设备或进入实验室。例如在化学课程中，虚拟实验软件可以模拟各种化学反应过程，使学生能够在安全的环境中探索不同的实验条件和变化，加深对化学原理的理解。这种虚拟实验的使用不仅节省了实验材料和设备的成本，而且消除了实验中可能存在的安全风险，为学生提供了更加安全和便捷的学习体验。

（三）多媒体教学资源开发

多媒体教学资源的开发为教学提供了更为丰富的内容呈现方式，使得教学内容更加生动和具体。通过多媒体教学资源，教师可以运用图像、音频、视频等多种形式将知识呈现给学生。例如在历史课程中，教师可以利用历史影像、音频记录等多媒体资源，让学生仿佛置身于历史事件的场景中，深刻感受历史的发展与演变。这种身临其境的体验不仅激发了学生对历史的兴趣，还使得抽象的历史概念更具体化，有助于学生更深入地理解和记忆历史知识。因此，多媒体教学资源的开发为教学提供了一种创新的方式，丰富了学生的学习体验，促进了知识的传递和理解。

（四）智能化辅助教学工具探索

智能化辅助教学工具的探索为个性化教学提供了全新的可能性，通过人工智能技术，这些工具能够根据学生的学习需求和特点提供个性化的学习建议和支持。例如智能化学习管理系统可以根据学生的学习表现和兴趣，自动推荐适合的学习资源，如视频讲解、互动练习等，帮助学生更高效地学习。这些工具还可以追踪学生的学习进度，及时发现并解决学习中的问题，从而提供更加个性化的教学指导。这种智能化的学习环境有助于学生根据自身需求制订学习计划，提高学习效果。教师也能通过智能化工具更好地了解学生的学习情况，调整教学策略，提供更加精准的教学服务。智能化辅助教学工具的应用不仅提高了教学效率，还为学生提供了更加个性化和高质量的学习体验。

利用技术工具创新教学方法与手段已成为教育改革的重要方向。交互式学习工具为学生提供了更加积极参与学习的机会，虚拟实验与模拟环境构建使得实验教学更加安全和便捷，多媒体教学资源的开发丰富了教学内容的呈现方式，智能化辅助教学工具的探索为个性化教学提供了新的可能性。这些创新不仅提高了教学效率，也提升了学生的学习体验，为教育的未来发展带来了新的希望。

四、评估技术工具在教学中的实际效果

评估技术工具在教学中的实际效果是教育领域的重要议题之一。通过对学习成效、教学过程反馈及技术工具可持续性的评估，可以更全面地了解技术工具在教学中的应用情况，从而指导教师进行有效的教学改进与优化。下面探讨学习成效评估、教学过程反馈收集、技术工具可持续性评估及教学改进与优化措施等方面的内容，以深入了解如何评估和提升技术工具在教学中的实际效果。

（一）学习成效评估

学习成效评估是评估技术工具在教学中实际效果的重要指标之一，通过比较学生在使用技术工具前后的学习成绩和表现，可以客观地评估技术工具对学生学习的影响。例如利用在线学习平台进行英语学习，可以通过比较学生的词汇量、语法掌握程度及听说读写能力等指标的提升情况来评估学习成效；还可以通过定期的测验、考试或者课堂作业等方式收集学生的学习数据，从而更全面地评估技术工具在学习成效上的实际效果。

（二）教学过程反馈收集

教学过程反馈收集是确保技术工具在教学中发挥实际效果的重要手段之一，通过观察学生在使用技术工具时的反应和表现，教师可以获得即时的反馈信息。例如在使用交互式学习工具进行课堂教学时，教师可以密切观察学生对工具的使用情况，包括他们的互动频率、参与程度及解决问题的能力等。通过这些观察，教师可以了解学生对技术工具的接受程度和使用效果，及时调整教学策略以满足学生的学习需求。教师还可以通过学生问卷调查、小组讨论或者个别面谈等方式主动收集学生对技术工具的意见和建议，学生的反馈可以帮助教师更深入地了解技术工具在教学中的实际应用情况，发现问题并及时进行改进。例如学生可能会提出对某一功能不够清晰或者操作不便的意见，教师可以根据这些反馈信息对技术工具进行优化，提高其实际应用效果。

（三）技术工具可持续性评估

技术工具的可持续性评估是确保其在长期教学实践中持续有效的重要考量，除了评估技术工具的稳定性和性能表现外，还需考虑其在不同教学场景下的适用性和灵活性。例如一个在线学习平台可能在最初阶段表现出色，但随着技术更新和教学需求变化，其功能和界面可能变得过时或不再符合实际需求。因此，评估技术工具的可持续性需要综合考虑其技术特性、教学需求和使用环境等因素。在评估可持续性时需要考虑技术工具的更新与维护机制，确保其能够及时跟进技术发展并适应不断变化的教学需求；还要考虑其兼容性和扩展性，以确保在不同教学场景下能够灵活应用。例如一个教学管理系统应具备良好的数据处理能力，能够处理大规模数据并提供个性化的教学支持；还应具备模块化设计，使得可以根据不同教学需求灵活调整功能和界面。

（四）教学改进与优化措施

教学改进与优化措施是根据学习成效评估、教学过程反馈收集及技术工具可持续性评估结果而制定的关键行动。如果学习成效评估显示学生在使用特定技术工具后的学习成绩下降，教师可以分析原因并采取相应措施，例如可能需要重新评估工具的适用性，或改进教学策略以更好地整合技术工具到教学中。通过教学过程反馈收集到的学生意见和建议，教师可以深入了解学生对技术工具的实际使用体验。如果学生反映出对特定功能不满意或存在困惑，教师可以与技术团队合作进行改进或提供额外的培训资源，以提高学生的技能和信心。综合评估结果还可以启发教师调整教学内容和方式，以更好地利用技术工具。例如技术工具在某一教学场景下表现良好，但在另一场景下效果欠佳，教师可以探索不同的教学方法，或者有针对性地开发新的技术工具来解决问题。

评估技术工具在教学中的实际效果需要综合考虑学习成效、教学过程反馈和技术工具可持续性等方面的因素。学习成效评估通过比较学生在使用技术工具前后的表现来评估其对学习的影响，而教学过程反馈收集则提供了学生和教师在实际教学中的反馈信息，技术工具的可持续性评估则确保其在长期教学实践中持续有效。通过教学改进与优化措施，教师可以根据评估结果进行针对性的改进，提高技术工具在教学中的实际效果，从而促进教育的持续发展。

第四章　课堂管理与教学氛围的营造

第一节　有效课堂管理的基础

一、课堂管理的目标与原则

课堂管理的目标与原则是构建一个积极、和谐的学习环境，促进学生的学习效果和个人发展。在教学过程中确立明确的管理目标、遵循尊重和公平原则、培养积极的学习氛围及促进学生参与和合作等至关重要，下文将探讨这些目标与原则的重要性及实现方法。

（一）确立明确的管理目标

在课堂管理中确立明确的管理目标是确保教学秩序和学习效果的关键，这些目标为教师提供了指导，帮助他们有效地组织课堂活动并让学生清楚自己在课堂中的责任和期望。例如一个明确的管理目标可能是确保每位学生都能够专注学习，这意味着教师需要设定清晰的学习目标并采取相应的措施来最大限度地减少课堂干扰因素。另一个目标可能是确保课堂活动按时进行，这要求教师在安排课程内容和时间上做出合理的规划并且有效地管理课堂节奏。还有一个重要目标是确保学生间相互尊重和合作，这需要教师建立起良好的师生关系并通过激励和引导来促进学生之间的合作精神。通过设定明确的管理目标，教师能够有针对性地制定相应的管理策略，从而提高课堂管理的效果，创造出良好的学习环境。

（二）遵循尊重和公平原则

在课堂管理中遵循尊重和公平原则是确保良好师生关系和公正教学环境的基础，尊重每个学生的个体差异和需求，以及尊重他们的观点和意见，有助于建立信任和尊重的师生关系。这种关系可以激发学生的学习兴趣和参与度，使他们更愿意积极参与课堂活动。例如教师可以通过倾听学生的意见和鼓励他们表达自己的想法，来展现对学生的尊重。教师在处理课堂管理问题时必须坚持公平原则。这意味着教师需要在评价学生、分配任务和处理纠纷时，不偏不倚地对待每个学生，确保每个人都有平等的机会和待遇。例如在评价学生表现时，教师应该基于客观的标准，而不是受到主观偏见或个人喜好的影响。通过遵循尊重和公平原则，教师可以建立公正、和谐的教学环境，从而为学生提供更好的学习体验和成长机会。

（三）培养积极的学习氛围

培养积极的学习氛围是课堂管理的关键，它能够激发学生的学习兴趣和提高他们的学习动力。为了营造积极的学习氛围，教师可以采取多种策略和方法，通过多样化的教学方式和教材，如图表、视频、实验等，吸引学生的注意力，使课堂内容更具趣味性和吸引力。这有助于激发学生的好奇心和求知欲，培养积极的学习态度。教师可以积极鼓励学生参与课堂互动，提出问题并进行讨论，这不仅能够促进学生思维的活跃，还能增强他们的学习深度和广度。教师应当鼓励学生表达自己的想法和观点，为学生提供展示才华和能力的机会，及时给予学生正面的反馈和肯定，鼓励他们在学习过程中的积极表现。这种肯定能够增强学生的自信心和学习动力，进而帮助他们建立良好的学习氛围。

（四）促进学生参与和合作

促进学生参与和合作是优化课堂管理的重要目标之一，通过激发学生的参与意愿和培养合作精神，教师可以有效地提升课堂效率和学习效果。一种促进学生参与和合作的方法是鼓励小组讨论，将学生分成小组，让他们共同探讨课题、分享想法和解决问题。这种互动可以激发学生思维，促进知识的交流与共享，同时培养学生的团队意识和沟通能力。教师还可以设计合作项目或任务，让学生共同协作完成。通过分工合作，学生可以彼此补充，发挥各自的优势，达到共同的学习目标。例如一个小组负责调查研究，另一个小组负责资料整理，最终共同呈现成果。这样的活动不仅激发了学生的学习热情，还培养了他们的团队合作意识和解决问题的能力。角色扮演活动也是促进学生参与和合作的有效手段，通过扮演不同的角色，学生可以更好地理解课程内容并在模拟情境中进行合作与交流。这不仅加深了学生对学习内容的印象，还培养了学生的表达能力和社交技巧。

在课堂管理中确立明确的管理目标有助于指导教师有效地组织课堂活动，并让学生清楚自己在课堂中的责任和期望。遵循尊重和公平原则能够建立起良好的师生关系和公正的教学环境，为学生提供更好的学习体验和成长机会。培养积极的学习氛围可以激发学生的学习兴趣和提高他们的学习动力，从而营造出良好的学习氛围。促进学生参与和合作是优化课堂管理的关键，通过各种方法激发学生的参与意愿和培养合作精神，可以提高课堂效率和学习效果。

二、建立明确的课堂规则与常规

建立明确的课堂规则与常规是维护教学秩序、促进学生学习的重要一环，这需要制定简明扼要、易于理解的规则并强调规则的必要性和公平性。与学生共同制定规则并建立规则执行的奖惩机制，能够增强学生的参与感和责任感，确保规则的执行和效果。

（一）制定清晰明确的课堂规则

制定清晰明确的课堂规则对于维护教学秩序和营造良好的学习环境至关重要，这些规则应该简明扼要、易于理解并且具有可操作性。例如规定学生在上课期间手机静音或关机，尊重他人并且不打扰他人学习；规定在课堂讨论时，每位学生有平等的发言机会，鼓励尊重他人的意见。这样的规则能够为学生提供明确的行为准则，有助于他们更好地参与课堂活动。

（二）强调规则的必要性和公平性

在教学中强调课堂规则的必要性和公平性至关重要。学生需要理解规则的存在是为了确保良好的学习氛围和高效的教学过程，例如手机静音规则的实施并非对学生自由的限制，而是为了避免因手机铃声干扰而影响到整个班级的学习效果。这样的规则是为了保证每个学生都能够在安静的学习环境中专心听讲和思考。规则的公平性也是至关重要的，每个学生都应当受到同样的待遇和约束，没有人享有特权或受到歧视。这样的原则能够帮助建立公正、和谐的课堂氛围，让每个学生都能够在公平的环境中学习和成长。因此，强调规则的必要性和公平性是构建良好师生关系、提高教学效率的关键一环。

（三）与学生共同制定规则

与学生共同制定课堂规则是一种有效的管理方法，能够增强学生的参与感和责任感，从而提高他们对规则的接受和遵守程度。教师可以通过组织班会或小组讨论的方式，让学生参与制定课堂规则的过程。在这个过程中，教师可以向学生解释课堂规则的重要性和目的，让学生意识到规则的制定是为了维护良好的学习环境和促进课堂效果。然后教师可以邀请学生提出他们对课堂管理的建议和期望，倾听他们的意见和想法，例如学生可能会提出希望减少课堂干扰、增加互动机会或者改善某些学习环节的建议。教师可以根据学生的反馈和实际情况，与他们共同制定具体、可操作的课堂规则。在制定规则的过程中，教师需要引导学生思考规则的实际效果和执行方式，确保规则的合理性和可行性。

（四）建立规则执行的奖惩机制

建立规则执行的奖惩机制是确保课堂秩序和学习效果的重要步骤。这一机制应该具有公正公平性，旨在激励遵守规则的学生，同时对违反规则的学生进行适当的惩罚，以达到规范行为的目的。对于表现良好、遵守规则的学生，教师可以采取肯定和激励的方式进行奖励，例如公开表扬、给予小礼品或者额外的学习机会。这样的奖励能够增强学生的自信心和积极性，激励他们保持良好的行为习惯。而对于违反规则的学生，则需要采取适当的惩罚措施。惩罚应该与违规行为相匹配并且注重教育性和改正性，例如对于轻微的违规行为，可以给予口头警告或者扣分；对于较为严重的违规行为，可能需要与家长沟通并制订改进计划。重要的是，惩罚措施不应过度严厉，而是应该帮助学生认识到自己的错误并引导他们改正不良行为。

制定清晰明确的课堂规则，强调规则的必要性和公平性，与学生共同制定规则，以及建立规则执行的奖惩机制是确保课堂秩序和学习效果的关键步骤。这些举措有助于为学生提供明确的行为准则，建立公正与和谐的学习坏境，促进良好的师生关系，提高教学效率，从而实现教学目标。

三、合理规划与分配教学时间

在教学中合理规划与分配教学时间是确保教学高效的重要因素。教师需要灵活运用课堂时间并确保教学目标与时间安排相匹配，同时合理安排不同教学环节的时间比例，同时教师还需要具备调整时间分配以应对突发情况的能力。下文将探讨这些策略如何帮助教师提高教学效果和学生参与度。

（一）灵活运用课堂时间

在教学中灵活运用课堂时间是确保教学高效的关键策略之一，这意味着教师需要根据学生的学习情况和教学内容的需要，灵活调整课堂时间的利用方式。例如学生对某一概念的理解较快，教师可以简化相关内容的讲解，以便将更多的时间用于练习和讨论，加深学生对该概念的理解和运用能力。这种灵活性不仅能够满足学生的学习需求，还能够提高课堂的参与度和效率，从而实现更好的教学效果。

（二）设定教学目标与时间安排的匹配

设定教学目标与时间安排的匹配至关重要，它直接影响到教学的有效性和学生的学习效果。教师在设计课程时需要确保所设定的教学目标与给定的时间充分匹配，以保证教学的完整性和深度。例如教学目标是让学生掌握某一数学定理的证明方法，那么教师就需要在时间安排上留足够的时间来介绍该定理、展示证明过程并让学生进行实践操作和思考。这意味着在教学过程中，教师需要合理分配时间给不同的教学环节，如导入、讲解、练习和总结，以确保学生有足够的时间理解和消化所学内容。只有通过有效地匹配教学目标和时间安排，教师才能够实现教学的预期效果，提高学生的学习成效。

（三）合理安排不同教学环节的时间比例

合理安排不同教学环节的时间比例是提高课堂效率和学生积极参与的关键，在课堂中将时间合理分配给不同的教学环节能够确保教学内容的全面传达和学生的全面参与。例如课堂开始时，分配一定时间进行知识导入和概念解释，可以帮助学生建立对即将学习内容的认知框架，从而提高学习效率。接着，安排一定时间进行案例分析或实例讲解，能够帮助学生将抽象的概念与实际情境联系起来，加深理解。留出时间进行课堂讨论或小组活动，能够促进学生的思维交流和合作学习，培养他们的批判性思维和沟通能力。通过合理安排不同教学环节的时间比例，教师能够更好地引导学生深入学习，提高他们的学习动机和学习成效。

（四）调整时间分配以应对突发情况

在教学过程中，教师需要灵活应对各种突发情况，包括学生提出意外问题或某些概念的理解出现困难等。为了有效地应对这些情况，教师可以随时调整时间分配，以确保课堂教学的顺利进行。例如如果某个学生提出了一个与当前教学内容相关但较深的问题，教师可以暂时调整课堂时间，让全班学生共同探讨并解决这个问题。通过这种方式，不仅可以解决学生的疑惑，还能够促进课堂氛围的互动和学习效果的提升。教师还可以灵活安排其他教学环节的时间，如简化某些环节以腾出更多时间来解决突发情况，或延长课堂时间以确保所有重要内容都得到了充分的讲解和理解。

在教学过程中，教师应当灵活运用课堂时间，根据学生的学习情况和教学内容的需要进行调整；设定教学目标与时间安排的匹配，确保教学的完整性和深度；合理安排不同教学环节的时间比例，提高课堂效率和学生积极参与度；具备调整时间分配以应对突发情况的能力，确保教学顺利进行。这些策略的有效实施将有助于提高教学效果，培养学生的学习动机和学习成效。

四、积极应对课堂问题行为

在教育工作中处理课堂问题行为是教师经常面对的挑战之一，有效的行为管理不仅有助于维护秩序，提高教学效率，还能促进学生的全面发展。因此，建立行之有效的应对策略至关重要。下文将探讨如何积极应对课堂问题行为，包括建立有效的行为管理策略、预防与化解问题行为、采用多元化的解决方法，以及关注个体学生需求，个别化处理问题行为。

（一）建立有效的行为管理策略

在课堂中建立有效的行为管理策略对于维护秩序、提高教学效率至关重要。

这包括制定明确的规则和纪律，以及建立奖惩制度。例如教师可以与学生共同制定课堂规则并在课程开始前明确告知，以确保学生了解期望的行为标准。建立积极的奖励制度，如表扬、奖励或特殊待遇，以激励学生表现良好的行为；同时也要设定合理的惩罚措施，如警告、扣分或额外任务，对于违反规则的行为进行制约。

（二）预防与化解课堂问题行为

预防与化解课堂问题行为是教师需要着重关注的任务之一，通过提前准备和良好的课堂管理，教师可以有效地预防问题行为的发生。教师应该精心设计生动有趣的教学内容，结合多样化的教学方法和资源，以激发学生的学习兴趣和参与度，从而降低他们产生问题行为的可能性。教师需要保持警觉，及时发现和化解潜在的问题行为。通过敏锐观察学生的情绪和行为变化，教师可以及时采取措施进行干预，避免问题行为的进一步扩大。这可能包括与学生进行私下交谈，了解问题的根源，或者调整课堂氛围和活动，以更好地满足学生的需求。通过预防和及时化解问题行为，教师可以维护良好的课堂秩序，促进学生的学习效果和发展。

（三）采用多元化的问题解决方法

采用多元化的问题解决方法是教师处理课堂问题行为的重要策略之一，这意味着教师不仅需要灵活运用各种方法，还需要与学生进行有效沟通和协商，以实现共同解决问题的目标。例如当一名学生频繁打断课堂时，教师可以选择与该学生私下交谈，倾听他的想法和感受，了解其行为背后的原因。这种个别沟通有助于建立师生信任关系，同时也能够找到更有效的解决问题的方法。可能的解决方式包括给予该学生更多的参与机会，让其感到被重视和尊重，或者提供额外的支持，帮助他们克服困难。教师还可以利用家长会议或学校资源，寻求更专业和针对性的帮助，以制订更具体的解决方案。通过这种多元化的问题解决方法，教师可以更好地应对课堂问题行为，促进学生的积极参与和良好行为习惯的形成。

（四）关注个体学生需求，个别化处理问题行为

在处理课堂问题行为时关注个体学生的需求并采取个别化的处理方法至关重

要，因为每个学生的情况可能不同，所以需要针对性地进行处理。例如对于一些行为问题较为严重的学生，教师可以与他们进行一对一的谈话，倾听他们的想法和感受，了解其个人情况和可能面临的困难。通过这种沟通，教师可以更深入地了解学生，找到问题行为背后的原因。接下来，教师可以提供个性化的支持和指导，针对性地帮助学生克服问题行为。教师还可以与学生及其家长合作，制订个性化的行为管理计划。这个计划可以包括设定特定的目标和奖励机制，以激励学生改善行为，也可以提供额外的支持和资源，帮助他们克服困难，提高学习和行为表现。通过这种个体化的处理方法，教师能够更有效地解决课堂问题行为，促进学生的全面发展，培养他们的自律和责任感。

要积极应对课堂问题行为，教师需要建立有效的行为管理策略，包括制定明确的规则和纪律，建立奖惩制度。预防与化解问题行为也是关键，教师应提前准备、精心设计教学内容，及时发现和化解潜在的问题行为。采用多元化的问题解决方法，包括与学生有效沟通和协商，寻求专业帮助是处理问题行为的重要策略之一。最重要的是关注个体学生的需求，采取个别化的处理方法，帮助他们克服问题行为，促进其全面发展。通过这些措施，教师能够更有效地维护良好的课堂秩序，促进学生的学习和成长。

第二节　建立积极的课堂文化

一、课堂文化的内涵与重要性

课堂文化作为教学环境中的一种重要构成，影响着师生之间的相互关系、学习氛围及教学效果。理解和重视课堂文化的内涵与重要性，对于教师和学生都至关重要。下文将从课堂文化的概念、其对学习环境的影响、建立积极课堂文化的必要性及其核心价值进行探讨，以期为教育教学工作提供更深入的思考和指导。

（一）理解课堂文化的概念

课堂文化是指在教学环境中形成的一种独特的文化氛围和价值取向，它不仅涵盖了师生之间的相互关系，还包括学习氛围、共同的价值观念及规范行为等。这种文化并非仅限于教室内发生的事情，而是由学生和教师共同创造的学习氛围和互动模式的综合体现。在积极的课堂文化中，学生和教师之间建立了相互尊重和信任的关系，学生感受到了安全和支持，教师能够更好地引导和激励学生，从而促进学生的学习和发展。通过积极的课堂文化，教学效果得以提高，学生的学习动机和积极性也得到了增强，为教育教学工作带来了更加积极的影响。

（二）意识到课堂文化对学习环境的影响

课堂文化对学习环境有着深远的影响，积极的课堂文化能够营造出充满活力、支持和包容的学习氛围，激发学生参与课堂活动的热情，从而提高学习效率。学生在这种氛围中感受到尊重和信任，能够更加专注于学习任务，同时也更愿意与同伴和教师交流、合作。相反，课堂文化不佳可能导致学生产生消极情绪，进而导致学习动机下降，甚至出现问题行为。学生在这样的环境中可能感到焦虑、困惑或不受欢迎，从而影响他们的学习体验和表现。因此，教师需要认识到课堂文化对学习环境的重要性并采取措施营造积极向上的课堂氛围，为学生提供一个良好的学习环境。

（三）探讨建立积极课堂文化的必要性

建立积极的课堂文化对教师来说是一项重要的责任和使命。积极的课堂文化不仅能够促进学生的学习和发展，还能够增强师生之间的信任和合作关系，培养学生的自主学习能力和解决问题的能力。积极的课堂文化可以激发学生的学习兴趣和积极性，使他们更加乐于投入学习过程中。通过营造良好的学习氛围和互动环境，教师可以激发学生的求知欲，激发他们的学习动力，从而提高学习效果。积极的课堂文化有助于增强师生之间的信任和合作关系，当学生感受到教师的关怀和支持时，他们更愿意与教师合作，分享想法和经验，共同解决问题。这种合作关系有助于建立良好的师生互动模式，促进教学活动的顺利进行。积极的课堂文化还可以培养学生的自主学习能力和解决问题的能力，在这样的文化氛围中的学生被鼓励思考和探索，培养批判性思维和创新意识，从而更好地适应未来的挑战。

（四）分析积极课堂文化的核心价值

积极的课堂文化体现了尊重、合作、创新和发展等核心价值。尊重是积极课堂文化的基石，教师尊重学生的个性和需求，鼓励他们发表观点，认真倾听他们的意见，从而建立起师生之间的良好关系。合作是积极课堂文化的重要体现，学生之间相互尊重、支持和合作，共同探讨问题、解决困难，促进学习效果的提高。创新是积极课堂文化的重要特征之一，教师鼓励学生提出新颖的观点和思路，激发他们的创造力和想象力，在思维上开阔视野，在实践中不断创新，从而培养学生的创新精神和实践能力。发展是积极课堂文化的终极目标，教师通过丰富多样的教学手段和方法，引导学生全面发展，充分发挥他们的潜能，实现个人价值，为社会做出更大的贡献。

课堂文化是在教学环境中形成的独特文化氛围和价值取向，它涵盖了师生相互关系、学习氛围、共同价值观念等方面。积极的课堂文化能够营造良好的学习氛围，促进学生的学习和发展，增强师生之间的信任和合作关系，培养学生的自主学习能力和解决问题的能力。其核心价值在于尊重、合作、创新和发展，这些价值取向为教育教学工作提供了重要的支持和保障，对学生的全面发展和个人价值的实现具有深远的意义。

二、营造尊重与包容的课堂氛围

在教育领域营造尊重与包容的课堂氛围是至关重要的，这不仅有助于学生的全面发展，还能提升教学效果和促进师生关系的良好发展。通过建立相互尊重的师生关系、推崇多样性与包容性、倡导积极的沟通与合作及强调彼此尊重和接纳的重要性，可以共同努力创造一个充满活力、充满尊重和包容的学习环境。

（一）建立相互尊重的师生关系

建立相互尊重的师生关系是营造尊重与包容的课堂氛围的重要一环。教师应该尊重学生的个性、文化背景和观点，同时要求学生尊重教师的权威和经验。例如在课堂上，教师可以鼓励学生分享自己的想法和经验并给予肯定和鼓励，同时也要对学生的意见和观点给予认真倾听和尊重。相互尊重的师生关系可以建立起良好的沟通基础，增强师生之间的信任，从而促进教学效果的提升。

（二）推崇多样性与包容性

在课堂中推崇多样性与包容性是营造尊重与包容的关键。教师应该鼓励学生展现他们独特的文化、思维方式和学习风格，例如可以设计多元化的教学活动，让学生以不同方式表达观点，如口头演讲、书面作业或艺术创作。教师也应尊重学生的差异，不论是文化背景、兴趣爱好还是学习能力。通过认可学生的多样性，可以增强他们的自信心，让每个学生都感受到自己在课堂上的重要性。这种多样性与包容性的推崇将促进学生之间的理解和尊重，创造出一个充满包容和尊重的学习环境。

（三）倡导积极的沟通与合作

在课堂中倡导积极的沟通与合作是创造尊重与包容氛围的关键。教师的角色是鼓励学生之间进行积极的沟通和合作，共同解决问题、探索知识。通过小组讨论、合作项目等方式，学生能够培养合作精神和团队意识，相互学习、支持和促进。教师也应该与学生建立开放、平等的沟通渠道，鼓励他们分享自己的想法和建议。这种积极的互动能够促进师生之间的相互理解和信任，让学生感受到他们的声音被尊重和重视。通过这种合作与沟通，不仅增强了课堂氛围的和谐，也培养了学生的团队合作能力和解决问题的能力，为他们未来的学习和生活打下了坚实的基础。

（四）强调彼此尊重和接纳的重要性

在课堂中强调彼此尊重和接纳的重要性是维护尊重与包容的基础。教师应当不断强调每个课堂成员都应该被尊重和接纳，无论其背景、观点或能力如何。通过课堂规则的制定、座右铭的引导或课堂活动的设计，教师可以向学生传达尊重与包容的价值观，例如设立"尊重他人，接纳多样"等口号，让学生深刻理解尊重与包容的重要性。强调彼此尊重和接纳的重要性有助于学生认识到每个人都有其独特的特点和价值，从而促进学生之间的相互理解和尊重。通过这种课堂氛围的建立，学生将更容易融入集体，形成积极向上的学习态度，从而创造一个更加和谐、尊重的学习环境。

在课堂中建立相互尊重的师生关系、推崇多样性与包容性、倡导积极的沟通与合作及强调彼此尊重和接纳的重要性，都是为了营造尊重与包容的课堂氛围而采取的关键措施。这些措施不仅有助于学生个体的成长与发展，也促进了整个课堂的和谐氛围和教学效果的提升。通过共同努力，可以创造一个充满活力、尊重与包容的学习环境，为每个学生的成长和未来打下坚实的基础。

三、鼓励学生积极参与和表达

激励学生积极参与和表达在教育中至关重要，因为这不仅能够促进他们的学习兴趣和动力，还能够培养他们的自信心和表达能力。提供平等参与的机会、激发学生的兴趣和热情、推崇学生的独立思考和表达能力，以及及时肯定学生的贡献和努力是实现这一目标的关键步骤。

（一）提供平等参与的机会

在课堂中提供平等参与的机会至关重要，这有助于激发学生的学习兴趣和提高他们的参与度。为了实现这一目标，教师可以采取多种方式。例如采用轮流发言的方式可以确保每个学生都有机会分享自己的观点和想法，而不会让少数学生垄断对话权。通过设置小组讨论或合作项目，可以让每个学生都有机会积极参与到课堂活动中，从而培养他们的合作精神和团队意识。这些举措不仅可以促进学生之间的交流和互动，还能够增强他们的自信心和学习动力。通过提供平等参与的机会，教师可以打破学生之间的沉默壁垒，创造一个充满活力和积极性的学习氛围。

（二）激发学生的兴趣和热情

为了激发学生的学习兴趣和提高他们的学习热情，教师可以采取多种方法。其中，设计丰富多彩、生动有趣的教学活动是关键。通过运用游戏化教学的方法，将知识点融入游戏中，可以让学生在轻松愉快的氛围中学习和探索，从而激发他们的学习兴趣。例如利用竞赛、角色扮演或解谜游戏等方式，让学生在参与游戏的过程中不知不觉地掌握知识，提高他们的学习动力和积极性。教师还可以根据学生的兴趣爱好，设计与之相关的教学内容，让学习过程更加生动有趣。例如如果学生对音乐感兴趣，可以通过音乐欣赏和创作来教授相关知识；如果学生喜爱运动，可以利用体育课或户外活动来进行教学。通过这些方法，不仅可以激发学生的学习兴趣，还可以提高他们的学习效果和参与度，创造一个充满活力和生机的学习环境。

（三）推崇学生的独立思考和表达能力

为了培养学生的独立思考和表达能力，教师应该积极推崇并鼓励学生勇于发表自己的观点。在这个过程中，组织辩论或讨论课是一种有效的方法，通过这些活动，学生被鼓励就某一议题展开深入思考并积极参与讨论，发表自己的见解。这不仅有助于培养学生的批判性思维能力，还能够锻炼他们的表达技巧和沟通能力。教师应该给予学生充分的自由和空间，让他们以独特的方式表达自己的想法和观点。不同的学生可能有不同的思维方式和表达方式，教师应该尊重并接纳这种差异，鼓励学生发挥他们的创造力和想象力。通过这样的教学方法，可以激发学生的学习兴趣，提高学习动力，培养独立思考和表达能力，从而为他们未来的学习和生活奠定坚实的基础。

（四）肯定学生的贡献和努力

在课堂中及时肯定学生的贡献和努力是教师的重要任务之一。教师应该积极关注学生的表现，无论是正确回答问题、积极参与讨论还是展现创造性的思考，都应该受到教师的认可和鼓励。通过表扬、奖励或称赞的方式，可以有效地激发学生的学习动力和积极性，例如当学生给出正确答案时，教师可以给予直接的赞扬；当学生参与讨论时，可以肯定其积极性并表达感谢；当学生展现出创造性的思考时，可以给予额外的鼓励和肯定。通过这种方式，不仅可以增强学生的自信心，还可以建立良好的学习氛围，促进学生之间的互动和合作。教师的肯定也可以激发其他学生的学习积极性，形成良性的竞争氛围，推动整个班级的学习和发展。因此，教师应该充分认识到肯定学生的重要性，始终保持关注和鼓励的态度，促进学生的学习参与和表达能力的全面发展。

通过提供平等的参与机会、激发学生的兴趣和热情、推崇学生的独立思考和表达能力，以及及时肯定学生的贡献和努力，教师可以创造一个充满活力和积极性的学习环境。这不仅有助于学生的学习和发展，还能够培养他们的合作精神和团队意识，为他们未来的学习和生活奠定坚实的基础。

四、培养学生的团队合作精神与责任意识

团队合作精神和责任意识是现代教育中非常重要的素养之一，通过开展团队合作活动、强调团队合作的重要性、培养团队意识和协作能力，以及引导学生承担责任并乐于贡献，教育者可以有效培养学生积极的团队合作态度和责任感，为其未来的学习和工作打下坚实基础。

（一）开展团队合作活动

在教育实践中开展团队合作活动是培养学生团队合作精神和责任意识的重要手段之一。通过小组项目、合作任务或团队竞赛等形式，学生有机会共同协作、共同完成任务，从而锻炼他们的团队合作能力。例如在科学课上，学生可以组成小组进行实验，每个成员承担不同的角色和任务，共同解决实验中遇到的问题；在社会研究项目中，学生可以分工合作，收集资料、分析数据、撰写报告，通过团队的协作完成一项综合性的研究任务。这些团队合作活动不仅能够促进学生之间的交流与合作，还能够培养他们的领导能力、沟通技巧和问题解决能力。

（二）强调团队合作的重要性

在教学过程中强调团队合作的重要性对于培养学生的团队合作精神和责任意识至关重要，教师可以通过案例分析、故事分享或实践体验等方式，向学生阐述团队合作在现实生活和工作中的重要性和价值。例如可以分享一些成功的团队合作案例，如著名的科技公司团队合作创新、国际援助团队共同救灾等，让学生了解到团队合作对于实现共同目标和解决复杂问题的重要性。通过这样的引导，学生可以深刻认识到团队合作的意义，从而更加积极主动地参与到团队活动中，培养责任感和团队意识。

（三）培养学生的团队意识和协作能力

为了培养学生的团队意识和协作能力，教师可以运用多种策略和方法。团队建设活动如团队拓展训练和团队游戏是非常有效的。这些活动不仅可以促进学生之间的信任和合作，还能够增强团队的凝聚力，让学生更好地理解团队合作的重

要性并培养他们的团队意识。教师可以设计合作学习任务，要求学生在小组内共同协作完成任务或解决问题。通过这样的任务，学生需要相互协调合作、共同分工，从而培养他们的团队协作能力和解决问题的能力。定期组织团队反思会议也是一个不错的方法。在这些会议上，学生可以对团队合作过程进行评估和总结，发现存在的问题并共同寻找解决方法，从而进一步提升团队合作的效果。这些策略结合起来可以帮助学生更好地理解团队合作的重要性，培养他们的协作精神和团队意识。

（四）引导学生承担责任并乐于贡献

教师在教学中起着引导学生承担责任并乐于贡献的重要作用，通过分配任务和角色及设定明确的目标和标准，教师可以激发学生的责任心和团队合作精神。例如在团队项目中，教师可以指定每个学生承担特定的任务或角色，从而让他们明确自己在团队中的责任和义务。教师应该及时给予学生肯定和鼓励，认可他们在团队合作中的贡献和努力。当一个团队完成了一个任务时，教师可以公开表扬他们的团队合作精神和卓越表现，让学生感受到自己的价值和成就，进而更加乐于投入团队合作中。通过这样的引导和激励，学生将更加自觉地承担起团队中的责任并乐于为团队的成功贡献自己的力量，从而培养积极的责任意识和团队合作精神。

通过开展多样化的团队合作活动，强调合作的重要性，培养学生团队意识和协作能力并引导他们承担责任并乐于贡献，教育工作者可以全面培养学生的团队合作精神和责任意识，使他们成为具有协作能力和责任感的未来领导者和团队成员。

第三节　应对课堂中的挑战与冲突

一、识别课堂中的挑战与冲突源

在教育领域课堂中的挑战与冲突源自多方面因素，包括学生个体差异、人际关系问题、学习困难及管理不当的行为。这些因素可能对学习环境和教学效果产生负面影响，需要教师及时识别并采取相应措施来应对，以确保课堂秩序稳定，学生能够获得良好的学习体验。

（一）学生个体差异

课堂中的学生个体差异是一个常见的挑战源。每个学生都有自己独特的学习风格、兴趣爱好和背景，这些差异可能导致学生在学习和人际交往中面临不同的挑战。例如某些学生可能更适应于视觉学习，而另一些学生可能更偏向听觉学习；有些学生可能具有不同的文化背景，对于某些概念或观念有不同的理解。因此，教师在识别学生个体差异时，需要关注每个学生的特点和需求，灵活调整教学方法和资源，以满足不同学生的学习需求。

（二）人际关系问题

在课堂中的人际关系问题可能对学习环境和氛围产生重大影响，例如两个学生之间的竞争关系可能会导致合作的困难，甚至产生紧张的氛围，影响整个团队的合作效果。当这种情况发生时，教师应该细心观察学生之间的相互关系并及时介入以解决潜在的人际冲突。这可能包括与学生进行私下对话，鼓励他们分享感受并共同寻求解决方案，或者组织团队活动以促进团队凝聚力和合作精神。通过这样的干预措施，教师可以帮助学生建立良好的人际关系，促进团队的合作和学习效果。

（三）学习困难

学生在学习中遇到困难时可能会产生消极情绪，影响整个课堂的氛围和效果。例如某位学生可能因为数学题目的理解困难而感到沮丧，导致在课堂上表现消极，甚至影响到周围同学的学习状态。针对这种情况，教师需要敏锐地观察学生的学习状态并采取措施帮助他们克服困难。这可能包括对学生进行一对一的辅导，提供额外的学习资源和解释，或者鼓励同学之间相互合作，共同解决问题。通过这样的支持和帮助，学生将更有可能克服学习困难，恢复积极的学习态度，从而有效缓解可能出现的课堂冲突。

（四）管理不当的行为

在课堂中管理不当的行为可能对学习环境和教学效果造成负面影响，例如一个学生不断打断老师讲课，导致课堂秩序混乱，其他同学难以集中注意力。这种行为可能会引发冲突，影响整个课堂的学习氛围和效果。因此，教师需要及时识别并处理这些不当行为。可能的措施包括与学生进行私下交流，明确规定课堂行为准则并对违规行为采取相应的纪律措施。通过这样的管理和规范，教师可以有效地维护课堂秩序，确保学生能够在良好的学习环境中获得知识和技能。

课堂中的挑战与冲突源头包括学生个体差异、人际关系问题、学习困难及管理不当的行为。针对这些挑战，教师需要关注学生的个体需求，促进良好的人际关系，提供支持帮助学生克服学习困难并及时处理不当行为，确保课堂秩序和学习效果的稳定。通过有效的管理和应对措施，可以营造积极的学习氛围，为学生的全面发展提供支持和保障。

二、冷静处理与及时干预的策略

在教育领域面对课堂中的挑战与冲突是常见的情况，如何有效处理这些问题成为教师必须面对和解决的任务。在本文中，将探讨冷静处理与及时干预的策略，以及建立规范和个别辅导等方法，来应对课堂中的各种挑战与冲突。

（一）冷静应对

在面对课堂中的挑战与冲突时，教师首先需要保持冷静应对。冷静的态度有助于教师理性分析问题，避免情绪化的反应，从而更有效地解决课堂中出现的各种挑战。例如当教师发现学生之间发生争执时，可以先停下课堂活动，冷静地观察情况并了解背景，然后采取适当的措施来化解冲突，而不是急于作出决定或发表意见，导致局势进一步恶化。

（二）即时干预

即时干预对于解决课堂中的挑战与冲突至关重要，当教师发现课堂中出现问题时，立即采取行动可以有效地控制局面，防止问题进一步扩大。例如如果发现有学生在课堂上表现出不当行为，如打断他人发言或者干扰课堂秩序，教师可以立即停止讲课，与该学生进行私下交流。在交流过程中，教师可以了解问题的具体原因，可能是因为学生对课程内容不理解，或者有其他个人问题影响了其行为。根据情况，教师可以给予适当的指导和建议，提供必要的支持，以帮助学生认识到问题的严重性并鼓励其改正不当行为。通过这样的即时干预，教师可以有效地维护课堂秩序，确保学习环境的稳定，使所有学生都能够专注于学习，不受不良行为的影响。

（三）建立规范

建立明确的规范是有效管理课堂挑战与冲突的重要步骤。教师可以与学生一起制定课堂行为准则，明确规定学生在课堂上的行为标准和相互交往方式，例如规定学生不得打断他人发言，尊重他人意见，遵守课堂纪律等。这些规范可以为学生树立明确的行为期望，促使他们形成良好的学习习惯和行为规范。通过规范的建立，可以提高学生的自律意识，降低不当行为的发生频率，从而维护课堂秩序和学习氛围的稳定。教师还可以通过与学生的讨论和沟通，使他们更加理解规范的重要性，形成共识并共同遵守这些规范，共同维护良好的课堂环境。

（四）个别辅导

针对个别学生的困难和挑战，提供个别辅导是解决问题的有效途径之一。教师可以与学生进行一对一的交流，了解他们的学习情况和需求并提供针对性的支持和指导。例如对于面临学习困难的学生，教师可以安排额外的辅导时间，在课后或课间为他们提供额外的学习资源和解释，帮助他们克服困难，提高学习成绩。这种个别辅导不仅可以帮助学生更好地理解课程内容，还可以增强他们的学习信心，培养他们的学习能力和自主学习意识。通过个别辅导，教师可以更好地满足学生的个性化需求，促进他们的学习进步和发展，从而提升整个班级的学习效果和成绩水平。

冷静应对、即时干预、建立规范和个别辅导是处理课堂挑战与冲突的关键策略。冷静应对有助于教师理性分析问题；即时干预能够有效控制局面；建立规范有助于维护课堂秩序；个别辅导则能够满足学生的个性化需求，促进其学习进步。这些策略相辅相成，共同为创设良好的学习环境和提升学生成绩而努力。

三、引导学生自我管理与解决冲突

自我管理与解决冲突是学生成长过程中至关重要的技能之一，情绪管理、沟通技巧、合作意识及冲突解决能力都是帮助学生有效处理挑战和冲突的关键因素。在教育实践中重视培养学生这些技能，将为他们未来的发展奠定坚实的基础。

（一）情绪管理

情绪管理对于学生在面对挑战与冲突时起着至关重要的作用，通过学习有效的情绪管理技能，学生可以学会如何在情绪激动或困扰的情况下保持冷静并以理性的态度去应对问题。例如当遇到挫折或批评时，学生可以通过深呼吸或其他放松技巧来平复自己的情绪，从而使自己能够更清晰地思考并采取适当的行动。这种情绪管理的能力不仅有助于学生在课堂上更好地处理挑战，还能在日常生活中帮助他们更好地处理各种情绪困扰，提升心理素质和自我调节能力。

（二）沟通技巧

学生掌握良好的沟通技巧对于解决冲突和顺利表达自己的需求至关重要，通过学习如何倾听他人、表达自己的观点和感受，他们可以建立起更加良好的人际关系并减少冲突的发生。例如学生可以学会在表达意见时使用肯定性语言，避免使用攻击性的言辞，这样可以更好地与他人进行沟通，减少误解和冲突的发生。学生还可以学会主动倾听他人的观点，尊重他人的意见，这样有助于建立互相尊重和理解的氛围，从而促进更加有效的沟通和合作。通过不断练习和反思，学生可以逐渐提高沟通技巧，使之成为他们解决问题和与他人交流的重要工具。

（三）合作意识

培养学生的合作意识对于他们的成长和发展至关重要。通过合作，学生不仅能够更好地与他人交流，还能够学会尊重他人的观点和意见，倾听他人的建议并主动承担自己的责任。例如在小组项目中，学生可以共同制订计划、分工合作并协调各自的工作，以完成共同的任务和目标。在这个过程中，他们需要相互配合、互相支持，培养团队合作的意识和能力。通过与他人的合作，学生可以学会如何有效地沟通、协商和解决问题，提高团队凝聚力和执行力，从而更好地应对各种挑战和任务。因此，教育工作者应该重视培养学生的合作意识，为他们的未来发展奠定良好的基础。

（四）冲突解决

学生学会有效地解决冲突是他们发展成熟的重要组成部分，通过学习冲突解决的技巧，学生可以更好地处理与他人的分歧并寻求共赢的解决方案。例如学生可以通过倾听对方的意见，理解彼此的立场和需求，同时表达自己的看法和感受。在交流的过程中，他们可以寻求妥协的方式，考虑到双方的利益，达成解决方案。这种能力不仅有助于维护良好的人际关系，还可以促进课堂秩序的稳定和合作氛围的建立。通过实践和反思，学生可以逐渐提高他们的冲突解决能力，成为更加成熟和自信的个体。

学生的成长和发展需要掌握自我管理和解决冲突的能力。情绪管理能够帮助他们在困难时保持冷静，沟通技巧使他们能够有效表达自己并理解他人，合作意识培养了团队合作精神，而冲突解决能力则使他们能够处理分歧并寻求共赢解决方案。综合这些技能，可以使学生更加成熟、自信并更好地应对未来的挑战。

四、反思与改进课堂管理实践

有效的课堂管理是教学工作中至关重要的一环，它直接影响着学生的学习效果和教学质量。在教师的教学实践中定期反思、调整策略、建立反馈机制及持续学习是确保课堂管理有效性和不断提升教学水平的关键步骤，通过对这些方面的认真思考和实践，教师可以更好地应对教学中的挑战，提高学生的学习体验和成效。

（一）定期反思

定期反思课堂管理实践对于教师来说至关重要，通过反思教师可以审视自己的教学方法和课堂管理策略的有效性，发现问题所在并及时进行调整。例如教师可以每周结束时花一些时间回顾本周的课堂管理情况，思考哪些方法取得了良好的效果，哪些需要改进。这种定期反思有助于教师不断提升自己的教学水平和课堂管理能力，从而更好地满足学生的需求。

（二）调整策略

调整课堂管理策略是教师在反思实践中的重要环节，如果发现学生对某种管理方法反应不佳，教师可以尝试引入新的互动方式，如游戏化学习或小组讨论，以增加学生的参与度和学习兴趣。根据不同学生的特点和学习需求，教师也可以个性化地调整管理策略，比如给予更多的自主学习时间或提供额外的学习资源。重要的是，教师在调整策略时需要灵活应对，及时评估效果并根据反馈进行进一步的调整，以确保课堂管理的有效性和学生的学习体验。

（三）反馈机制

建立有效的反馈机制对于教师来说至关重要，因为它可以帮助教师更好地了解学生对课堂管理的感受和反馈。一种常见的做法是定期向学生征求意见和建议，可以通过课堂讨论、小组讨论或者匿名调查表的形式进行。这样的反馈机制能够让学生感到他们的声音被听到和重视，同时也给予教师及时的反馈信息，帮助他们了解自己的管理方式是否符合学生的期望和需求。通过收集和分析反馈信息，教师可以及时调整和改进自己的管理策略，以提高课堂管理的效果和学生的学习体验。

（四）不断学习

教师在教学过程中应该时刻保持学习的态度，不断提升自己的课堂管理能力。这包括参加相关的培训和研讨会，深入了解最新的教育理论和研究成果。与同行进行交流和分享经验也是提升管理能力的有效途径。通过与他人的交流和学习，教师可以了解到不同的管理方式和技巧，从而更好地适应不同的教学环境和学生需求。持续学习不仅可以丰富教师的管理工具和技能，还可以提高他们的专业水平和教学效果，为学生提供更加优质的教育服务。

定期反思、调整策略、建立反馈机制和持续学习构成了教师在课堂管理实践中的重要环节。这些步骤相辅相成，共同促进教师的专业发展和教学质量的提升。只有不断地反思和改进才能使课堂管理更加高效，为学生提供更加优质的教育服务。

第四节　提升学生学习动力的策略

一、学生学习动力的影响因素分析

学生的学习动力是影响其学业表现和成就的重要因素之一，了解学生学习动力的影响因素对于教育者和家长来说至关重要。下文将分析学生学习动力的四个主要影响因素：学生个人背景与经验、教学环境和课堂氛围、教师角色和教学方法，以及家庭和社会支持系统。

（一）学生个人背景与经验

学生的个人背景和经验对其学习动力有着重要的影响，这包括家庭环境、社会文化背景，以及过往的学习经历等因素。例如一个重视教育的家庭中的学生可能会拥有更强的学习动力，而在一个贫困家庭中长大的学生可能面临着更多的学习障碍。过往的学习经历也会影响学生对学习的态度和动力，成功的学习经历可能会增强学生的自信心和学习动力，而失败的经历则可能导致学生的厌学情绪。

（二）教学环境和课堂氛围

教学环境和课堂氛围对学生学习动力的影响至关重要，一个积极、鼓励和支持的教学环境能够激发学生的学习兴趣和动力。例如通过营造一个充满互动和合作的课堂氛围，教师可以促进学生之间的交流与合作，激发他们的学习热情。这种积极的氛围会让学生感到受到尊重和支持，从而更加愿意参与到课堂活动中来，提高他们的学习动力和效果。相反，如果教学环境中存在着严厉批评或负面情绪，学生可能会感到沮丧和不安，从而抑制了他们的学习积极性和动力。因此，教师应该努力营造一个积极、鼓励和支持的教学氛围，以激发学生的学习兴趣和动力，帮助他们取得更好的学习成果。

（三）教师角色和教学方法

教师在课堂中扮演着至关重要的角色，他们的行为和教学方法直接影响着学生的学习动力。通过给予学生积极的鼓励、支持和激励，教师能够激发学生的学习热情，增强他们的自信心和动力。例如当教师表扬学生的努力和成就时，学生会感受到自己的价值和被重视，从而更加努力地投入到学习中去；相反，如果教师采用灌输式的教学方法或者过度强调惩罚，学生可能会感到压力和沮丧，从而会降低他们的学习兴趣和动力。因此，教师应该充当引导者和激励者的角色，通过积极的言行激发学生的学习热情和动力。教师还应该采用多样化的教学方法，以满足不同学生的学习需求和兴趣，例如结合讲解、示范、讨论和实践等多种教学方式，能够更好地促进学生的参与和理解，提高他们的学习动力和效果。教师的角色和教学方法对学生的学习动力有着重要的影响，教师应该注重培养学生的自信心和兴趣，以激发他们的学习潜能和动力。

（四）家庭和社会支持系统

家庭和社会支持系统在塑造学生学习动力方面扮演着关键角色，家庭对教育的价值观和态度直接影响着学生的学习态度和动力水平。例如一个重视教育、鼓励学生探索、支持学生学习的家庭环境，往往会激发学生的学习兴趣和动力，使其更加专注于学业；相反，如果家庭缺乏对教育的重视或者存在学习压力过大的情况，学生可能会感到挫折和压力，导致学习动力不足。除了家庭，社会文化氛围也对学生学习动力产生重要影响。社会对教育的态度、学习的价值观念及学习资源的分配都会影响学生的学习动力，例如一个重视知识和学习的社会文化环境往往会鼓励学生积极学习，追求知识和技能的提升；而在一些社会环境中，教育资源分配不公平或者对学习缺乏重视，则可能降低学生的学习动力。

学生学习动力受到学生个人背景与经验、教学环境和课堂氛围、教师角色和教学方法，以及家庭和社会支持系统的综合影响。了解并重视这些因素，营造积极的学习环境和提供有效的支持，对于激发学生的学习兴趣和动力，促进其学习成长具有重要意义。教育者和家长应该共同努力，为学生提供良好的学习条件和支持，帮助他们充分发挥潜力，实现自身的学习目标和追求。

二、激发与维持学生学习兴趣的方法

激发学生的学习兴趣是教育中至关重要的一环，在教学实践中采取多种方法创造积极的学习氛围，可以激发学生的好奇心和求知欲，使他们更加主动地投入学习。下文将探讨几种激发和维持学生学习兴趣的方法，包括创造情境学习环境、采用多样化教学工具和技术、结合学生兴趣和现实生活问题，以及定期更新课程内容与教学方法。

（一）创造情境学习环境

创造情境学习环境是激发和维持学生学习兴趣的有效方法之一，通过在课堂中营造具有现实意义和情感联系的学习情境，可以增强学生的学习动力和参与度。例如在教授历史课程时，教师可以设计情境化的教学活动，让学生扮演历史人物或参与历史事件的模拟，从而让抽象的历史知识变得生动和有趣。这种情境学习环境不仅能够提升学生的学习兴趣，还能够促进他们的思维和情感发展，使学习过程更加丰富和有意义。

（二）采用多样化教学工具和技术

教师可以通过采用多样化的教学工具和技术来激发学生的学习兴趣。现代技术如计算机、互联网及教育应用程序为教学提供了更多可能性，例如使用虚拟实境技术可以让学生身临其境地探索科学实验或历史事件，而使用在线互动平台可以促进学生之间的合作和交流。多样化的教学工具和技术不仅可以吸引学生的注意力，还可以提供更加个性化和互动性的学习体验，从而激发他们的学习兴趣。

（三）结合学生兴趣和现实生活问题

结合学生的兴趣和现实生活问题是激发学生学习兴趣的重要途径之一。教师可以通过选取与学生生活密切相关的教学内容，或者引入与学生兴趣相关的话题来激发他们的学习兴趣。例如在教授数学课程时，教师可以结合学生喜爱的体育运动或视频游戏，设计数学问题并让学生解决，从而增强他们对数学的兴趣和理解。这种将学习与学生现实生活紧密联系起来的教学方法可以使学习更加具有意义和吸引力。

（四）定期更新课程内容与教学方法

定期更新课程内容与教学方法是为了确保学生在学习过程中保持新鲜感和兴趣。随着社会的不断发展和知识的持续更新，教育内容也需要不断跟进。教师应该定期审视课程内容，将最新的研究成果、应用案例和行业趋势融入教学中，以使学生能够跟上时代的步伐并深入了解所学知识的实际应用和意义。例如通过邀请行业专家进行讲座或组织实地考察，学生可以直接接触到最新的行业动态和前沿技术，从而激发他们的学习兴趣和求知欲。教师还应该灵活运用各种教学方法和策略，以满足不同学生的学习需求和风格。通过结合讲解、讨论、实践和互动等多种教学方式，可以激发学生的思维和创造力，提高他们的学习参与度和成就感。定期更新课程内容和教学方法是保持学生学习兴趣和积极性的重要途径，为其提供丰富多彩的学习体验和知识更新的机会。

教师可以通过创造情境学习环境，采用多样化的教学工具和技术，结合学生的兴趣和现实生活问题，以及定期更新课程内容与教学方法等途径激发和维持学生的学习兴趣。这些方法不仅能够增强学生的学习动力和参与度，还能够促进他们的思维和情感发展，使学习过程更加丰富和有意义。通过不断探索和实践，教师可以为学生提供更加丰富多彩的学习体验，帮助他们更好地掌握知识和技能，为未来的发展打下坚实的基础。

三、个性化教学以满足学生需求

个性化教学是一种关注学生个体差异，根据其独特需求和能力制订教学计划的教学方法。在个性化教学中，评估学生的学习风格和能力、设计符合学生能力的教学计划、提供个性化的学习材料和资源，以及调整教学策略以适应学生进度和反馈是至关重要的。下文将深入探讨这些关键要素如何帮助教师实现个性化教学的目标，以满足学生的需求，促进他们的学习成长。

（一）评估学生的学习风格和能力

评估学生的学习风格和能力对于个性化教学至关重要。教师可以通过观察学生在课堂上的表现来了解他们的学习习惯和能力水平，例如谁更喜欢独立思考，谁更喜欢团队合作；谁更偏向于视觉学习，谁更偏向于听觉学习等。与学生进行一对一的交流也是了解他们兴趣爱好和学习需求的重要途径。通过与学生互动，教师可以更深入地了解他们的学习动机和目标，为后续的个性化教学提供指导。使用学习风格问卷调查也是一种常见的评估方法，通过让学生填写问卷，教师可以收集到更多关于学生学习偏好和习惯的信息，从而有针对性地设计教学活动和资源。评估学生的学习风格和能力是个性化教学的重要基础，可以帮助教师更好地理解学生的个体差异，为他们提供更加个性化的学习体验和支持。

（二）设计符合学生能力的教学计划

设计符合学生能力的教学计划需要综合考虑学生的学习风格、兴趣和能力水平，以确保教学目标能够有效实现并满足学生的需求和期望。对于不同能力水平的学生，教师可以采取灵活的教学策略和方法。针对数学能力较弱的学生，教师可以设计分步骤的教学计划。教师可以从简单的基础概念入手，通过生动易懂的例子和实际场景引导学生理解。随后，逐步引导学生掌握解题的基本技巧，如列方程、应用公式等。在教学过程中，可以通过大量的练习和反馈，帮助学生巩固所学知识并逐渐提高其数学能力和自信心。对于学习速度较快的学生，教师可以提供更深入的拓展内容，以激发其学习兴趣和提高其学习能力。这包括引入更复杂的问题和案例，鼓励学生独立探索和解决问题，或者提供额外的阅读材料和拓展任务，让他们在学习过程中保持积极性和动力。

（三）提供个性化的学习材料和资源

提供个性化的学习材料和资源是个性化教学的重要组成部分，有助于满足学生的个体差异和学习需求。教师可以根据学生的不同需求和兴趣选择多样化的教材和资源，以丰富他们的学习体验。对于对历史感兴趣的学生，教师可以提供多样化的学习材料，如历史文学作品、纪录片、历史地图等。这些资源可以帮助学生更加深入地了解历史事件、人物及时代背景，激发他们的学习兴趣和好奇心，例如通过阅读历史小说或观看历史纪录片，学生可以更生动地感受到历史的魅力，从而提高他们对历史知识的理解和记忆。教师还可以根据学生的学习风格和能力水平，选择不同形式的学习资源，例如针对视觉学习者，可以提供丰富的图片、图表和地图资料；对于听觉学习者，则可以提供音频资料或讲解录音。这样一来，学生可以根据自己的喜好和学习方式，选择最适合自己的学习资源，提高学习效果和兴趣度。

（四）调整教学策略以适应学生进度和反馈

在教学过程中不断调整教学策略以适应学生的进度和反馈至关重要，教师应该密切关注学生的学习情况并根据他们的表现和反馈及时做出调整，以确保每个学生都能够有效地学习并取得进步。如果发现某个学生对特定主题理解困难，教师可以采用更多的示范和辅导，以帮助他们克服困难，例如可以提供更多的实例和练习，通过具体案例和实践操作帮助学生理解抽象概念。教师还可以对学生进行一对一的辅导，针对性地解答他们的疑问，帮助他们建立自信心和学习动力。相反，如果一组学生已经掌握了某个概念，教师可以提供更多的拓展任务，以提高他们的学习能力和扩展他们的知识面。这包括提供额外的阅读材料、开展小组讨论或展开研究项目等，让学生在学习中保持积极性和探索欲望，进一步拓宽他们的学习视野和思维能力。

个性化教学的核心在于深入了解每位学生的学习需求和能力，以此为基础设计灵活多样的教学方案。通过评估学生的学习风格和能力，设计符合其能力水平的教学计划，提供个性化的学习材料和资源并不断调整教学策略以适应学生的进度和反馈，教师可以更好地满足学生的需求，激发其学习兴趣，促进其全面发展。个性化教学不仅关注学生的学习成绩，更注重培养他们的学习能力、自主性和创造力，为其未来的发展打下坚实的基础。

四、正向激励与及时反馈的重要性

在教育中正向激励与及时反馈是激发学生学习动力和促进其学习效果的重要策略，设定可实现的学习目标，使用正向强化来鼓励学习行为，提供即时、具体的反馈，以及建立基于成就感的学习环境，都是教育工作者在实践中可以采取的措施，有助于激发学生的学习热情，提升学生的学习效果。

（一）设定可实现的学习目标

设定可实现的学习目标对于激励学生的学习行为至关重要，学生需要清楚地知道他们正在努力学习的目标并且相信自己有能力实现这些目标。教师应该根据学生的能力水平和学习需求，设定具体、可量化的学习目标，以激发他们的学习动力。例如对于一个学生，学习目标可以是在本周内掌握一项数学概念或完成一篇写作作业。通过设定这样的学习目标，学生可以更清楚地知道自己的学习方向，从而更有动力去努力学习。

（二）使用正向强化来鼓励学习行为

使用正向强化来鼓励学生的学习行为在教育中扮演着重要角色，通过给予表扬、奖励或其他积极的肯定性反馈，教师可以有效地增强学生的学习动机和自信心。例如当一个学生在课堂上积极参与讨论、完成作业或取得进步时，教师可以及时给予肯定性的反馈，表扬他们的努力和成就。这种肯定不仅可以提高学生的学习积极性，还可以促进他们对学习的自信心和自我效能感的建立。教师还可以设立奖励机制，例如学习成绩优秀的学生可以获得奖励或特别表扬，激励他们在学习上继续努力。这种正向强化不仅可以增强学生的学习动机，还可以建立一个积极向上的学习氛围，促进学生之间的合作与竞争，从而提高整体学习效果。因此，使用正向强化来鼓励学习行为是教育中不可或缺的重要策略之一。

（三）提供即时、具体的反馈

提供即时、具体的反馈对于学生的学习至关重要，通过及时了解自己的学习表现，学生可以更好地认识到自己的优势和不足，进而有针对性地调整学习策略，提升学习效果。教师在给予反馈时，应该尽可能具体地指出学生的表现，包括表扬他们的优点和指出需要改进的地方。例如在批改作业或测验时，教师可以详细地分析学生的答题情况，指出正确的做法和错误的地方并给予具体的建议和改进方向。这样的反馈不仅可以帮助学生了解自己的学习水平，还可以提供实用的指导，促使他们在学习中持续进步。即时的反馈也可以增强学生的学习动机和自信心，让他们感受到自己的努力得到了认可，从而更加积极地投入到学习中去。因此，提供即时、具体的反馈是教学过程中不可或缺的重要环节，对于学生的学习成效和发展具有重要意义。

（四）建立一个基于成就感的学习环境

建立一个基于成就感的学习环境对于激励学生持续努力学习至关重要，在这样的环境中，学生被鼓励专注于个人的成长和进步，而不是与他人进行比较。教师在塑造这样的学习氛围时，应该强调每个学生的个人成就并鼓励他们树立自信心，相信自己的能力。例如教师可以在课堂上分享学生的优秀表现，赞扬他们的努力和进步，让每个学生都感受到自己的价值和重要性。教师还可以创建一个支持性的学习环境，让学生感受到彼此的支持和鼓励。通过互相鼓励和分享学习经验，学生可以更好地理解自己的学习进程并在一个积极向上的氛围中不断成长。这样的学习环境能够激发学生的学习热情和动力，使他们更加积极地投入到学习中去并取得更好的学习成绩。因此，建立一个基于成就感的学习环境对于学生的学习和发展具有重要意义，应该成为教育工作者的重要任务之一。

正向激励与即时反馈对于学生的学习至关重要，通过设定可实现的学习目标，使用正向强化来鼓励学习行为，提供即时、具体的反馈，以及建立基于成就感的学习环境，可以有效激发学生的学习兴趣和动力，提高他们的学习效果。教育工作者应该充分利用这些策略，帮助学生取得更好的学习成绩，实现全面发展。

第五章 学生评价与反馈机制

第一节 学生评价的目的与原则

一、学生评价的教育价值

学生评价在教育领域发挥着重要作用，不仅对教学质量的提升具有深远的意义，还对学生自我认知和发展，以及教师专业成长起到了重要的推动作用。通过学生评价，教师可以获得宝贵的反馈，及时调整教学策略，学生也能通过评价过程反思自己的学习表现并调整学习方法。学生评价也为教师提供了一个客观、真实的视角，帮助他们不断学习和改进，提升自己的专业素养。因此，学生评价对于整个教育体系的良性发展至关重要。

（一）学生评价对教学质量提升的意义

学生评价对提升教学质量具有深远的意义，作为一种重要的反馈机制，它能够为教师提供宝贵的指导意见和实时反馈，从而帮助教师更好地了解学生对教学内容、方法和效果的真实看法。通过学生的反馈，教师可以及时发现教学中存在的问题和不足之处。例如如果学生普遍反映某个教学内容难以理解，教师可以考虑调整教学策略，采用更生动、形象的方式来解释，或者提供更多的实际案例来帮助学生理解。同样，如果学生认为某个教学方法不够有效，教师可以尝试采用其他更适合的教学方法，以提高教学效果。这样的调整和改进不仅能够满足学生的学习需求，还能够提升整体教学质量，促进学生的学习进步。因此，学生评价对于教学质量的提升具有不可替代的重要意义，应该成为教学改进的重要依据。

（二）学生评价对学生自我认知和发展的作用

学生评价在学生自我认知和发展中扮演着重要角色，通过参与评价过程，学生不仅可以接受他人的反馈，还能够反思自己的学习情况和学习态度。这种反思过程使他们能够更清晰地了解自己的学习状态、学习需求，以及个人优势与不足。例如当学生接收到同学和教师针对其表现的评价时，他们有机会从外部观察者的角度审视自己的学习表现，从而更准确地认识到自己的学习情况。比如一名学生可能意识到自己在某个学科领域的理解能力较强，而在另一领域可能存在理解障碍。这种认知有助于学生更有针对性地调整学习策略，并有针对性地改进学习方法，以提升学习效果。学生评价还培养了学生的批判性思维和自主学习能力。通过思考和接受他人的反馈，学生学会自我评价和自我反思，不断探索、发现和解决问题，从而在学习过程中实现全面的个人发展。因此，学生评价对于促进学生的自我认知和发展具有重要作用，有助于他们成为更加自主、自信和全面发展的个体。

（三）学生评价对教师专业成长的促进

学生评价对教师的专业成长起到了至关重要的推动作用，学生的评价为教师提供了一个客观、真实的视角，使其能够更清晰地了解自己的教学效果和影响力。通过学生的反馈，教师可以了解到学生对自己教学方法、教学内容及教态等方面的看法，从而发现自己在教学中存在的不足之处。例如学生反映某个教学内容难以理解或者某种教学方法效果不佳，教师就可以通过这些反馈意见来及时调整自己的教学策略，以提升教学质量。学生评价促使教师不断学习和成长。面对学生的反馈，教师需要不断反思和改进自己的教学方法和教学理念，以适应不断变化的教育环境和学生需求。通过持续不断地学习和成长，教师可以不断提高自己的教学水平和专业素养，为学生提供更优质的教育服务。因此，学生评价对于教师的专业成长至关重要，应该被视为教师专业发展的重要推动力之一。

学生评价在教学质量、学生发展及教师专业成长等方面都发挥了积极的作用，它为教师提供了宝贵的反馈，使教师能够根据学生的反映及时调整教学策略，提升教学质量。学生通过参与评价过程，可以更清晰地了解自己的学习状况并培养批判性思维和自主学习能力。而对教师而言，学生评价则是他们不断学习和成长的动力源泉。综合来看，学生评价不仅是教育质量和教学效果的重要依据，也是推动整个教育体系不断进步的关键因素。

二、学生评价的基本原则

学生评价作为教学质量评价的重要组成部分，需要遵循一系列基本原则，以确保评价过程的准确性、公正性和有效性。其中公平公正性、透明度与可信度、多元化与全面性及及时性与有效性等原则在评价过程中具有重要作用，为教学改进和学生学习提供了必要的指导和支持。

（一）公平公正性原则

公平公正性原则是学生评价的基本原则之一，其重要性不可忽视。评价过程的公平与公正性直接关系到评价结果的可信度和有效性。公平公正的评价标准应当明确、公开并得到相关方的认可。这意味着评价标准应当具有普适性和公正性，不偏袒任何一方，而是客观、中立地反映教学质量和学生表现。评价过程应当遵循客观公正的原则，避免受到个人偏见或其他因素的影响。教师评价时，评价者应当尽量客观地观察和评价教师的教学方法和教态，而不是受到个人情绪或其他因素的影响。只有在评价过程中确保了公平公正性，才能确保评价结果的准确性和可信度，为教学质量的提升提供可靠的依据。因此，公平公正性原则是学生评价过程中不可或缺的基本原则之一。

（二）透明度与可信度原则

透明度与可信度原则在学生评价中扮演着至关重要的角色。透明度要求评价过程和评价标准应该对所有相关方公开透明，确保评价过程不受任何隐藏或不公开的因素影响，从而使得评价过程的公正性得以确保。透明度还可以增加评价的可信度，因为相关方能够清楚了解评价的标准和方法，从而更容易接受评价结果。例如在学校教师的教学评价中，学校可以通过公开教学评价的标准和评价方法，以及评价结果的反馈，确保评价过程的透明度。这样一来，教师和学生都能清楚地了解评价的标准和过程，从而更容易接受评价结果，促进教学质量的提升。因此，透明度与可信度原则是学生评价中的重要原则，对于保证评价过程的公正性和可信度具有重要意义。

（三）多元化与全面性原则

多元化与全面性原则在学生评价中具有重要作用，这一原则要求评价过程考虑多种因素，以全面反映教学情况。通过多元化的评价方式，可以更准确地了解教学过程的优势和不足，为改进提供更全面的参考。例如在学生对课程的评价中，除了关注教学内容和方法外，还应该考虑学生对教师的态度和表现、课程设置的合理性及学习资源的充足性等方面的评价。这样一来，评价结果就能更全面地反映教学情况，为改进和提高教学质量提供更有力的支持。因此，多元化与全面性原则是确保评价过程准确性和有效性的重要保障之一。

（四）及时性与有效性原则

及时性与有效性原则在学生评价中是至关重要的，因为及时的反馈能够帮助教师和学生更快地发现问题并及时进行改进，从而提高教学质量和学习效果。评价结果的及时反馈对于教师调整教学策略至关重要。例如如果学生对某个教学方法或课程内容有反馈意见，教师及时得知这些反馈，就可以及时调整教学策略，更好地满足学生的学习需求，提升教学质量。及时的评价结果反馈也对学生的学习有积极影响。学生可以及时了解自己的学习情况，发现问题并及时调整学习方法，提高学习效果。因此，评价结果的及时反馈对于促进教学质量的提升和学生学习效果的提高具有重要意义。评价结果的有效性也是评价过程的重要保障之一。评价结果应当准确反映教学实际情况，具有可操作性和指导性，能够为教师和学生提供有效的改进建议。通过及时有效的评价反馈，可以不断改进教学质量，提高学生学习效果，从而促进教学和学习的持续发展。

学生评价的基本原则包括公平公正性、透明度与可信度、多元化与全面性、及时性与有效性，这些原则保证了评价过程的公正性、准确性和及时性，为教学质量的提升和学生学习效果的提高提供了重要保障。通过遵循这些原则，评价者可以更好地了解教学实践的优势和不足，为教学改进提供有力的支持，同时也能够帮助学生更好地调整学习方法，提高学习效果，从而促进教学和学习的持续发展。

三、学生评价对教学改进的作用

学生评价在教学改进中扮演着关键的角色，其作用不仅限于提供反馈和建议，还包括发现问题、改进空间，促进师生之间的良好互动与沟通。在教学实践中，学生评价成为教师不可或缺的利器，帮助他们不断提升教学质量，创造更优质的学习环境。

（一）提供有针对性的反馈和改进建议

学生评价在教学改进中扮演着至关重要的角色，提供有针对性的反馈和改进建议是其核心功能之一。学生作为课堂的参与者和直接受益者，能够提供宝贵的第一手观察和感受。他们的评价反馈通常直接关注教学内容的吸引力、教学方法的有效性及教师的表现。如果学生反映某个教学方法缺乏趣味性，教师可以尝试引入更多生动活泼的教学方式，例如游戏、案例分析或实地考察，以提升学生的参与度和学习兴趣。若学生认为某个教学内容过于抽象，教师可以采用更具体的例子或实践操作，帮助学生更好地理解和应用知识。通过学生的反馈和建议，教师能够更加精准地调整教学方法和内容，从而提升教学效果，让学生在更积极、更愉悦的氛围中学习。因此，提供有针对性的反馈和改进建议是学生评价对教学改进产生积极影响的重要途径之一。

（二）发现教学中存在的问题和改进空间

学生评价的另一个重要作用是帮助教师发现教学中存在的问题和改进空间。由于学生直接参与课堂学习，他们能够提供独特的观察和反馈，揭示教学中可能存在的盲点和不足之处。通过仔细分析学生的评价，教师可以识别出一些教学方面的问题，例如教学方法的局限性、教学内容的难度过高或过低、课堂氛围的不活跃等。如果多位学生反映对某个知识点理解困难，教师可以通过加强对该知识点的解释和示范，或提供更多的练习和案例，帮助学生克服困难，提高学习效果。又或者，如果学生反映课堂氛围缺乏活跃度，教师可以引入更多的互动元素，例如小组讨论、问题解决活动等，以激发学生的兴趣和参与度。通过及时响应学生的反馈和建议，教师能够迅速发现并解决教学中存在的问题，从而不断提升教学质量，使学生获得更加有效的学习体验。因此，学生评价在发现教学问题和改进空间方面发挥着不可替代的作用，为教师提供了宝贵的改进方向和动力。

（三）促进教师与学生之间的良好互动与沟通

学生评价对于促进教师与学生之间的良好互动与沟通起着关键作用。通过鼓励学生参与评价，教师能够创造一个开放、包容的教学环境，鼓励学生表达他们的想法、感受和建议。这种互动不仅可以增进师生之间的信任和理解，也有助于建立一种合作、共同成长的教学关系。例如教师可以定期组织课堂讨论或者开展学生意见反馈会，与学生进行充分的交流，了解他们的学习情况和需求。通过这种交流，教师可以更好地了解学生对教学的感受和期望，从而及时调整教学策略和方法，提高教学效果。学生也会感受到教师的关心和重视，更加积极地参与到学习中来。因此，促进教师与学生之间的良好互动与沟通是学生评价在教学改进中发挥作用的重要方面，有助于提升教学质量和学生学习体验。

学生评价通过提供有针对性的反馈和改进建议，帮助教师调整教学方法和内容，提升教学效果；它还能够发现教学中存在的问题和改进空间，为教师提供宝贵的改进方向和动力；最重要的是学生评价促进了教师与学生之间的良好互动与沟通，建立了合作、共同成长的教学关系，为提升教学质量和学生学习体验提供了有力支持。

四、学生评价中的伦理问题

在教育领域，学生评价是一种重要的反馈机制，能够帮助教师了解教学效果、改进教学方法并提升教学质量。然而，在进行学生评价时必须认真考虑伦理问题，其中包括学生评价的隐私与保密性、公平性与偏见问题等。下文将探讨这些伦理问题并提出相应的处理与应对方式。

（一）学生评价的隐私与保密性问题

在教育领域，学生评价的隐私和保密性问题是至关重要的，因为保护学生的隐私是教育机构的责任之一。当收集和分析学生评价时，教师必须采取措施确保学生的个人信息不会被泄露。这包括使用匿名评价或仅收集学号等措施，以保护学生的身份信息。如果教师利用在线调查工具收集学生评价，可以设置匿名选项，使学生在不暴露个人身份的情况下提供反馈。在分析评价结果时，教师应该避免对特定学生做出过于具体或暴露隐私的评论，以免侵犯学生的个人隐私。通过确保学生评价的隐私和保密性，可以建立一个安全、信任的评价环境，鼓励学生真实、坦诚地表达他们的想法和感受，从而促进教学质量的提升。

（二）学生评价的公平性与偏见问题

在学生评价过程中保持公平性和避免偏见是教师必须认真对待的重要问题，公平的评价确保每位学生都能够得到公正的对待和评价，不会因为个人偏见或其他因素而受到影响。教师应该尽力避免在评价中受到个人情感或偏见的影响，而是以客观的态度来评价每位学生的表现。例如如果一个教师对某个学生有先入为主的印象，可能会在评价中偏向于对其进行负面评价，而忽略了其真实的表现。这种偏见可能导致评价结果的不准确性和不公平性，从而影响到学生的学习动力和信心。为了确保评价的公平性，教师需要建立公正、客观的评价标准和方法并严格按照这些标准来评价学生。评价标准应该明确、透明，对所有学生都适用并且不偏袒任何一方，例如评价可以基于学生的学业表现、参与度、课堂表现等客观指标，而不受到个人喜好或其他主观因素的影响。教师还应该定期审视评价过程，检查是否存在偏见或不公平现象并及时采取纠正措施，保证评价的准确性和公正性。

（三）教师对学生评价结果的处理与应对方式

教师对学生评价结果的处理与应对方式至关重要，它直接影响到教学质量和学生的学习体验。教师需要认真审视评价结果，不仅要关注学生的反馈和建议，还要分析其中的深层次问题和潜在因素。例如如果多位学生反映某个教学方法不够有效，教师可以深入探讨该方法的局限性和可能的改进方向，以制订更具针对性的改进计划。教师应该与学生分享评价结果并解释他们将如何应对和改进，这种透明的沟通方式可以增强师生之间的信任和合作关系，激发学生对教学的参与和反馈意识。例如教师可以组织专门的反馈会议或小组讨论，与学生一起探讨评价结果中的问题并共同制订改进计划和目标。教师需要持续跟踪评价结果的影响并及时调整教学方法和内容，以确保持续改进教学质量和满足学生需求。这意味着教师需要不断反思和调整自己的教学实践，与时俱进地应对学生的需求和反馈，例如教师可以定期进行教学反思和课程评估，从中获取反馈信息并及时做出相应的调整和改进。

学生评价的伦理问题涉及隐私与保密性、公平性与偏见等方面，为了保护学生的隐私，教师应该采取措施确保评价过程中学生个人信息的保密性，例如采用匿名评价等方式。教师应该尽量避免个人情感和偏见对评价结果的影响，建立公正客观的评价标准并定期审视评价过程，确保评价的公平性。教师应该认真审视评价结果，与学生分享并共同制订改进计划，持续跟踪评价结果的影响并及时调整教学方法，以促进教学质量的持续提升。

第二节 形成性评价与终结性评价

一、形成性评价的特点与实施方法

形成性评价在教育领域扮演着至关重要的角色，它不仅关注学生成绩的结果，更注重学习过程中的实时反馈和个体成长。通过形成性评价，教师能够更好地了解学生的学习需求，提供有效的学习指导，促进学生的发展。下文将针对形成性评价的特点与实施方法进行详细探讨。

（一）形成性评价的概念和意义

形成性评价是教学过程中持续进行的评价活动，其主要目的是帮助教师深入了解学生的学习状况并促进他们的学习进步和发展。通过及时的反馈和指导，形成性评价有助于学生认识到自身学习的需求和提升空间，从而引导他们进行反思和改进。与传统的结果导向评价不同，形成性评价侧重于学习过程中的积极互动和个体成长，是一个促进学生自主学习和反思的评价方式。通过形成性评价，教师能够提供个性化的学习支持，因材施教，激发学生的学习动力，帮助他们建立自我评价意识和自主学习能力。这种评价方法不仅增强了学生对学习的参与度和责任感，也促进了教学质量的提升，构建了一个积极、鼓励探究和成长的学习氛围。形成性评价的意义在于创造互动式的学习环境，为学生提供更多机会去探索、反思和自我完善，从而实现更优质的学习成果和综合发展。

（二）形成性评价的特点和目标

形成性评价具有多种显著特点，其中包括持续性、及时性、灵活性和个性化。这种评价方式与终结性评价不同，侧重于时时刻刻对学生学习过程的监测和反馈，以便及时调整教学策略和支持学生的学习优化。形成性评价的目标在于激发学生的自主学习意识，增进他们的学习能力，培养自我评价和反思的习惯。通过形成性评价，教师能够更全面地了解学生的学习需求，引导他们克服学习中遇到的困难，促进他们的全面发展。形成性评价有助于建立一种互动式学习环境，强调实时性反馈和持续性改进，帮助学生在学习过程中不断调整学习策略，及时纠正错误，从而提高学习效果。个性化的形成性评价能够更好地满足不同学生的需求，促进每位学生的学习成长。通过定期对学生进行形成性评价，教师可以更好地指导和激励学生，促使他们在学业上取得更大的进步，培养出更全面的学习能力和素养。

（三）实施形成性评价的方法和工具

实施形成性评价的方法和工具多种多样，其中包括课堂作业、小组讨论、问答互动和学习日志等。这些实践性评价方式能够帮助教师更全面地了解学生的学习状况，促进他们的学习进步。通过观察学生在学习过程中的表现，教师可以清晰地评估学生的掌握程度和问题所在，为个性化指导提供依据。小组讨论和问答互动等形式能够激发学生的思维深度和互动交流，帮助他们更好地消化和理解知识。学习日志是一种有效的形成性评价工具，通过记录学生的学习心得、困惑和反思，教师可以了解学生的学习过程和心理变化，及时做出指导和调整。在当今数字化时代，教师还可以借助在线评价工具来实施形成性评价，使评价过程更为高效和便捷。通过在线平台的使用，教师可以及时记录学生的学习表现，给予精准的反馈和建议。这种方式不仅提高了评价的准确性，也增强了师生之间的互动和学习效果。形成性评价的方式和工具应当多样化，以满足不同学生的需求，确保评价过程的及时性和准确性，从而更好地帮助学生调整学习策略，提高学习成效。

（四）学生参与互动的重要性

学生参与互动在形成性评价中扮演着至关重要的角色，这种互动不仅是一种沟通方式，更是促进学生学习发展的重要途径。通过与学生建立有效的互动机制，教师能够深入了解每个学生的学习需求、兴趣爱好和困难所在。这种个性化的了解有助于教师更好地调整教学内容和方法，为学生提供针对性的学习指导和支持。学生参与互动还能够激发学习兴趣和动力，当学生感受到教师对他们的关注和支持时，他们会更加积极地参与学习活动，提高学习自觉性和主动性。通过互动，学生能够感受到自己在学习过程中的重要性，增强学习的自信心和动力，从而更好地发挥潜力，取得更好的学习成绩。一对一谈话是一种常见的学生参与互动方式，通过与学生进行面对面的交流，教师能够更深入地了解学生的学习情况和心理状态，及时解决学生的学习困惑和问题。在这种互动中，教师不仅可以向学生传授知识，更能够提升学生自主思考和解决问题的能力，培养他们的自主学习意识和能力。

形成性评价的特点包括持续性、及时性、灵活性和个性化，其目标在于激发学生的自主学习意识，提高他们的学习能力，促进个体全面发展。实施形成性评价的方法与工具多种多样，包括课堂作业、小组讨论、问答互动和学习日志等，以及借助在线平台进行评价。学生参与互动在形成性评价中至关重要，通过建立有效的互动机制，教师可以更好地了解学生，激发他们的学习兴趣和动力，促进个体成长与发展。形成性评价不仅是对学生学习过程的监控，更是一个持续性、促进性的学习引导与反思过程，对于教师、学生和教育体系的全面发展具有重要意义。

二、终结性评价的功能与运用场景

在当今教育体系中，终结性评价扮演着举足轻重的角色，它不仅是对学生学习成果的检验，更是教育质量的重要衡量标准。终结性评价在学习过程的尾声进行，旨在全面评估学生在一段时间内的学习成效，进而为他们未来的学术和职业规划提供有力的参考。深入分析终结性评价的定义、目的及其在学生学业、教学改进和学校决策中的应用，能够更好地理解其重要性并探索如何更有效地利用这一评价工具来推动教育的持续进步。

（一）终结性评价的定义和目的

终结性评价是指在学习过程结束或阶段性学习完成后进行的评估活动，旨在总结学生在整个学习期间所达到的学习成果和掌握的知识技能。其主要目的在于对学生的学习成绩和表现进行总结和评价，为学生未来的学业规划和发展提供依据。终结性评价通常包括期末考试、毕业考核、学年总结评价等形式，以客观评价学生的学习水平和能力。通过终结性评价，教育者可以对学生的学习情况进行全面梳理和评估，为学生提供相应的学习建议和指导，同时也为学校和教育管理者提供重要的决策参考。例如一所高中在学年末举行了期末终结性考试，对学生在整个学年的学习成绩和知识掌握情况进行了综合评定。通过考试结果，学校可以了解到每位学生的学习水平和潜力，为未来的教学计划和学业规划提供参考。学生可以根据考试结果认识到自身的优劣势，制订学习计划，努力提高学习成绩。终结性评价在这一场景下为学校、教师和学生提供了重要的反馈和指导，促进了教育质量的提升和学生成长的发展。

（二）终结性评价在学生学业转折点的作用

终结性评价在学生学业转折点，如升学、毕业等阶段具有重要作用。在这些重要时刻，终结性评价可以全面评估学生在整个学习阶段的学习成果和能力水平，为学生未来的职业发展和学习规划提供重要参考。终结性评价也在一定程度上反映了学校的教学质量和教育水平，为学校的发展与提升提供重要数据支持。例如一所大学在学生毕业前举行了终结性评价，包括毕业论文、口头答辩和终结性考试等形式。这些评价活动能够全面展现学生在大学期间所掌握的知识和能力，同时也为学生提供了展示自己的机会。通过终结性评价，学校可以评估毕业生的综合素质和学术水平，为学生未来的就业和升学提供参考。这种终结性评价机制有助于保证学生在毕业时具备所需的知识和技能，为其未来的职业发展奠定坚实基础。

（三）运用终结性评价的实际场景和案例

终结性评价在各个教育阶段和不同领域均有广泛的运用场景。在学校教育中，终结性评价常见于期末考试、学年总结评价等活动中。在企业培训中，终结性评价可以通过考试、项目评估等方式对培训效果进行评估。在科研领域，终结性评价可以通过论文评审、成果展示等方式对研究成果进行评估。例如一家公司进行了员工年度绩效评估，采用终结性评价方式对每位员工一年内的工作表现进行全面评估。通过考核结果，公司可以为员工提供晋升、奖励或培训等不同方面的激励措施。这种终结性评价机制有助于激励员工不断提升工作业绩，促进团队的整体发展和提升企业绩效。

（四）与学校决策和教学改进的关联

终结性评价与学校决策和教学改进密切相关，学校可以通过终结性评价结果进行教学质量评估，了解学生整体学习情况和教学效果，为教学改进和课程优化提供依据。终结性评价也为学校决策提供重要数据支持，比如学校升学率、毕业生就业率等指标可以从终结性评价中得到反映。例如一所中小学校在每学年结束时进行学生学业成绩终结性评价，通过评估学生的学习成绩和素质表现，学校可以了解到学生的整体学习状况。这些评价结果有助于学校制订相应的教学改进计划和学生辅导方案，提高教学质量和学生综合素养。学校也可以根据终结性评价结果进行针对性的招生政策和师资培训等决策，持续推动学校的发展与提升。

终结性评价不仅是衡量学生学习成果的重要手段，同时也是学校决策和教学改进的关键参考。通过全面、客观的评估能够更好地了解学生的学业状况，为他们提供更具针对性的指导。终结性评价还为教育者提供了宝贵的反馈，帮助他们不断优化教学方法和内容，进而提升整体教育质量。从学校决策的角度来看，这些评价结果为制定更合理的教学策略、招生政策及师资培训计划提供了坚实的数据支持。终结性评价在推动学生个人发展、教学革新和学校整体进步方面发挥着不可或缺的作用。

三、两种评价方式的比较与结合

在教育评价中，形成性评价与终结性评价是两种关键的评价方式，它们各自在学生学习过程中发挥着重要作用。形成性评价注重学生学习过程中的反馈和指导，旨在帮助他们不断改进学习方法、提高学习效果；而终结性评价则着眼于学习阶段结束时的总结和评定，客观地反映学生在整个学习过程中所掌握的知识和技能水平。下文将对形成性评价与终结性评价进行对比并探讨如何将它们有效结合，以构建更综合、有针对性的评价体系，促进学生的学习和发展。

（一）形成性评价与终结性评价的概念对比

形成性评价和终结性评价是两种不同的评价方式，它们在目的、时间点和形式上存在着显著差异。形成性评价是指在学习过程中持续进行的评估活动，旨在帮助学生理解自己的学习进度和发展方向，以便及时调整学习策略和提高学习效果。相比之下，终结性评价则是在学习阶段结束或学期末进行的评估，其主要目的在于总结学生在整个学习期间所达到的学习成果和掌握的知识技能。形成性评价更注重对学生学习过程的引导和反馈，而终结性评价则更侧重于对学生最终成绩的总结和评定。

（二）评价方式在促进学生学习和发展方面的不同作用

形成性评价和终结性评价在学生学习和发展中扮演着不同但又互补的角色。形成性评价通过持续的反馈和指导，为学生提供了一个不断调整学习策略、改进学习方法的机会，例如定期的小测验、课堂讨论和作业反馈可以让学生及时发现自己的学习盲点，从而加强薄弱环节，提高学习效率。这种持续的反馈过程有助于培养学生的自主学习能力和反思能力，使其能够更好地适应不同的学习环境和挑战。相比之下的终结性评价更多地关注学生在学习过程结束时所取得的总体成绩和学习成果，这种评价形式为学校和教育管理者提供了评估学生整体水平的重要依据。例如期末考试、学期末项目和毕业论文评价等都是终结性评价的一部分，它们可以客观地反映学生在整个学习过程中所掌握的知识和技能水平。这种综合性的评价有助于学校和教育机构更好地了解学生的学业表现并为未来的教学计划和学生发展提供指导。

（三）如何结合形成性和终结性评价进行综合评估

结合形成性和终结性评价可以构建一个综合而有针对性的评估体系，为学生的学习和发展提供更全面的指导和支持。形成性评价在学习过程中起到了及时反馈和指导的作用，通过定期的小测验、课堂讨论和作业反馈等方式，帮助学生认识到自身的学习进展和存在的问题。这种持续的反馈有助于学生及时调整学习策略，改进学习方法，促进学习效果的提升，同时培养学生的自主学习能力和反思能力。终结性评价则更多地关注学生在学习阶段结束时所取得的总体成绩和学习成果，例如期末考试、学期末项目和毕业论文评价等都是终结性评价的一部分，它们能够客观地反映学生在整个学习过程中所掌握的知识和技能水平。这种综合性的评价为学校和教育管理者提供了重要的参考依据，可以帮助他们更好地了解学生的学业表现，进行合理的学校管理和教学决策。

（四）实践中形成性和终结性评价的有效结合模式

这种结合形式确实能够有效地优化评价体系，提高评价的准确性和实用性。通过形成性评价，教师可以及时了解学生在学习过程中的表现和困难，有针对性地给予指导和支持。这些数据和反馈可以为终结性评价提供宝贵的参考，使评价更具客观性和科学性。结合形成性评价的成绩和反馈，终结性评价能够更全面地考量学生的学习情况，例如通过对学生在不同阶段的表现进行对比和分析，可以更好地了解其学习进步和成长轨迹。这种综合评价不仅能够反映学生的学业水平，还能够评估其学习态度、自主学习能力等方面的表现，更符合综合素质评价的理念。这种结合模式也有助于促进教师的教学反思和提升，通过对形成性评价和终结性评价结果的比较和分析，教师可以发现自己教学中的不足之处，进而调整和改进教学策略，提升教学效果。

形成性评价和终结性评价各自具有独特的特点和作用，形成性评价通过持续的反馈和指导，帮助学生不断调整学习策略、提高学习效果；而终结性评价则关注学生在学习阶段结束时的总体成绩和学习成果，为学校和教育管理者提供重要参考。将形成性评价与终结性评价有效结合，可以更全面地评估学生的学习情况，为其提供更精准的指导和支持。这种结合模式不仅有助于提升评价的准确性和实用性，还能促进教师的教学反思和提升，推动教育教学质量的持续改进。

四、形成性与终结性评价有效运用的案例分析

在教育实践中形成性评价和终结性评价被认为是促进学生学习和发展的重要手段。在高中英语教学中，教师采用了形成性评价和终结性评价相结合的方法，旨在全面了解学生的学习表现并提供有效的指导和支持。形成性评价通过持续的反馈和指导，帮助学生在学习过程中不断调整和改进，而终结性评价则在学期或学年结束时对学生的整体学习成果进行总结和评定。下文将分析这种综合评价方

式在案例中的角色和影响，以及结合两种评价方式的效果和教训。

（一）案例分析背景和目的

在高中的英语教学中，教师采用了形成性评价和终结性评价相结合的方法，这个评价方案的目的是全面了解学生在英语学习中的表现并提供有效的指导和支持，以促进他们的全面发展，提高语言水平和学习成绩。形成性评价通过持续的反馈和指导，帮助学生在学习过程中不断调整和改进，使他们能够更好地理解自己的学习进展和需求。终结性评价则在学期或学年结束时对学生的整体学习成果进行总结和评定，为学校和教育管理者提供了重要的参考。这种综合的评价方式有助于教师更全面地了解学生的学习情况，为他们提供有针对性的教学指导，从而推动学生的学习和发展。

（二）形成性评价在案例中的角色和影响

在这个案例中，形成性评价发挥了关键作用。通过定期的课堂测验、小组讨论和作业反馈等方式，教师能够持续地了解学生的学习进展和掌握情况。例如通过课堂讨论，教师发现一些学生在口语表达方面存在困难。在这种情况下，教师能够针对性地提供口语练习的机会并给予个性化的指导和建议。这种形成性评价不仅帮助学生及时发现和解决学习中的问题，还提升了他们的学习动力和自信心。通过及时的反馈和指导，形成性评价帮助学生调整学习策略，改进学习方法，从而更有效地提高他们的学习成绩和语言水平。因此，形成性评价在案例中起到了至关重要的作用，为学生的学习提供了有效的支持和指导。

（三）终结性评价对案例中学生发展的贡献

在案例中，终结性评价对学生的整体学习发展作出了重要贡献。通过期末考试和学期末项目的评价，教师能够客观地评估学生在英语学习方面的成绩和水平。例如通过期末考试的成绩，教师可以了解学生在语法、阅读和写作等方面的掌握程度，从而为他们未来的学习提供指导和建议。这种终结性评价不仅为教师提供了评估学生学业成绩的重要依据，也为学生自我评估和反思提供了机会。学生可以通过终结性评价的结果了解自己在英语学习中的强项和薄弱项，有针对性地调整学习策略和方法。终结性评价的结果还可以为学生未来的学业规划和发展提供重要参考，帮助他们更好地制订学习目标和计划，为未来的学习和职业发展奠定基础。因此，终结性评价在案例中对学生的整体学习发展起到了关键作用，为他们的学习和成长提供了有力支持。

（四）结合两种评价方式的效果和教训

通过结合形成性评价和终结性评价，教师在评价学生学习过程中取得了积极的效果。形成性评价帮助学生及时发现和解决学习中的问题，提高了学习效果和学习动力；而终结性评价为学生的整体学习表现提供了客观的评价和反馈，为他们未来的学习和发展提供了重要参考。然而，教师也应注意在评价过程中保持公正、客观，避免形成性评价和终结性评价之间的割裂，确保评价体系的完整性和准确性。教师需要确保形成性评价和终结性评价之间的连贯性，使两者相辅相成，形成一个完整的评价体系。教师还应该根据学生的实际情况和需求，灵活运用不同的评价方法和工具，确保评价的全面性和准确性。通过不断总结和反思教学实践，教师可以不断改进评价方式，提高评价的有效性和科学性，更好地促进学生的学习和发展。

第三节　学生自评与互评的实施

一、学生自评的意义与操作策略

学生自评是教育领域一项至关重要的实践，它不仅是一种评价工具，更是培养学生自我认知和自我提升的关键途径。通过学生自评，能够引导学生更主动地参与学习过程，全面了解自身学习需求和进展情况，进而调整学习策略，提升学习效果和动机。下文将探讨学生自评的意义、操作策略及对学习动机和自我认知的影响，并介绍建立有效的自评机制的方法。

（一）自评的意义及价值

学生自评在教育中扮演着重要的角色。它不仅是一种学习方式，更是一种促进学生自我认知和自我提升的工具。自评的意义和价值在于引导学生主动参与学习过程，使其成为学习的主体。通过自我反思和评价，学生能够更全面地了解自己的学习需求和进展情况，有针对性地调整学习策略，进而提高学习效率和学习动机。自评还有助于培养学生的自我管理能力和批判性思维能力，使其具备更强的学习和适应能力，为未来的发展奠定坚实的基础。因此，学生自评不仅是一种评价工具，更是学生全面发展的重要保障。

（二）自评的操作策略和方法

学生自评的操作策略和方法是多方面的，旨在帮助他们更全面、客观地评价自己的学习情况并做出改进。学生应该有意识地观察和记录自己的学习过程，包括学习时间的安排、学习的方法和技巧等。这可以通过制订学习计划、使用时间管理工具等方式来实现。学生可以利用学习日志、学习笔记等方式，对自己的学习进行总结和反思，分析自己学习过程中的优点和不足之处。通过这种方式，他们可以更清晰地认识到自己的学习状态和问题所在并找出改进的方向和方法。定期的自我评估和自我测试也是评价学习效果的重要手段。通过自我评估和测试，学生可以检验自己的学习成果，发现学习中存在的问题并及时调整学习策略。学生还可以借助同伴或老师的建议和反馈，帮助自己更客观地评价自己的学习情况。通过与他人交流和分享学习经验，学生可以获取更多的学习资源和支持，促进自己的学习进步。学生自评的操作策略和方法是多样化的，旨在帮助他们更好地认识自己、提高学习效果。

（三）自评对学习动机和自我认知的影响

学生自评对于学习动机和自我认知的影响十分显著。通过自我评价，学生可以更清晰地认识到自己的学习目标和学习需求。当学生意识到自己的学习目标时，他们会更加明确自己的学习方向，增强学习的动机。这种清晰的学习目标可以激发学生的学习热情，使他们更加专注于学习任务并不断努力实现自己的目标。自评有助于提高学生的自我认知能力。通过自我评价，学生可以客观地审视自己的学习表现，发现自己的优势和不足之处。这种自我认知能力可以帮助学生更好地了解自己的学习特点和学习需求，从而更加有效地调整学习策略，提高学习效果。学生自评对学习动机和自我认知的影响是十分积极的，有助于激发学生的学习热情，提高学习效果。

（四）如何建立有效的自评机制

建立有效的自评机制需要多方面的支持和配合。学校和教师可以通过课堂教学、学习指导和个性化辅导等方式，引导学生养成良好的自评习惯和方法。学生可以利用学习日志、学习总结等方式，对自己的学习进行记录和反思。学校还可以建立学生互评和教师评价相结合的评价体系，促进学生之间的交流和合作，提高自评的准确性和有效性。例如在一所中学的数学课堂上，老师要求学生每周通过学习日志记录自己的学习情况和学习体会。学生在学习日志中可以写下本周所学的知识点、掌握程度及存在的问题和困难，然后对自己的学习进行总结和评价。通过这种方式，学生不仅能够及时发现和解决学习中的问题，还能够提高学习效率和学习动力，促进自身的全面发展。

学生自评在教育中具有重要的意义和价值，通过自评，学生能够更全面地了解自己的学习需求和进展情况，提高自我管理能力和批判性思维能力，增强学习动机和目标感。操作策略包括观察记录学习过程、利用学习日志和笔记进行反思、定期自我评估和测试，以及借助他人的建议和反馈。建立有效的自评机制需要学校和教师的支持，可以通过课堂教学、学习指导和个性化辅导等方式进行引导，促进学生之间的学习交流和合作。通过这些努力可以更好地激发学生的学习热情，提高学生的学习效果和自我认知能力。

二、学生互评的价值与实施步骤

学生互评是一项极具价值的教育实践，通过互相评价，学生不仅可以发现自己学习中的不足，还能从他人的反馈中获得新的见解和启发。下文将探讨学生互评的价值与实施步骤，并分析其在提高学习效果和促进合作方面的作用，同时探讨解决互评中可能出现的问题和挑战。

（一）互评的价值及作用

学生互评是教育中一项具有重要价值的实践，通过互相评价，学生能够从多个角度了解自己的学习表现并从他人的反馈中获得新的见解和启发。互评不仅能够提高学生的学习效果，还有助于培养他们的合作意识和批判性思维能力。例如在语文课堂上，学生可以通过互相交换作文并进行评价，从中发现自己作文的优点和不足之处，并学习他人的写作技巧和表达方式。这样的互动可以促进学生之间的交流和合作，提高整体的学习水平。

（二）互评的实施步骤和流程

学生互评的实施步骤和流程是确保有效互评的关键。教师在课堂上介绍互评的目的和意义，让学生了解互评对于提高学习效果和促进合作的重要性。然后教师设计具体的互评任务，可以是交换作业、小组讨论或者项目评审等形式。接下来，学生按照任务要求进行互相评价，可以利用评分表、评论或口头反馈等方式进行评价。这种过程有助于学生从不同角度审视同学的作品，促进他们思考和改进自己的学习方法和表现。教师组织学生分享互评的结果并引导他们从中总结经验，探讨如何改进学习和提高合作效率。例如一位学生在数学课上提交了解题过程，其他同学可以针对解题思路、计算步骤等方面进行评价，以便作者了解自己的不足并进行改进。这样的实践有助于培养学生的批判性思维和合作意识，提高整体的学习水平。

（三）互评在提高学习效果和促进合作中的作用

互评在提高学习效果和促进合作方面具有显著的作用，通过互相评价，学生能够及时发现和纠正自己的不足。当同学们从不同角度给予反馈时，他们可以更全面地了解自己的学习表现，发现自己的盲点和改进空间。例如在一次科学实验报告的互评中，一位同学可能指出了实验设计的不足之处，而另一位同学则提出了对实验结果的更深入解释，这样的交流有助于每位学生更好地理解科学实验的要点和方法。互评也促进了学生之间的合作与交流，通过相互评价，学生不仅可以了解自己的学习情况，还能更好地认识到团队中其他成员的优势和贡献。这种了解可以激发学生的学习热情和创造力，促进他们共同探讨问题、解决困难。例如在小组项目中，一位同学擅长数据分析，另一位同学则善于组织论述，通过相互评价，他们能够更好地发挥各自的优势，共同完成项目，从而提升团队的凝聚力和效率。

（四）解决互评中可能出现的问题和挑战

在互评过程中可能会出现一些问题和挑战，如评价标准不一致、评价过程主观性过强、缺乏有效反馈等。为了解决这些问题，教师可以采取以下措施：首先，制定明确的评价标准和要求，确保每个学生都能明确评价的目标和依据。其次，加强对学生互评过程的监督和指导，及时发现并纠正评价过程中的偏差和误区。同时，鼓励学生提供具体、有针对性的反馈意见，以便被评价者能够更好地了解自己的优点和不足。最后，教师可以定期对互评结果进行汇总和分析，针对普遍存在的问题进行集体讲解和辅导，以帮助学生更好地掌握学习方法和提升学习效果。

三、教师在学生自评与互评中的角色

在教学过程中，学生的自评与互评是促进学习效果提升和教学质量改进的重要手段。教师在引导学生进行自评与互评时扮演着关键的角色，他们的指导、管理和激励对于确保评价过程的有效性和公正性至关重要。教师还可以通过利用学生的自评与互评结果来调整教学方法和内容，进一步提高教学质量和学生的学习动力。下文将探讨教师在学生自评与互评中的角色及其促进教学改进的方法。

（一）教师在自评过程中的指导和引导

在学生自评过程中教师扮演着重要的指导和引导角色，教师需要向学生明确自评的目的和意义，帮助他们理解自评对于提高学习效果的重要性。然后教师可以提供自评的标准和方法，指导学生如何客观地评价自己的学习表现。例如在写作任务中，教师向学生介绍写作的各个方面，如内容、结构、语言运用等并提供评价标准，让学生根据这些标准对自己的作品进行评价。教师还可以鼓励学生反思自己的学习过程，帮助他们发现学习中的不足和改进空间。通过这样的指导和引导，学生可以更加深入地理解自己的学习情况，从而有针对性地进行改进和提高。

（二）教师在互评中的监督和管理

在学生互评过程中教师的角色至关重要，需要承担监督和管理的责任，以确保互评的公平和有效性。教师可以通过制定明确的评价标准和流程来指导学生进行互评。这些标准可以涵盖作业的内容、完成度、逻辑性等方面，确保学生在评价时有明确的依据并避免主观偏见的介入。例如在小组项目中，教师要求学生根据项目的特定要求和目标来评价其他小组成员的贡献程度和合作态度，以此来确保评价的客观性和准确性。教师可以在互评过程中监督学生的评价活动，这包括确保学生按照规定的流程和时间完成评价任务并遵守评价的原则和准则。例如教师可以设立评价的截止时间并在评价过程中定期检查学生的进展情况，及时发现并解决可能出现的问题。教师还可以在学生互评结束后对评价结果进行审查，确保评价过程的公正性和透明度。教师需要在整个互评过程中起到激励和引导作用，通过给予积极的反馈和鼓励来促进学生的参与和合作。例如当发现学生在互评中表现出良好的合作精神和批判思维时，教师可以及时给予肯定和表扬，激励他们继续努力。教师也可以利用互评结果为学生提供个性化的反馈和建议，帮助他们更好地认识自己的优势和不足并在以后的学习中加以改进。

（三）教师在鼓励学生参与自评与互评方面的作用

在鼓励学生参与自评与互评方面，教师的作用至关重要。教师可以通过积极的态度和言行，激发学生参与自评与互评的兴趣和积极性。这包括在课堂上分享成功的自评和互评案例，以及强调自评与互评对于学习效果的重要性。通过这种方式，教师可以帮助学生树立正确的评价意识，认识到自评与互评是提升学习水平的重要途径。教师可以设立奖励机制，对于在自评与互评中表现优秀的学生进行表扬和奖励。这种奖励可以是口头表扬、奖状、奖品或其他形式的认可。通过这种正向激励，学生会感受到自评与互评的重要性并被激励更加积极地参与其中。教师还可以提供支持和指导，帮助学生进行有效的自评与互评。这包括指导学生如何制定合适的评价标准，如何客观地评价自己和他人，以及如何从评价中获得反馈并改进学习方法。通过提供必要的支持和指导，教师可以增强学生参与自评与互评的信心和能力。

（四）教师如何利用学生自评与互评促进教学改进

教师在鼓励学生参与自评与互评方面的作用是至关重要的，因为这种参与不仅能够提升学生的学习效果，还能培养他们的自我认知和批判性思维能力。教师可以通过积极的态度和言行，向学生传达自评与互评的重要性并分享成功的案例以激发学生的兴趣和积极性。教师可以制定奖励措施，对在自评与互评中表现优秀的学生进行表扬和奖励，这种正向激励有助于增加学生的参与度。教师应该为学生提供必要的支持和指导，帮助他们进行有效的自评与互评，包括制定评价标准、客观评价等方面的指导。教师通过教育引导，帮助学生正确理解自评与互评的意义，使他们认识到这是提升学习水平的重要途径，而不仅仅是对自己和他人的批判。教师可以创建一个鼓励学生交流和合作的环境，使他们在自评与互评中能够相互学习、共同进步。

教师在学生自评与互评中扮演多重角色，包括指导和引导学生进行评价、监督和管理评价过程、鼓励学生参与评价及利用评价结果促进教学改进等。通过教师的引导和支持，学生可以更好地理解自己的学习情况，培养自我认知和批判性思维能力。教师还可以利用学生的自评与互评结果，及时调整教学策略和评价方式，更好地满足学生的学习需求，提高教学效果。因此，教师在学生自评与互评中的作用至关重要，对于教学质量的提升和学生学习动力的激发具有重要意义。

四、提升学生自评与互评效果的技巧

在教育实践中，提升学生的自评与互评效果是教师持续关注和探索的重要课题。为了培养学生的自我认知能力和促进同伴之间的有效互动，建立良好的学习氛围和互信环境至关重要。设计明确的评价标准和指导原则，提供有效的反馈和建议机制，以及鼓励学生积极参与和分享经验也是实现这一目标的重要策略。下文将深入探讨这些技巧的实施方法及其在提升学生自评与互评效果方面的重要性。

（一）建立良好的学习氛围和互信环境

建立良好的学习氛围和互信环境对于学生的自评与互评至关重要，在教学中，教师可以采取一系列措施来营造这样的氛围。教师可以建立一个开放式的课堂氛围，鼓励学生提出问题、分享观点和经验。这可以通过设立一个"无愧的提问"环境来实现，即使是看似简单或基础的问题也应该受到鼓励和尊重。教师应该注重师生之间的平等和尊重，学生能够感受到他们的声音被听到和重视，他们的观点和经验被认真对待。这有助于建立学生之间的互信，使他们更愿意接受来自同伴的评价和建议。例如教师可以定期组织小组讨论或团队项目，让学生在协作中建立信任，从而更愿意分享自己的学习体会和反思。

（二）设计明确的评价标准和指导原则

设计明确的评价标准和指导原则对于有效的自评与互评至关重要。评价标准应当明确、具体，覆盖到学习任务的各个方面，以确保评价的全面性和准确性。比如在口语表达任务中，评价标准可以包括语言运用的准确性、流畅度、逻辑性、表达的清晰度等方面。这些标准应当与学习目标和任务的要求相契合，使学生能够清晰地了解自己在何处做得好，何处有待改进。指导原则的制定也是至关重要的，这些原则应当指导学生如何进行自评与互评，如何给予具体、建设性的反馈，以及如何客观公正地评价同伴。例如指导原则可以包括学生应当学会将反馈重点放在行为和表现上，而不是人格特质上。比如可以指出演讲中某个观点不够清晰，而不是批评学生本人的能力。学生在给予反馈时应当提供具体的改进建议，帮助同伴更好地完善自己的表现。例如提供替换词汇、调整语速的建议，而不仅仅停留在表面性的批评上。学生应当学会客观评价同伴的表现，不受个人情感或偏见的影响。这可以通过提供范例、讨论案例及引导学生关注事实和证据来实现。

（三）提供有效的反馈和建议机制

提供有效的反馈和建议机制对于学生的自评与互评效果至关重要，教师在这方面可以采取一系列措施来确保反馈的及时性、具体性和针对性。反馈应当及时给予，延迟的反馈可能会导致学生对于自己的表现产生模糊的认识，从而减弱反馈的效果。教师可以在学生提交作业后尽快进行评阅并及时给予反馈，使学生能够及时纠正错误、改进表现。反馈应当具体明确，泛泛而谈的赞扬或批评往往难以让学生理解自己的不足之处或优势所在。因此，教师应当提供具体的例证和细致的分析，帮助学生更准确地认识到自己的表现特点并理解改进的方向。反馈应当针对性强，不同学生的能力水平和问题各有不同，所以，教师的反馈应当根据学生的具体情况进行个性化调整，提出针对性的建议。例如对于写作作业，教师可以针对学生的逻辑性、语言表达、结构安排等方面给予具体的指导，帮助学生有针对性地改进。为了进一步提升反馈效果，教师还可以采取一些互动性强的方式，例如与学生进行面对面的讨论、组织小组讨论或同学间互评等，促进学生之间的交流与学习。

（四）鼓励学生积极参与和分享经验，促进学习共同体的形成

鼓励学生积极参与和分享经验对于提升自评与互评效果至关重要。在教学中教师可以采取多种方式来促进学生的参与和分享，通过示范和激励来鼓励学生积极参与。教师可以分享自己的学习经验和成功故事，让学生感受到学习的乐趣和成就感，从而激发他们的学习兴趣和动力。教师还可以通过表扬和奖励来鼓励学生的积极参与，让他们感受到自己的努力和贡献得到认可。教师可以设计各种形式的学习任务和活动，引导学生分享自己的学习经验和心得体会，例如可以要求学生在课堂上进行展示或讨论，分享自己在某个学习项目中的经验和收获；也可以组织学生参加学习分享会或研讨会，让他们有机会与同学交流学习心得，共同探讨问题和解决方案。教师还可以建立学习共同体，促进学生之间的合作和交流。学习共同体是一个相互支持、共同成长的学习群体，其中的每个成员都可以从其他成员那里获得帮助和启发。通过组建学习小组、开展合作项目等方式，教师可以培养学生之间的团队合作意识和分享精神，促进他们共同进步和成长。

通过建立良好的学习氛围和互信环境，设计明确的评价标准和指导原则，提供有效的反馈和建议机制，以及鼓励学生积极参与和分享经验，可以有效提升学生的自评与互评效果。这些技巧不仅有助于培养学生的自我认知能力和批判性思维，还能促进同伴之间的积极互动和共同成长。教师在教学实践中应当结合具体情况，灵活运用这些技巧，不断探索和完善，以提升教育教学质量，促进学生成长发展。

第四节　利用反馈改进教学

一、反馈在教学中的重要作用

反馈在教学中扮演着至关重要的角色，它不仅是评价学生表现的工具，更是

师生之间有效沟通的桥梁，能够促进良好的教学氛围和师生关系的建立。本节主要探讨反馈在教学中的重要作用，从定义和意义、对学生学习的影响、对教师教学的重要性，以及在教学中的角色和功能等方面展开讨论。

（一）反馈的定义和意义

反馈在教学中扮演着至关重要的角色，它不仅是教师或同学对学生表现进行评价，更是一种教育过程中的关键交流方式。通过反馈，学生能够了解自己的学习状态和进步方向，从而更好地调整学习策略，提升学习效果。教师的反馈不仅可以指导学生学习，还能够建立起师生之间的互信关系，促进良好学习氛围的形成。因此，反馈的意义在于为学生提供必要的指导和支持，让他们在学习过程中不断进步；同时也为教师提供了解学生需求和调整教学的有效途径，实现教学的个性化和优化。通过有效的反馈，教育者和学习者能够共同推动教学的进步，实现教育的目标和使命。

（二）反馈对学生学习的影响

学生接受到积极的反馈时，他们会感觉受到认可，从而增强自信心和学习动力。例如当一个学生在写作中表现出良好的语法和逻辑结构时，教师给予的正面反馈会让他感到自己的努力得到了认可，进而激发他更加努力学习的欲望。及时的反馈还能帮助学生在学习过程中及时发现并纠正错误，避免错误形成习惯，提高学习效率。例如在学生进行数学计算时，教师及时指出其中的错误并给予正确的指导，可以帮助学生及时调整思路，避免在错误的方向上越走越远。反馈也能帮助学生认识到自己的不足之处，引导他们进行有效的自我调整和改进。当学生在某一学科或技能方面遇到困难时，及时的反馈可以指出问题所在并给予具体的改进建议，帮助学生找到解决问题的方向。比如当学生在语言学习中发现自己的发音不准确时，教师可以通过反馈指出发音的错误并提供口语练习的方法，帮助学生逐步改善发音。相反，缺乏或负面的反馈可能会导致学生的学习动力下降，产生挫败感和消极情绪，影响其学习表现和学习成绩。当学生在学习中遇到困难而得不到及时的指导和支持时，他们可能会感到迷茫和沮丧，从而影响学习的积极性和效果。因此，及时且具体的正面反馈对于学生的学习至关重要。

（三）反馈对教师教学的重要性

教师不仅是知识的传授者，更是学生学习路上的引导者和指导者。而反馈则是教学过程中教师和学生之间交流的桥梁，对于教师的教学工作至关重要。通过收集学生的反馈，教师可以了解到学生对教学内容的理解程度和学习效果，从而及时调整教学策略和方法。例如当教师发现学生对某个知识点普遍理解不深，或者在某个技能上存在共性困难时，可以通过反馈了解到这一情况，进而针对性地调整教学内容和方法，帮助学生更好地理解和掌握知识。教师的反馈也能够激发学生的学习兴趣和探究精神，当学生得到教师的认可和肯定时，会感到受到鼓舞，从而更加积极地投入学习。例如当教师对学生的作业给予具体而积极的评价时，学生会感到自己的努力得到了认可，进而激发他们更多地参与到学习活动中来，从而促进学习效果的提升。教师的反馈还能够建立起良好的师生关系，促进教学氛围的活跃和融洽。通过与学生之间的积极互动，教师能够深入了解学生的个性特点和学习需求，从而更好地满足他们的学习需求，提升教学效果。例如当教师能够及时回应学生的问题并给予帮助时，学生会感到教师的关注和支持，从而建立起对教师的信任和尊重，进而更加积极地参与到学习中来。

（四）反馈在教学中的角色和功能

在教学中反馈扮演着多重角色和功能。反馈是师生之间有效沟通的桥梁，促进了良好的教学氛围和师生关系的建立。通过及时、具体的反馈，教师可以向学生传达关怀和支持，赢得学生对教师的信任和尊重，从而营造积极向上的学习氛围。例如当教师赞扬学生在课堂上的出色表现时，学生会感受到肯定和鼓励，进而更加积极地参与学习。反馈激发了学生的学习兴趣和探究精神，正面的反馈能够激发学生的自信心和动力，使他们更加专注和热情地投入学习中。例如当学生通过努力取得进步时，教师的积极反馈会让他们获得成就感和满足感，进而激发他们对学习的更大热情和兴趣。反馈还有助于培养学生的自主学习和批判性思维能力，通过对学生学习过程的指导和反馈，教师能够引导学生建立起自主学习的意识和习惯，培养其独立思考和问题解决的能力。例如当学生在解决问题时遇到困难，教师给予的反馈不是直接告诉答案，而是引导学生思考解决问题的方法和思路，从而培养学生的批判性思维能力和解决问题的能力。

反馈在教学中扮演多重角色和功能，不仅是师生之间有效沟通的桥梁，还能激发学生的学习兴趣和探究精神，培养其自主学习和批判性思维能力。通过及时、具体的反馈，教师可以建立起良好的师生关系，促进学生的学习进步和个性发展。因此，在教学实践中，教师应充分重视反馈的作用，通过精心设计和有效运用反馈，促进学生的学习效果和整体发展。

二、有效反馈的特征与策略

有效的反馈在教学中扮演着至关重要的角色，它不仅可以指导学生在学习过程中不断进步，还可以帮助教师调整教学策略，提升教学效果。下文将探讨有效反馈的特征与标准、设计反馈的策略和方法、建立良好的反馈机制和体系，以及促进学生积极接受和利用反馈的技巧，以期为教育工作者提供实用的指导和启示。

（一）有效反馈的特征和标准

有效的反馈应具备几个关键特征和标准。反馈应该是及时的，及时的反馈能够帮助学生在学习过程中及时发现问题、纠正错误，避免形成不良习惯。反馈应该是具体的，具体的反馈能够清晰地指出学生的优点和不足之处，使其更容易理解和接受，从而有针对性地改进学习。反馈应该是个性化的，因为每个学生的学习方式和需求都不同，个性化的反馈能够更好地满足学生的学习需求，促进其个性化发展。反馈应该是建设性的，建设性的反馈不仅要指出问题所在，还要提供具体的改进建议和支持，引导学生朝着正确的方向努力。

（二）设计有效反馈的策略和方法

设计有效的反馈需要采取一系列策略和方法。教师可以采用多样化的反馈形式，如口头反馈、书面反馈、个别反馈、小组反馈等，以满足不同学生的需求。反馈应该是定期的，教师可以设立固定的反馈时间或节点，如每周一次课后反馈，以确保反馈的连续性和有效性。教师在设计反馈时应该注重平衡正面和建设性的反馈，既要肯定学生的优点，又要指出存在的问题并提供改进建议。教师还可以采用技术手段，如在线评估工具、学习管理系统等，来提高反馈的效率和精准度。例如教师可以利用在线评估工具对学生的作业进行评分和反馈，同时通过系统生成的报告分析学生的学习情况，为个性化的反馈提供数据支持。

（三）建立良好的反馈机制和体系

建立良好的反馈机制和体系对于有效的教学至关重要。学校和教育机构可以制定相关政策和规定，明确反馈的内容、形式和频率，为教师和学生提供明确的指导和支持。学校可以建立专门的反馈团队或委员会，负责收集、整理和分析反馈数据，为教师提供专业的反馈支持和指导。学校还可以组织相关培训和研讨活动，提升教师的反馈能力和水平，促进教学质量的持续改进。学校可以建立学生参与反馈的机制，鼓励学生积极参与到反馈过程中来，提供他们的意见和建议，从而增强反馈的有效性和可持续性。

（四）促进学生积极接受和利用反馈的技巧

为了促进学生积极接受和利用反馈，教师可以采取一些技巧和策略。教师应该注重情感沟通，建立良好的师生关系，使学生感受到教师的关心和支持，从而更愿意接受反馈。教师可以利用学生自评和同伴评价等方式，培养学生的自我反思和批判性思维能力，提升其接受反馈的能力。教师还可以鼓励学生将反馈作为学习的一部分，将其视为提升的机会而不是批评或惩罚，从而激发学生的学习动力和积极性。例如教师可以将反馈与学习目标和成长规划相结合，引导学生将反馈视为实现自身发展目标的重要途径，从而增强其接受和利用反馈的意愿和能力。

通过讨论可以看到，有效反馈具有及时、具体、个性化和建设性等特征，而设计反馈的策略和方法需要多样化、定期化并注重平衡正面和建设性的反馈。建立良好的反馈机制和体系需要学校和教育机构的政策支持及专门的团队或委员会的配合。而促进学生积极接受和利用反馈则需要教师注重情感沟通、利用学生自评和同伴评价等方式并将反馈与学习目标相结合。这些策略和方法有助于提升教学质量，促进学生的全面发展。

三、如何收集和利用学生反馈

在教育领域，学生反馈是提升教学质量的重要依据之一，了解学生的观点、需求和反馈，有助于教师和教学团队更好地调整教学方法和内容，以提供更有效的学习体验。然而，如何有效地收集和利用学生反馈，以及将其转化为实际的教学改进措施是一个需要认真思考和实践的过程。下文将探讨收集和利用学生反馈的途径、分类整理方法，以及分析反馈的技巧和将反馈转化为改进措施的有效步骤。

（一）收集学生反馈的途径和方式

在收集学生反馈的过程中确保多样化和全面性是至关重要的。课堂调查问卷是一种常见而有效的方式。通过设计简洁但涵盖全面的问卷，可以在课后匿名收集学生对课程内容、教学方法及教师表现的意见和建议。这种方式可以确保学生在一个相对私密的环境中表达他们的真实想法，从而获得更加真实和直接的反馈。定期安排小组讨论也是一个非常有效的收集学生反馈的途径，通过小组讨论使学生可以在一个更加开放和互动的环境中表达他们的看法和想法，从而提供更加深入和丰富的反馈信息。教师可以通过观察小组讨论的过程和记录讨论的内容来获取有关学生对课程的看法和建议。个别面谈也是一个非常有价值的收集学生反馈的途径，通过与学生进行个别面谈，教师可以更深入地了解每个学生的学习情况、困难和建议，从而为个性化的教学提供更好的支持和指导。个别面谈可以建立更加深入和亲密的师生关系，从而为学生提供更多的信任和安全感，使他们更愿意分享真实想法和感受。利用在线平台也是一个非常便捷和高效的收集学生反馈的途径，通过设置专门的反馈通道，学生可以随时随地提供反馈意见，不受时间和空间的限制。这种方式可以为学生提供更大的灵活性和便利性，从而提高他们参与反馈的积极性和主动性。利用在线平台还可以更方便地管理和整理收集到的反馈信息，为后续的分析和利用提供更好的支持和保障。

（二）学生反馈的分类和整理

收集到的学生反馈需要进行分类和整理，以便更好地分析和利用。常见的分类方式包括将反馈按照不同的主题或方面进行分类，如课程内容、教学方法、学习环境等；将反馈按照学生的情感色彩进行分类，如积极的反馈、消极的反馈、中性的反馈等；将反馈按照时间顺序进行分类，以便追踪学生反馈的变化和趋势；将反馈按照不同学生的身份进行分类，以便有针对性地了解每个学生的反馈情况。例如在收集到学生反馈后，教师可以将其按照主题分类整理，比如将涉及课程内容的反馈放在一起，将与教学方法相关的反馈放在一起。这样做有助于教师更清晰地了解学生的关注点和意见，为后续的分析和改进提供有针对性的参考。

（三）分析学生反馈的方法和工具

分析学生反馈可以借助多种方法和工具，其中包括但不限于利用统计方法对收集到的反馈数据进行量化分析，比如计算各项指标的平均值、标准差等，以揭示学生的整体反馈情况。对学生反馈中的关键词、短语或主题进行质性分析，以深入理解学生的思想和感受，挖掘潜在的问题和需求。将不同时间段或不同群体的反馈进行对比分析，以发现反馈的变化趋势和差异性，为教学改进提供线索。利用图表、表格等可视化工具将分析结果直观地呈现出来，使教师更直观地理解学生的反馈情况。例如教师可以利用统计软件对收集到的学生反馈数据进行定量分析。比如通过计算各项指标的平均分、标准差等统计量，了解学生对课程的整体评价和教学效果。还可以利用词频分析工具对学生反馈中出现频率较高的关键词进行定性分析，以揭示学生对课程的主要关注点和意见。这样的分析方法可以帮助教师全面、深入地了解学生的反馈，为下一步的教学改进提供科学依据。

（四）如何将学生反馈转化为教学改进的有效措施

将学生反馈转化为教学改进的有效措施是促进教学质量持续提升的关键步骤。收集到的学生反馈信息需要进行整合和分析，以确定共性问题和重点建议，这可以通过将反馈分类、整理和汇总来实现。例如识别出学生普遍认为课程内容难以理解或者教学方法不够生动等共性问题。根据分析结果，制订针对性的教学改进计划至关重要。这包括明确改进目标、制定相应的措施和建立合理的时间表。如果发现学生普遍反映课程内容过于抽象，那么教师可以制订计划，增加实例讲解或者提供更多的实践机会，以加深学生的理解。一旦制订了改进计划，就需要教师和教学团队积极采取行动。这可能包括调整教学内容、改变教学方法、增加辅助资源等。在实施过程中，教师应与学生保持沟通，及时反馈进展情况并根据需要进行调整。教学改进的过程并不是一成不变的，需要不断地监测和评估。这包括收集学生的反馈，评估改进措施的效果并根据评估结果进行调整和优化。通过持续的监测和评估，可以确保教学改进措施的有效性和可持续性。

学生反馈的收集和利用是教学质量持续改进的重要环节。通过多样化的收集途径，包括课堂调查问卷、小组讨论、个别面谈和在线平台，可以获取全面和真实的反馈信息。对反馈进行分类整理后，利用统计和质性分析方法进行深入分析，帮助教师深入了解学生的需求和意见。制订针对性的改进计划并积极实施，不断监测和评估改进效果，以确保教学质量持续提升。通过这一过程，学生反馈可以被充分地转化为实际的教学改进措施，从而更好地满足学生的学习需求，提高教学质量。

四、教师如何根据反馈调整教学

教学是一个持续改进的过程，而学生的反馈是指引这一改进的重要指南。通过细致地分析学生的反馈，教师能够洞察到课堂中存在的问题并制订相应的调整方案。这一过程不仅需要教师的耐心与细心，更需要对教学的开放态度和不断进取的精神。下文将探讨如何通过分析反馈结果、制定调整方案、实施措施并监控效果，以及持续改进教学并循环反馈的过程，来提升教学质量与学生学习成果。

（一）分析反馈结果和识别问题点

分析学生反馈是教师调整教学的第一步，教师需要细致地审视学生提供的反馈，从中挖掘出问题的核心。如果学生普遍反映课程内容难以理解，教师可能需要重新审视自己的讲解方式、教材选择及示例的清晰度。如果学生抱怨课堂缺乏趣味性，教师可能需要考虑引入更多生动有趣的案例、互动性强的活动或者多媒体资源，以提升课堂氛围和吸引学生的注意力。通过深入分析反馈，教师可以明确了解到学生的真实需求和课堂存在的问题，为制订有效的调整方案奠定基础。

（二）制定调整教学的具体方案

根据分析的结果，教师可以开始制订具体的调整教学方案，这包括明确改进的目标、制定相应的措施和建立合理的时间表。如果发现学生反映课程内容过于抽象，教师可以计划增加实例讲解或提供更多的案例分析，以帮助学生更好地理解抽象概念。如果发现学生对课堂缺乏参与度，教师可以设计更多的小组讨论、案例分析或互动活动，以增加课堂的活跃度和互动性。制订具体的调整方案有助于教师有条不紊地进行教学改进，确保改进措施能够有针对性地解决存在的问题。

（三）实施调整措施并监控效果

在制定好调整方案后，教师需要积极地将这些措施付诸实施并密切关注其效果。在课堂上，教师可以根据调整方案的要求改变教学方式，增加互动环节，引入新的教学资源等。这样的调整可能会在课堂氛围和学生参与度上产生明显的改善。例如引入小组讨论、案例分析、实验演示等活动形式，能够增强学生的互动性和实践能力，提升学习效果。教师还应该与学生保持沟通，及时了解他们对调整措施的反馈和意见。这种反馈可以帮助教师更好地理解学生的需求和感受，从而及时调整和优化教学方法。通过监控效果，教师可以及时发现问题并根据需要进行调整和优化，以确保教学改进措施的有效性。监控效果的方式包括定期进行课堂观察和评估、收集学生作业和测验的表现数据、组织小组讨论或问卷调查等。这些方法可以帮助教师全面了解教学调整的效果，及时发现问题并做出相应调整，从而不断提升教学质量。

（四）持续改进教学并循环反馈的过程

持续改进教学是教师职业发展中的重要组成部分，这一过程始于学生反馈的积极收集。通过课堂观察、问卷调查、个别谈话等多种方式，教师可以获取学生对教学内容、教学方法和课堂氛围等方面的反馈。在收集到反馈后，教师需要仔细分析，识别出问题点和改进空间并制订相应的调整方案。接下来教师应该将这些调整方案付诸实施并在课堂中加以应用，这可能涉及改变教学方法、增加互动环节、使用多媒体资源等。在实施过程中，教师需要不断观察和监控效果，以确保调整方案的有效性。与学生保持沟通也是至关重要的，他们的反馈和意见可以帮助教师更好地了解调整措施的实际效果和学生的感受。这一过程并不是一成不变的，而是一个持续不断的循环。教师需要根据实际情况不断调整和改进教学方式，以适应学生的需求和时代的发展。在不断循环反馈的过程中，教师不仅能够提高自身的教学水平，还能够增强与学生的互动和沟通，促进学生的学习成果。

教师的教学工作需要与时俱进，而学生的反馈则是不可或缺的重要资源。通过分析学生反馈并识别问题点，教师能够找到教学中存在的短板，为制订调整方案奠定基础。制订具体的调整方案后，教师应积极将其付诸实施并密切关注效果。在实施过程中与学生的沟通和监控效果至关重要，这有助于及时调整并优化教学方法。持续改进教学并循环反馈的过程不仅能够提高教学质量，还能够增强教师与学生之间的互动与沟通，推动学生的学习成果不断提升。

第六章　教学资源与环境的优化

第一节　教学资源的整合与利用

一、教学资源的类型与特点

教学资源的类型多样，从传统的书籍、教学板书到现代的数字化教学资源和实践性教学资源，每一种资源都有其独特的特点和应用场景。其中，社会资源作为一种重要的资源形式，在教学中扮演着至关重要的角色。社会资源的应用能够丰富教学内容，培养学生的实践能力和社会适应能力，对于学生的综合素质提升具有重要意义。

（一）传统教学资源的特点与应用

传统教学资源的特点主要体现在其稳定性和可靠性上。这些资源包括书籍、教学板书、实物模型等，它们通常具有较长的使用周期，不易受到外界因素的影响。例如一本教材可以在多个学年中使用，而一张教学板书也可以反复利用，这使得教学资源的投入成本相对较低，且更具经济效益。传统教学资源的应用范围广泛，适用于各个年级和学科的教学活动。在数学教学中，传统的几何模型和计算工具仍然发挥着重要作用，帮助学生理解抽象的数学概念，并培养他们的空间思维能力。在语言教学中，传统的课本和字卡是教师教学的主要工具，通过书写和阅读，帮助学生建立起语言基础，培养他们的语言表达能力和阅读理解能力。传统教学资源还具有易于获取和操作的特点，教师和学生都能够轻松地使用这些资源进行教学和学习活动。这种便利性使得传统教学资源在教学实践中具有不可替代的重要性，尤其是在缺乏先进技术设备或网络条件不稳定的地区和学校，传统教学资源仍然是教学的主要支撑。因此，传统教学资源与现代数字化教学资源相辅相成，在教学中各有其重要的地位和作用。

（二）现代数字化教学资源的类型与特点

现代数字化教学资源包括多种类型，如电子教材、多媒体课件、在线教学平台、虚拟实验室等。这些资源在现代教育中扮演着重要角色，其特点主要表现在多个方面。现代数字化教学资源通过互联网和计算机技术实现知识的数字化存储和传递，与传统教学资源相比，这些资源更新速度快，能够及时反映最新的学科动态和研究成果，为教学提供丰富的信息来源。数字化教学资源的信息量大，能够提供全面而深入的教学内容。现代数字化教学资源形式多样，包括文字、图像、音频、视频、动画、虚拟现实等。教师可以利用这些资源将知识以更加直观、生动的方式呈现给学生，帮助他们更好地理解和吸收。例如通过多媒体课件，教师可以利用动画和视频演示复杂的科学实验过程，使学生在视觉和听觉上得到更好的学习体验。现代数字化教学资源鼓励师生之间、学生之间的互动，在线教学平台提供了一个便捷的交流环境，学生可以通过平台参与课后讨论、提交作业、进行在线测验等活动，及时获得教师的反馈。这种互动性有助于学生深入理解知识，增强学习的主动性和参与度。数字化教学资源可以根据学生的不同需求和学习水平提供个性化的学习路径，例如在线教学平台可以通过数据分析了解学生的学习情况，提供针对性的资源和建议，帮助学生更好地学习和掌握知识。现代数字化教学资源在提高教学效率和促进学生参与度方面发挥着重要作用，通过合理运用这些资源，教师可以营造更为丰富、动态的学习环境，帮助学生更好地理解和掌握知识，同时培养他们的自主学习能力和创新能力。

（三）实践性教学资源的价值与应用

实践性教学资源在教育中扮演着不可或缺的角色，其独特之处在于能够将理论知识与实际操作相结合，为学生提供一个贴近实际的学习环境。通过实践性教学资源，学生能够更直观地理解抽象的理论知识并将其应用于实际生活中。例如在科学教育中，通过实验设备进行实验操作，学生可以亲身体验科学原理，从而深入理解书本中的知识；而在地理学习中，实地考察能够让学生亲身感受地理环境，加深他们对地理概念的理解和记忆。这种贴近实际的学习方式，不仅能够激发学生的学习兴趣，还能够培养他们的实践能力和解决问题的能力。因此，实践性教学资源的应用对于学生的学习成果和综合素质的提升具有重要意义。

（四）社会资源在教学中的作用与应用

社会资源在教学中扮演着至关重要的角色，它们不仅能够丰富教学内容，还能够培养学生的社会适应能力和实践应用能力。社会资源的特点在于其贴近实际社会需求和实践应用，因此在教学中的应用具有极大的价值。社会资源可以通过开展社会实践活动来拓宽学生的视野和认知，例如学校可以组织学生参加社区服务、义工活动等，让学生亲身感受社会的多样性和复杂性，增强他们的社会责任感和使命感。通过这些实践活动，学生不仅能够学到知识，还能够培养社会交往能力和团队合作精神。社会资源还可以通过校企合作来提供更加具有实践性的学习机会，学校与企业合作开展实习实训项目，可以让学生在真实的工作环境中接触和应用所学知识，提高他们的实践操作能力和解决问题的能力。例如学校与当地企业合作开展实习项目，让学生在企业实践中学习并解决实际问题，这不仅有助于学生的职业规划，还能够为他们未来的就业打下良好的基础。

教学资源的类型与特点包括传统教学资源的稳定性与可靠性、现代数字化教学资源的信息化与互动性，以及实践性教学资源的贴近实际与应用性，而在这些资源中社会资源的作用与应用尤为突出。通过社会实践活动和校企合作等方式，可以为学生提供更加贴近实际的学习机会，培养其实践能力和解决问题的能力，从而促进其综合素质的提升。因此，充分利用社会资源并将其融入教学实践中，对于提高教学质量和学生发展具有重要价值。

二、教学资源的整合策略与方法

在当今教育领域，教学资源的多样性和丰富性给教师提供了更多创新教学的可能性。而教学资源的整合，则是将这些资源有机地结合起来，以提升教学效果和学生学习体验的重要手段。下文将探讨教学资源整合的概念、重要性，以及相关的策略、原则、技术与工具，并结合实际案例与经验进行分析，旨在为教师提供更深入的理解和应用指导。

（一）教学资源整合的概念与重要性

教学资源整合是教育领域的一项重要策略，它涵盖了将各种教学资源有机地结合在一起，以提高教学效果和学生学习体验的过程。这种整合不仅能够充分发挥各种资源的优势，还能够弥补单一资源的不足，为学生提供更加丰富、生动、个性化的学习体验。教学资源的种类繁多，包括传统教材、多媒体课件、实地考察等。通过整合不同类型的资源，可以充分发挥它们的优势，提高教学的质量和效果。例如在一堂地理课上，教师可以结合课本知识、地图软件和实地考察，使学生在理论学习的基础上通过实践感受地理知识的应用和实际意义。多样化的教学资源能够激发学生的学习兴趣和主动性，使他们更加积极地参与到学习过程中。通过结合不同类型的资源，可以使教学内容更加生动有趣，吸引学生的注意力，激发他们的学习热情。例如在一堂物理实验课上，教师可以结合实验器材、模型演示和多媒体展示，让学生通过观察、实践和思考来探索物理规律，从而提升他们的学习兴趣和动力。教学资源的整合可以为学生提供个性化、差异化的学习体验，满足他们不同的学习需求和兴趣特点。通过结合多样化的资源，教师可以根据学生的学习风格和水平差异，设计不同形式和难度的教学活动，使每个学生都能够在适合自己的学习环境中取得进步。例如在一堂艺术课上，教师可以结合艺术作品的欣赏、绘画实践和艺术家访谈，让学生通过不同方式来感受艺术的魅力，发展他们的审美能力和创造力。教学资源的整合对于提高教学效果和学生学习体验至关重要，通过结合不同类型的资源，教师可以创造丰富多彩的学习环境，激发学生的学习兴趣和主动性，实现个性化、差异化的教学目标。

（二）教学资源整合的策略与原则

教学资源整合的策略与原则是教育实践中的重要指导原则，有助于提高教学效果和学生学习体验。教师应灵活运用各种资源，这意味着教师需要根据不同的教学情境和学生需求，选择最适合的教学资源进行组合和运用。这样可以确保教学内容更具针对性和实效性，使学生更容易理解和接受知识。教学资源整合应该是有机结合的，即不同类型的资源之间相互补充、相互促进。这种有机结合能够使教学过程更加丰富多彩，让学生从不同角度和多个维度来理解和应用知识。教学资源整合的原则应以学生为中心，即教学设计应围绕学生的学习需求和兴趣展开，使教学更加贴近学生的实际情况和生活经验，提高学生的学习动机和参与度。灵活运用各种资源、有机结合不同资源、以学生为中心是教学资源整合的重要策略与原则，有助于提高教学质量和学生学习效果。

（三）教学资源整合的技术与工具

在教学资源整合的过程中，现代技术和工具起着至关重要的作用。电子教学平台是其中一个重要的技术工具，它能够将各种类型的教学资源整合在一起，为教师和学生提供便捷的学习环境。通过电子教学平台，教师可以上传和分享课件、教材、作业等资源，学生可以随时随地通过网络获取到这些资源，方便了学习和教学的进行。电子教学平台还提供了在线互动的功能，教师可以通过平台发布课堂作业、组织在线讨论、进行考试测验等活动，实现了教学的个性化和差异化。教学管理软件也是教学资源整合的重要工具之一，它能够帮助教师对教学资源进行分类、整理和管理，提高了教学资源的利用效率和便捷性。通过这些技术和工具的支持，教师能够更好地整合各种资源，提升教学质量，满足学生的学习需求，促进教育教学的发展。

（四）教学资源整合的案例与实践经验

在教学实践中，教师不断探索教学资源整合的方法并在课堂中取得了一些令人鼓舞的成果。例如一位数学老师在教学中充分利用传统教材、多媒体课件和在线作业平台等资源，他通过将传统教材中的抽象概念与多媒体课件中的图像、动画相结合，让学生在视觉和听觉上得到更直观的理解。他还利用在线作业平台布置作业和测验，及时了解学生的学习情况并给予个性化的指导和反馈。多种资源的有机整合，不仅提高了教学效率，还激发了学生的学习兴趣，取得了显著的学习成果。另外一些学校也积极开展了与社会资源的合作，以丰富教学内容并培养学生的实践能力，例如一所学校与当地企业合作开展实习项目，让学生将课堂学到的理论知识应用到实际工作中。通过参与实践，学生不仅能够更深入地理解所学知识，还能够培养解决实际问题的能力和团队合作精神。这种贴近实际的学习方式，不仅提高了学生的综合素质，也为他们未来的就业打下了坚实的基础。这些案例充分表明，教学资源的整合对于提升教学效果和学生学习体验具有重要意义。

教学资源整合作为教学创新的重要策略，对于提升教学效果、激发学生学习兴趣具有重要意义。在整合过程中，教师应根据学生需求和教学情境灵活运用各种资源并遵循以学生为中心、有机结合、多样化运用的原则。现代技术和工具在教学资源整合中扮演着重要角色，例如电子教学平台和教学管理软件等，为教学提供了便捷、高效的支持。通过案例与实践经验的分享，可以看到教学资源整合的成功实践对于教学质量的提升和学生综合素质的培养具有显著效果，为教育教学的持续发展贡献着重要力量。

三、高效利用教学资源的技巧

在当今教育领域，教学资源的高效利用已成为提升教学质量和学生学习效果的关键环节。教师需要审慎评估和选择教学资源并不断优化更新，以满足不同学生的学习需求，实现教育个性化和差异化发展。下文将探讨教学资源评估与选择的标准、优化更新的方法、个性化订制与应用及差异化利用策略，为教育工作者提供有效的教学资源管理技巧。

（一）教学资源评估与选择的标准

在评估和选择教学资源时，教师应考虑多个标准以确保资源的质量和适用性。资源的准确性和权威性是评估的重要标准之一，教师应确保所选资源的内容准确可靠、来源权威可信。资源的适用性和针对性也至关重要，教师需要根据教学内容和学生特点，选择与教学目标最为契合的资源，以提高教学效果。资源的多样性和丰富性也是评估的考量因素之一，教师应选择各种类型的资源，包括文字、图像、音频、视频等，以满足不同学生的学习需求。资源的可持续性和更新性也应被纳入评估范畴，教师应选择那些能够长期使用并且及时更新的资源，以跟上教育领域的发展和变化。例如在评估和选择教学资源时，一位语文教师首先考虑了资源的准确性和权威性，他选择了一本由著名语文教育专家编写的课本作为主要教材，因为这本书内容准确、权威并且符合教学大纲要求。他根据学生的实际水平和教学目标，选择了一些与课文相关的多媒体资源，如配图、视频剪辑等，以增强学生的学习兴趣和理解能力。他还利用在线词典、语音库等资源，帮助学生更好地理解词语和句子的用法。他选择了一些经典文学作品作为扩展阅读，以提高学生的阅读能力和文学素养。通过综合利用这些资源，他成功地丰富了教学内容，提升了学生的学习体验。

（二）教学资源优化与更新的方法

教学资源的优化与更新对于保持教学内容和方法的活力和时效性至关重要。教师应定期审查和评估现有的教学资源，包括课程大纲、教案、教材及多媒体资料等。通过评估教学资源的有效性和适用性，及时发现和解决存在的问题和不足，确保教学内容与学生需求和学科发展保持一致。教师应积极收集和整合最新的教学资源，包括学术研究成果、教学案例、数字化资源等。通过关注学术期刊、教育专业网站、在线课程平台等渠道，获取最新的教学理念和资源，从而为教学提供新的思路和方法。教师可以通过与同行进行交流，分享教学经验和资源；参加学科研讨会、教育会议或教师培训活动，与其他老师交流教学心得和最新的教学资源。例如一位语文老师可以定期参加语文教学研讨会，与其他老师分享教学案例和创新教学方法，从中获得启发和资源。教师可以参加专业的教育培训课程，提升教学能力和资源更新意识。这些培训课程可以涵盖教学策略、课堂管理、教育技术等方面，帮助教师了解最新的教育趋势和方法。教师可以关注教育媒体和在线资源网站，获取最新的教学资讯和资源。许多教育网站提供免费或付费的教学资源，包括课程视频、教学工具、教学设计等，教师可以通过这些平台发现并应用新的教学资源。通过以上方法，教师可以不断优化和更新自己的教学资源，确保教学内容和方法与时俱进，提高教学效果和学生学习体验。例如一位数学老师定期参加专业培训，学习最新的数学教学方法和技术，同时关注教育网站上发布的数学教学案例和课程设计，不断优化自己的数学教学资源，提高学生的学习成效和兴趣。

（三）教学资源个性化订制与应用

个性化订制教学资源是根据学生的个体差异和需求，为其量身定制教学内容和方法，旨在提高学生的学习效果和学习动机。教师应该通过多种途径了解学生的学习风格、兴趣爱好、学习能力及个人背景等方面的信息。这可以通过问卷调查、学生访谈、观察学生的学习行为和参与度等方式来获取。根据学生的特点和需求，教师可以设计个性化的学习计划和教学任务。这包括选择适合学生的教材、课程内容和教学方法，设置个性化的学习目标和评价标准，以及提供针对性的辅导和支持。现代技术手段如人工智能和大数据分析可以帮助教师更好地实现个性化教学。通过对学生的学习行为和表现进行跟踪和分析，系统可以生成个性化的学习建议和资源推荐，例如一些在线学习平台可以根据学生的学习情况自动生成个性化的学习路径和练习题目，帮助学生更加高效地学习和掌握知识。个性化教学要求教师灵活调整教学策略，根据学生的反馈和表现及时调整教学内容和方法。教师可以采用不同的教学方法和评价方式，满足学生的不同学习需求和学习节奏。教师应该及时提供个性化的反馈和指导，帮助学生理解和克服学习中的困难和挑战。这可以通过定期的个别辅导、小组讨论、作业反馈等方式来实现。例如一位英语老师可以根据学生的学习兴趣和水平，为不同的学生设计个性化的阅读任务和写作练习；利用在线学习平台的个性化功能，可以根据学生的阅读水平和兴趣爱好推荐适合的英语文章，并提供相关的词汇和语法练习，帮助学生提高英语水平。同时，老师可以根据学生的写作作业反馈，针对性地提供写作技巧和建议，帮助学生改进写作表达能力。通过这种个性化订制教学资源和应用，可以更好地满足学生的学习需求，提高他们的学习效果和学习动机。

（四）教学资源的差异化利用策略

教学资源的差异化利用是教学设计中的重要策略，它能够有效地满足学生个性化的学习需求，提高教学的针对性和有效性。分层教学是根据学生的学习水平和能力，将学生分成不同层次的小组进行教学。教师可以根据学生的学习情况，选择不同难度和挑战性的教学资源，以确保每个学生都在适合自己水平的学习环境中。例如在一节数学课上，教师可以根据学生的数学能力将他们分成不同的小组，对于数学基础较弱的学生，可以选择一些简单的数学题目和示例进行讲解和练习；而对于数学基础较好的学生，则可以选择一些更加复杂和具有挑战性的数学题目，以提高他们的学习兴趣和学习深度。根据学生的兴趣爱好和学习需求，设计个性化的学习任务和项目。这可以激发学生的学习兴趣，提高他们的学习主动性和积极性。例如在历史课上，教师可以要求学生选择自己感兴趣的历史事件或人物进行研究和报告，这样一来，不仅可以让学生在自己感兴趣的领域深入学习，还可以培养其独立思考和研究能力。利用多样化的教学资源，包括书籍、网络资源、视频等，以满足不同学生的学习需求和学习风格。例如在艺术课上，教师可以引导学生观看不同风格和流派的艺术作品，以拓宽他们的艺术视野和理解能力。同时，教师还可以提供一些艺术书籍和网站链接，让学生进一步了解和探索艺术领域。通过小组合作学习，可以让学生之间相互学习和交流，促进他们的合作精神和团队意识。例如在科学实验课上，教师可以让学生分成小组进行实验，每个小组负责不同的实验步骤和任务。通过小组合作，学生可以相互协助和交流，共同完成实验任务，提高他们的实验技能和科学素养。通过这些策略差异化利用教学资源，可以更好地满足学生的个性化学习需求，提高教学效果和质量。教学资源的高效利用是教学工作中的重要一环，通过科学的评估选择标准，教师能够确保所选资源的质量和适用性；通过不断优化更新，保持教学内容的活力与时效性；通过个性化订制和差异化利用策略，满足学生的个性化学习需求，提升教学效果。在教育实践中，教师应不断探索创新，灵活运用各种教学资源，为学生提供丰富多样的学习体验，促进其全面发展和成长。

四、教学资源共享与协作的模式

在当今数字化时代，教学资源的共享与协作已成为教育领域一项至关重要的工作，学校为了提升教学质量、促进教师专业成长及拓展学生的学习机会，需要建立有效的管理与评估机制来推动教学资源的共享与协作。下文将探讨教学资源共享与协作的不同模式并着重介绍学校可以采取的管理与评估方法，以确保资源的高效利用和质量提升。

（一）教师间教学资源共享的模式与平台

在数字化时代，教师间的教学资源共享已经变得更加方便和高效。教师可以利用在线教育论坛和社交网络平台进行资源共享和交流。在这些平台上，教师可以发布自己设计的教学材料、课程计划、教学活动，并从其他教师那里获取灵感和资源。如某教师资源共享平台，教师可以在该平台上分享自己设计的教学材料、课程计划和教学活动，并从其他教师那里获取灵感和资源。这个平台上的资源涵盖了各个学科和年级，教师可以根据自己的需要搜索和下载所需的教学资源。一些教育机构建立了内部的资源共享平台，为教师提供了一个共享和借鉴他人经验的平台，例如学校、学区或教育机构可以创建专门的在线平台或共享文件夹，供教师上传和下载教学资源。这种内部平台可以促进教师之间的合作和交流，提高教学质量和效率。教师可以通过专业组织和协会参与资源共享和合作。许多教育领域的专业组织都会举办会议、研讨会和工作坊，为教师提供一个交流和分享教学资源的平台。一些专业组织还会建立在线社区或资源库，供会员分享和获取教学资源。一些在线课程平台，也提供了教师资源共享的功能。教师可以在这些平台上创建和分享自己的课程内容，与全球其他教师共享经验和教学资源。通过这些教师资源共享的模式和平台，教师可以轻松地获取到丰富的教学资源，提高教学效率和质量，促进教学创新和发展。

（二）学校内部教学资源共享的机制与实践

学校内部教学资源共享的机制和实践是促进教师专业成长和教学质量提升的关键环节，学校可以建立统一的资源库或共享平台，方便教师上传、查找和下载各类教学资源，从课件到教案再到评估工具，资源应涵盖全方位的教学需求。这样的平台有助于节省教师寻找资源的时间，同时也能够提升资源的利用率。学校可以定期组织教学资源交流会议或研讨会，为教师提供一个交流和分享的平台。在这些会议上，教师可以分享自己的教学经验和创新，借鉴他人的成功案例，从而丰富自己的教学方法和策略。例如每周举办的教学资源分享会就是一个很好的实践例子，通过鼓励教师分享自己的教学创意和经验，激发了教师的创新意识和教学热情，促进了教学资源的共享和创新。这些机制和实践不仅有助于提升教学质量，还能够增强教师之间的合作和团队精神，为学校的发展注入新的活力。

（三）学校与社会资源共享的合作模式

学校与社会资源共享的合作模式为教学提供了丰富的支持，这种合作不仅拓展了教学的边界，还为学生提供了更广阔的学习机会。一种常见的合作方式是与行业企业、科研机构和社会团体建立合作关系。学校可以与当地博物馆、艺术馆等文化机构合作，为学生提供参观和实践的机会，丰富课堂教学的内容，让学生通过实践更深入地了解知识。例如历史课程可以组织学生到历史博物馆参观，生物课程可以安排学生去植物园进行实地考察等。学校也可以邀请行业专家来校进行讲座，为学生提供最新的职业信息和实践经验，例如邀请企业经理人或行业领军人物来校分享他们的职业故事和经验，为学生提供职业指导和启发。这种学校与社会资源的合作模式，不仅丰富了教学内容，还帮助学生更好地了解社会，为其未来的发展提供更多的可能性。

（四）教学资源共享与协作的管理与评估

教学资源共享与协作的管理与评估是确保教育质量的重要环节，学校可以通过建立规范的管理机制来促进资源的共享与协作。学校可以制定明确的资源共享政策和流程，明确教师资源共享的权限、途径和责任，确保资源共享的合法性和规范性。学校可以建立专门的资源管理团队或部门，负责收集、整理和管理各类教学资源，监督资源的质量和使用情况，例如设立数字化资源管理中心，为教师提供技术支持和培训，促进教学资源的数字化和共享化。学校还可以建立教师资源共享平台或在线社区，提供一个交流和分享的平台，方便教师之间的资源交流和合作。在资源共享与协作的过程中，学校可以通过定期的评估和反馈机制来监测和评估资源的使用情况和效果，例如定期对教师资源的使用情况进行统计和分析，了解资源的流通情况和受欢迎程度，及时发现和解决存在的问题和不足。学校还可以收集教师和学生的反馈意见，了解他们对资源的满意度和改进建议，以便及时调整和优化资源共享的策略和模式。通过这些管理与评估措施，学校可以有效地促进教学资源的共享与协作，提高教学质量和效益。

教学资源的共享与协作是教育质量持续改进的关键环节之一，在教师间、学校内部及与社会资源的合作模式中，通过各种在线平台和机构内部资源共享平台的建立，教师可以便捷地分享和获取教学资源，促进教学方法和策略的创新。学校还可以与社会资源建立合作关系，为学生提供更广阔的学习机会。为了有效管理和评估教学资源的共享与协作，学校可以建立规范的管理机制，包括制定明确的资源共享政策、建立专门的资源管理团队及定期评估和反馈机制等。通过这些措施，学校可以确保教学资源的高效利用，提升教学质量，为教育事业的发展注入新的活力。

第二节　创建支持性学习环境

一、支持性学习环境的特征与要素

在教育领域，支持性学习环境被认为是促进学生全面发展和取得成功的关键因素之一，而这个环境的构建离不开一系列特征与要素的共同作用。其中包括创造性和鼓励性氛围、激发学习动力和自主性、提供个性化学习支持及培养积极的学习态度和价值观，本节深入探讨这些要素在支持性学习环境中的作用和意义。

（一）创造性和鼓励性氛围

在支持性学习环境中，创造性和鼓励性氛围是至关重要的。这种氛围能够激发学生的创造力和积极性，使他们更愿意尝试新的学习方式和解决问题的方法。教师在课堂上可以通过多种方式营造这样的氛围，鼓励学生在课堂上积极提问，并尝试新的思考方式。无论问题多么简单或困难，教师都应该给予学生积极的回应和鼓励，让他们感受到自己的想法和质疑是被重视的。教师应该教导学生抱有积极的态度面对失败，并从中学习。当学生尝试新的方法或解决问题时，可能会面临失败或挫折，教师应该在这时给予理解和支持，鼓励他们勇敢尝试并从失败中吸取经验教训。无论学生的成绩如何，教师都应该表扬他们的努力和勇气，这种积极的反馈可以激励学生继续努力，不断进步。教师可以通过设计富有挑战性和启发性的教学活动来激发学生的创造性，例如组织学生进行小组讨论或团队合作项目，鼓励他们分享和交流不同的想法和观点，从而拓展思维和创意。在学习过程中给予学生一定的自由度和支持，让他们有空间去尝试新的方法和发展自己的想法。教师可以提供指导和反馈，但同时也应该尊重学生的个人风格和创造性。通过这些方式，教师可以营造一个充满创造性和鼓励性的学习氛围，激发学生的学习热情和动力，培养其创新精神和解决问题的能力。这种氛围不仅有助于学生的学业发展，也有助于其个人成长和全面发展。

（二）激发学习动力和自主性

在支持性学习环境中，激发学习动力和自主性是至关重要的，学生在这样的环境中不仅感受到对学习的热情和动力，还被鼓励选择他们感兴趣的学习内容和方式。教师在实现这一目标时，可以通过多种途径来促进学生的主动性和自主性。设定有意义的学习目标和任务是关键，例如让学生参与项目式学习或实践性任务，让他们在解决实际问题的过程中培养学习动力和自主性。教师可以为学生提供选择的机会，让他们根据自己的兴趣和学习风格选择适合自己的学习内容和方式，例如提供多样化的学习资源和活动，让学生根据自己的需求和偏好进行选择。教师应该给予学生一定程度的自主权，让他们在学习过程中有更多的决策权和控制权，例如让学生参与课程设计或评价过程，让他们感受到自己在学习中的重要性和责任感。通过这些方式，学生将逐渐培养起自主性和主动性，更积极地投入学习中。

（三）提供个性化学习支持

在一个支持性学习环境中，提供个性化学习支持是至关重要的，这意味着教师不仅要尊重每个学生的个体差异，还应根据他们的需求和特点，为他们量身定制学习计划和支持措施。教师可以通过了解学生的学习风格和能力水平来调整教学方法和内容，例如对于视觉型学习者，教师可以使用图表和图像来解释概念；而对于听觉型学习者，则可以通过口头讲解和录音来帮助他们理解。提供额外的学习资源和辅助材料也是个性化学习支持的一部分。这些资源包括扩展阅读材料、辅导视频、在线练习等，帮助学生加深对知识的理解和掌握。最重要的是，教师应该密切关注学生的学习进展并及时给予反馈和指导。当学生遇到困难时，教师提供额外的辅导和支持，帮助他们克服障碍，实现学习目标。通过这种个性化的学习支持，学生会感受到被认可和关爱，从而更有动力和信心投入学习中。

（四）培养积极的学习态度和价值观

在支持性学习环境中，培养积极的学习态度和价值观至关重要。教师扮演着关键角色，通过榜样作用和积极引导来塑造学生的学习态度和价值观。教师应该积极地表达对学习的重视和热爱，让学生感受到学习的重要性。这包括展示自己对知识的追求、对解决问题的热情及对创新思维的支持。通过这种方式，学生会受到启发，逐渐形成对学习的积极态度。教师可以鼓励学生树立正确的学习目标和价值观，例如强调努力、坚持、团队合作等价值观的重要性，让学生明白这些品质对于学习和成长的意义。最重要的是，教师可以通过故事、案例和生活经验等方式，向学生传递积极的思想和价值观。这些故事可以是成功人士的经历、团队合作的案例，或者是日常生活中的感悟和体验。通过这样的引导，学生将逐渐树立积极的学习态度和正确的价值观，为未来的学习和成长打下坚实的基础。

支持性学习环境的建立不仅是教育者的责任，更是教育生态系统中的重要部分。在创造性和鼓励性氛围下，学生能够释放创造力，勇于尝试；激发学习动力和自主性则让他们成为自主学习者，更加乐于探索；个性化学习支持关注每个学生的特点和需求，为他们提供更有针对性的帮助；积极的学习态度和价值观则是他们持续成长的内在动力源泉。这些要素相互交织，构建了一个支持性学习环境，为学生的学业发展和人格塑造提供了坚实的基础。

二、如何营造积极的课堂氛围

营造积极的课堂氛围是教育中的关键任务，它直接影响着学生的学习效果和学习态度。建立良好的师生关系、设计富有挑战性的教学活动、鼓励学生参与互动与合作，以及提供及时有效的反馈和评价机制，是实现这一目标的关键策略。

（一）建立良好的师生关系

在课堂中建立良好的师生关系是营造积极氛围的关键一环，教师应以尊重、信任和理解为基础，与学生建立密切的联系。这不仅有助于学生的学业成长和心理健康，也有助于营造一个积极、支持性的学习环境。教师应尊重学生的个体差异，包括他们的学习风格、兴趣爱好和背景。尊重学生的意见和想法，给予他们表达自我的机会。与学生进行互动和沟通是建立师生联系的基础。教师应倾听学生的想法和需求，回应他们的疑问和担忧。这可以通过定期与学生一对一谈话、班级讨论或学生反馈形式实现。教师应对学生展示真诚的关心和支持，尤其是在学生面临困难或挑战时。通过给予鼓励、指导和帮助，教师可以帮助学生建立自信心，增强学生解决问题的能力。在课堂上适当地分享自己的经历和见解，可以让学生感受到教师的真实和亲近。这种共鸣感有助于学生更好地理解课程内容，并增强对教师的信任。信任是良好师生关系的基础。教师应以诚实、可靠和公平的态度对待学生，建立起彼此的信任关系。这包括信守承诺、保持公开透明的沟通，以及尊重学生的隐私。鼓励学生在课堂上积极参与，表达自己的观点和想法。这不仅有助于学生的学习，也有助于建立积极的课堂氛围。教师应关注学生的学业和个人成长，帮助他们制定目标并提供必要的指导和支持。通过关心学生的进步，教师可以激发学生的学习动力。

（二）设计有趣而富有挑战性的教学活动

设计有趣而富有挑战性的教学活动可以激发学生的学习兴趣和动力，促进他们的参与度和学习效果。例如教师可以组织一场角色扮演游戏，让学生在模拟的情境中扮演不同的角色，通过与同学互动解决问题，培养合作能力和沟通技巧。教师还可以设计一个实践性的项目，让学生动手实践，例如搭建简易机械模型或设计创意科学实验，让他们在实践中探索知识，培养解决问题的能力和创造性思维。这些活动不仅可以让学生在玩乐中学习，还能够提高他们的自信心和学习动力，形成积极向上的学习氛围。

（三）鼓励学生参与互动和合作

设计有趣而富有挑战性的教学活动对于营造积极的课堂氛围至关重要，这样的活动能够激发学生的好奇心和求知欲，增强他们的学习兴趣和动力。教师可以采取多种方式设计有趣而富有挑战性的活动，例如游戏化学习、角色扮演、模拟实验等。游戏化学习是一种广泛应用的方法，通过将学习内容融入游戏中，激发学生的竞争意识和参与度。例如教师可以设计知识竞赛、谜题解密等游戏，让学生在竞争中学习，从而增强他们的学习动力。角色扮演是另一种有趣而具有挑战性的教学活动，通过扮演不同的角色，学生可以在模拟的情境中实践解决问题的能力，培养合作精神和沟通技巧。例如在历史课上，学生可以扮演历史人物，通过角色扮演的方式深入理解历史事件。模拟实验也是一种有效的教学活动，教师可以设计一些简易的实验，让学生在实践中探索知识，培养他们的动手能力和实验精神。例如在化学课上，教师可以设计一些简单的化学实验，让学生亲自操作，从而加深对化学知识的理解。

（四）提供及时而有效的反馈和评价机制

提供及时有效的反馈和评价机制对于营造积极的课堂氛围至关重要，这种机制不仅可以帮助学生更好地认识自己的学习情况，还能够指导他们在学习过程中进行调整和提高，从而促进他们的成长。定期的评价可以帮助学生及时了解自己的学习情况，通过课堂测验、作业评价等形式，教师可以全面地了解学生的学习表现并及时向他们反馈，指出优点和不足。这样的反馈可以帮助学生清楚地认识到自己在哪些方面做得好，在哪些方面还需要改进，从而有针对性地调整学习策略和方法。及时的反馈可以激发学生的学习动力，当学生得到及时的反馈和认可时，他们会感到自己的努力得到了肯定，从而更加积极地投入学习中。针对性的建议和指导也可以帮助学生更好地解决学习中遇到的问题，提高学习效果，增强学习信心。鼓励学生之间相互交流反馈也是提供有效反馈机制的重要组成部分，通过小组讨论、合作项目等形式，学生可以相互交流学习经验和感受，互相帮助解决问题，共同成长。这种互动不仅可以促进学生之间的合作和团队意识，还可以帮助他们更全面地了解自己的学习情况，从而更好地调整学习策略和方法。

要营造积极的课堂氛围，教师需要不断努力以确保学生在学习过程中感受到支持、挑战和成长。通过建立良好的师生关系，教师可以增强学生的学习动力和参与度；设计有趣而富有挑战性的教学活动能够激发学生的学习兴趣和动力；鼓励学生参与互动和合作可以促进他们的合作精神和团队意识；提供及时有效的反馈和评价机制则可以帮助学生更好地认识自己的学习情况，指导他们的学习方向。这些策略的运用将有助于打造一个积极向上的学习环境，推动学生全面发展。

三、提供多样化的学习空间与设施

提供多样化的学习空间与设施是构建一个适应性强、包容性高的教育环境的必要举措。从设计灵活的学习空间到提供先进的教学设备和技术支持，再到创造舒适和安全的学习环境，以及强调学习空间的可访问性和包容性，这些方面都是确保学生获得优质教育、充分参与学习的关键，因而深入探讨这些方面的重要性及实现方法非常重要。

（一）设计灵活的学习空间，适应不同的教学活动和学习方式

设计灵活的学习空间对于适应不同的教学活动和学习方式至关重要。首先，学习空间应该具有多样性，包括教室、实验室、图书馆、户外场地等，以满足不同学科和教学活动的需求。例如教室可以设计成传统的课堂形式，用于讲授式教学和小组讨论；实验室则可以提供实践性的学习环境，用于科学实验和实地调查；图书馆则是提供安静学习和研究的场所。其次，学习空间应该具有灵活性，可以根据教学需求进行调整和变化。例如可以使用移动式家具和隔断墙壁，以便根据不同的教学活动重新布置空间。最后，学习空间还应该充分考虑学生的舒适性和可访问性，包括良好的采光、通风和舒适的座椅等，以提高学生的学习体验和效果。设计灵活的学习空间可以有效地促进不同教学活动和学习方式的实施，为学生提供丰富多样的学习体验和机会。

（二）提供先进的教学设备和技术支持

提供先进的教学设备和技术支持对于学校的教学环境至关重要，其中，交互式白板、投影仪和音响系统等设备是教师进行多媒体教学和互动展示的关键工具。通过交互式白板，教师可以实时展示课件内容、书写笔记并与学生进行互动。投影仪则能够将图像、视频等内容清晰地呈现在大屏幕上，使得学生更直观地理解教学内容。配备音响系统可以确保教师的声音传达到整个教室，确保每位学生都能听到清晰的讲解。除了这些基本设备外，学校还应该提供电脑实验室和移动设备，以便学生充分利用互联网资源进行学习和研究。在电脑实验室中，学生可以使用专业软件进行实验和模拟，拓宽他们的学术视野。而配备笔记本电脑或平板电脑的教室，则可以让学生在课堂上轻松地进行在线研究、查阅资料，甚至参与实时互动课程。这样的设备支持不仅提高了学生的学习效率，也培养了他们的信息技术能力和自主学习能力。

（三）创造舒适和安全的学习环境

创造舒适和安全的学习环境是保障学生学习效率和健康成长的基础。教室内的环境要保持通风良好、光线明亮。良好的通风可以确保空气新鲜，有助于减少疲劳感和提高注意力；明亮的光线则有利于学生集中注意力、提高阅读和书写效率。配备舒适的座椅和桌子也是至关重要的，学生在舒适的座位上学习不仅可以减少身体不适，还能形成良好的学习姿势和习惯。为了确保学生的安全，学校应该加强安全管理。安全监控系统的安装可以有效监控校园内的情况，提前发现并应对潜在的安全风险；应急设备的设置也能够在紧急情况下及时采取应对措施，保障学生的人身安全。例如一间舒适的学习空间可能配备了可调节高度和倾斜角度的座椅和桌子，这样学生可以根据自己的需求调整姿势和坐姿，避免长时间固定姿势带来的不适。定期维护和清洁教室设施也是确保学习环境舒适的关键措施。

（四）强调学习空间的可访问性和包容性

强调学习空间的可访问性和包容性对于确保所有学生平等参与学习至关重要。教室的设计应该考虑到残障学生的需求，包括无障碍通道和设施，以确保他们能够方便地进出教室并自由移动。例如宽敞的走廊和无障碍通道可以为轮椅使用者提供便利，盲文标志和地面凸起标志则有助于视障学生准确定位和导航。除了基本的无障碍设施外，学校还应该提供各种辅助设备和资源，以满足特殊学生的学习需求。这可能包括但不限于听觉辅助设备、视觉辅助工具和学习支持人员，例如为听障学生提供合适的听觉设备，为视障学生提供盲文教材或大字版书籍，以确保他们能够有效地参与到课堂学习中。在包容性强的学习环境中，学生能够感受到被尊重和支持。这意味着教育机构需要持续地评估和改进设施和资源，以确保满足不同学生群体的需求并为他们提供平等的学习机会。

为了满足不同类型教学活动和学习方式的需求，学校应设计灵活多样的学习空间，例如通过移动式桌椅和可擦白板等设施，以创造适应性强的学习环境。提供先进的教学设备和技术支持，如交互式白板和电脑实验室，可以增强学生的学习效率和信息技术能力。创造舒适和安全的学习环境也是至关重要的，包括良好的通风、光线和舒适的座椅桌子，以及安全管理。最重要的是，强调学习空间的可访问性和包容性，确保所有学生都能平等参与学习。综合考虑这些因素，可以建立一个促进学生全面发展的教育环境。

四、关注学生情感与心理健康的支持策略

学生的情感与心理健康是教育中不可或缺的重要组成部分。当今社会的学生面临着越来越多的情感挑战和压力，因此，学校和教育机构需要采取积极的支持策略，确保他们在成长过程中得到充分的关怀和支持。下文将探讨几种关注学生情感与心理健康的支持策略，包括提供心理健康教育和支持服务、建立学生支持网络和社区、关注学生个体差异并提供个性化支持，以及教师和学校管理者的情感支持和榜样作用。

（一）提供心理健康教育和支持服务

学校应该提供全面的心理健康教育和支持服务，以帮助学生应对各种情感和心理挑战。首先，学校可以定期开展心理健康教育课程，向学生传授应对压力、焦虑和情绪管理的技能。这些课程可以通过课堂教学、讲座或工作坊的形式进行，旨在增强学生的心理素质和应对能力。其次，学校应设立专业的心理咨询服务，为学生提供个性化的心理辅导和支持。这包括组织心理健康讲座、工作坊或小组讨论，以引导学生了解自己的情感需求并学会有效应对。最后，学校还可以聘请心理咨询师或心理学专业人士，为学生提供私密的咨询服务，帮助他们解决个人情感问题并提供心理支持。通过这些心理健康教育和支持服务，学校可以为学生营造一个良好的心理健康氛围，促进他们的全面发展和健康成长。

（二）建立学生支持网络和社区

建立学生支持网络和社区对于塑造积极的学校氛围至关重要，这个网络的构建应该是一个多方参与的过程，包括老师、同学、家长及校园心理健康专业人员。通过共同关注学生的情感需求和心理健康状况，可以建立一个支持系统，使每个学生都感受到被理解和支持的温暖。学校可以组织各种形式的社交活动和团队合作项目，促进学生之间的互动与合作，从而培养良好的人际关系。设立学生心理健康俱乐部或小组是一个很好的方式，这样的平台可以让学生自由地分享彼

此的经验、感受和支持，同时学习如何有效地应对情感问题。除了学生之间的互动，学校还应该积极倡导尊重和理解，营造一个包容、温暖的校园氛围。这样的氛围能够让每个学生都获得归属感和安全感，从而更愿意在学校内部分享自己的情感状态并寻求帮助。通过这样的支持网络和社区建设，学校可以为学生的心理健康提供更加全面和持续的支持。

（三）关注学生个体差异，提供个性化的情感支持

关注学生个体差异，提供个性化的情感支持也是非常重要的。不同学生面临的情感问题和需求各不相同，因此需要有针对性地提供帮助和支持。学校可以通过定期进行心理评估，了解学生的情感健康状况并根据评估结果制订个性化的支持计划。例如对于一些需要特殊关注的学生群体，如转学生、国际学生或家庭困难学生，学校可以提供额外的情感支持和资源。学校还可以与家长和社区合作，共同关注学生的情感健康，建立一套完整的支持体系，确保每个学生都能得到适当的帮助和关怀。

（四）教师和学校管理者的情感支持和榜样作用

教师和学校管理者在学生情感健康方面扮演着至关重要的角色，他们不仅是知识的传授者，更是学生情感成长的引导者和榜样。通过情感支持和榜样作用，他们可以在学生的心理健康上发挥积极作用。教师可以通过关怀学生、倾听他们的需求和情感表达建立起与学生的信任和亲近关系，这种亲密的师生关系可以让学生感受到被尊重和理解，从而更愿意与教师分享自己的情感问题并寻求支持和帮助。教师的支持和理解不仅能够缓解学生的情感压力，还可以促进他们的情感成长和自我认知。学校管理者在营造关爱、支持的校园文化方面也至关重要，他们可以通过制定政策和提供资源，为教师提供必要的支持和帮助，例如组织教师培训和工作坊，培养教师的情感智慧和沟通技巧，让他们更好地理解和支持学生的情感成长。学校管理者还可以建立一个开放的沟通机制，鼓励教师和学生之间进行积极的交流和互动，从而营造一个充满爱和理解的校园氛围。

学校应该以学生的情感与心理健康为重点，提供全面的支持服务。学校可以通过开展心理健康教育课程和提供心理咨询服务，帮助学生掌握情感管理的技能并及时解决个人情感问题。建立学生支持网络和社区是重要的，学校可以通过促

进学生之间的互动与合作，营造一个支持性的环境。关注学生的个体差异并提供个性化的支持也是必要的。教师和学校管理者的情感支持和榜样作用对学生的情感健康至关重要，他们应该成为学生情感成长的引导者和榜样，为学生提供必要的支持和帮助。通过这些策略的综合应用，学校可以为学生的情感与心理健康提供更加全面和持续的支持，助力他们健康成长。

第三节　信息技术与教学资源的融合

一、信息技术在教学中的应用现状

当今社会的信息技术在教育领域的应用已经成为不可或缺的一部分，从课堂教学到远程教育，再到个性化学习和智能教育技术的应用，信息技术正在改变教育的方式和形式，为学生提供更广阔、更灵活、更个性化的学习机会。

（一）信息技术在课堂教学中的应用情况

在当今课堂教学中信息技术的应用已成为常态，为教学注入了新的活力。教师借助电子白板、多媒体投影等设备，将教学内容以图文、动画等形式呈现给学生，使得抽象的知识更加直观生动，提升了学习的效果。例如在地理课上，教师可以通过地图软件展示各种地形地貌，让学生仿佛身临其境，加深他们对地理知识的理解与记忆。另外，互动式教学软件和在线测验系统的运用也为课堂注入了更多的活跃因素，教师可以设计各种互动式教学游戏，如抢答、小组竞赛等，激发学生的学习兴趣和积极性。而在线测验系统则为教师提供了实时的反馈机制，可以及时了解学生的学习情况，调整教学策略，更好地满足学生的学习需求。学生利用手机或平板电脑参与课堂互动也成为一种常见的现象，他们可以通过这些设备提交作业、参与讨论，甚至实时与教师互动，提出问题，获得解答。这种互动不仅促进了师生之间的交流，还培养了学生的自主学习能力和信息获取能力。

（二）远程教育与在线学习的发展

随着互联网技术的飞速发展，远程教育与在线学习正迎来蓬勃的发展时机。

这一趋势正在改变传统教育的面貌，为学生提供了更加便捷和灵活的学习方式。有些在线学习平台汇聚了来自世界各地优秀大学和机构的课程资源，学生可以根据自己的兴趣和需求，在任何时间、任何地点参与学习，极大地拓展了学习的空间和机会。例如一位住在中国的学生可以通过这些平台选修来自美国哈佛大学或斯坦福大学的课程，获得与校园学生相当的学术资源和教育体验。越来越多的高校也开始开设远程教育课程，使得学习不再受制于传统的教室环境。学生可以通过网络平台与优秀的教师进行互动，参与在线讨论，完成作业和考试，最终获得相应的学分和证书。这种灵活的学习模式不仅满足了学生对知识的渴求，还为那些无法或不愿意到校园学习的人提供了更多的机会。

（三）个性化学习与智能教育技术的应用

个性化学习与智能教育技术的应用正日益成为教育领域的重要发展方向。随着信息技术的不断进步，教育系统可以更好地了解每位学生的学习需求和学习风格，从而为其量身定制个性化的学习路径和内容。智能教育技术的应用使得个性化学习变得更加可行和有效，例如一些在线学习平台采用智能推荐算法，根据学生的学习历史、兴趣爱好、学习速度等因素，为其推荐适合的课程和学习资源。这种个性化推荐不仅可以帮助学生更快地找到感兴趣的内容，还可以避免学习过程中的信息过载和学习资源的浪费，提高学习效率。智能教育技术还可以根据学生的学习情况和表现，自动调整教学内容和难度，提供有针对性的学习指导，例如一些智能学习系统可以根据学生的答题情况，自动生成有针对性的练习题，帮助学生巩固和提升自己的学习水平。这种个性化的学习体验不仅能够满足学生的学习需求，还可以激发他们的学习兴趣和动力，提高学习效果和质量。

（四）移动设备与应用程序在学习中的角色

移动设备和应用程序在学习中的作用日益凸显，为学生提供了更加便捷和灵活的学习方式。学生可以利用智能手机、平板电脑等移动设备随时随地获取学习资源，进行学习活动，不再受限于传统的学习场所和时间。例如在公交车上、等待时间或者家里的舒适环境，学生都可以通过移动设备进行学习，充分利用碎片化时间，提高学习效率。各种教育类应用程序的不断涌现也为学生提供了丰富的学习工具和资源，无论是在线词典、数学公式编辑器、语言学习应用还是专业课程学习应用，都为学生提供了多样化的学习支持，学生可以通过语言学习应用进行听力、口语、阅读和写作练习，根据个人水平和需求进行自主学习，提高语言能力。这些应用程序的互动性和趣味性不仅能够增加学习的乐趣，还可以激发学生的学习兴趣和动力，提升学习效率。

信息技术在教学中的应用正逐步深入各个方面，从课堂教学的多媒体化到远程教育的普及，再到个性化学习和智能教育技术的发展，都为教育带来了全新的可能性。移动设备与应用程序的普及更是为学生提供了随时随地获取学习资源的便捷途径，加深了他们对知识的理解与记忆，提升了学习的效率和趣味性。随着技术的不断进步，教育领域将迎来更多创新和发展，为学生创造更加丰富、多样化的学习体验。

二、信息技术与教学资源融合的优势

在当今信息技术飞速发展的时代，信息技术与教学资源的融合为教育领域带来了前所未有的机遇与优势。从提升教学效率与质量，到打破地域限制拓展学习空间，再到实现个性化学习与差异化教育，以及促进学生参与和互动，激发学习兴趣，信息技术的应用正在深刻地改变着教育的面貌，因而有必要深入探讨这些优势，以及信息技术融合教学资源所带来的巨大影响。

（一）提升教学效率与质量

信息技术与教学资源的融合为教学效率和质量带来了显著提升。利用电子白板、多媒体投影等设备，教师可以将教学内容以更直观、生动的形式呈现给学生，使得学习更加具体、易于理解。例如在数学课上，教师可以利用数学软件展示实际问题的图形化解决过程，帮助学生更深入地理解抽象的数学概念。教育类应用程序的使用也为教学提供了丰富的资源和工具，例如语言学习应用可以为学生提供多样化的学习内容和练习，帮助他们提高语言水平。通过这些技术和资源的应用，教师可以更好地调动学生的学习积极性，提升教学效果和质量。

（二）打破地域限制，拓展学习空间

信息技术的发展为教育带来了巨大的变革，其中之一就是打破了地域限制，拓展了学习空间。通过远程教育平台，学生可以在任何时间、任何地点参与学习，不再受制于传统的教室环境，例如一个生活在偏远地区的学生可以通过互联网接受来自世界一流大学的课程，获得与城市学生相同的学术资源和教育体验。这种灵活的学习方式不仅为学生提供了更多的学习机会，也促进了教育资源的公平分配和共享。从根本上说，它使教育变得更具包容性，让更多的人有机会获得优质教育资源，不再受地理位置的限制。

（三）个性化学习与差异化教育的实现

信息技术的快速发展为个性化学习和差异化教育带来了前所未有的机遇，通过智能教育技术和个性化学习系统，教育者可以更准确地了解每位学生的学习需求和学习风格，为其量身定制学习路径和内容。例如一些在线学习平台利用智能推荐算法，根据学生的学习历史、兴趣特点及学习速度，为其推荐适合的课程和学习资源，从而提高学习效率。这种个性化学习模式让学生能够更自主地掌握学习进度，选择适合自己的学习方式和内容，从而更加有效地吸收知识。个性化学习也有助于激发学生的学习兴趣和动力，因为他们能够更多地参与到自己感兴趣的领域，体验到学习的成就感和满足感。信息技术的发展为个性化学习和差异化教育提供了强大的支持，为实现更优质、更智能的教育目标奠定了基础。

（四）促进学生参与和互动，激发学习兴趣

信息技术的应用为促进学生的参与和互动提供了强大支持，从而有效地激发了他们的学习兴趣。通过互动式教学软件和在线讨论平台，学生能够与教师和同学进行实时的交流和讨论，分享自己的想法和见解。例如在线学习平台上的讨论区为学生提供了一个共享学习经验和思考的空间，激发了他们的学习热情，让学习不再是单向的传递，而是变得更加生动和有趣。教育游戏和竞赛活动也可以吸引学生的注意力，增加学习的趣味性和吸引力，例如一些教育应用程序设计了有趣的学习游戏，通过竞赛和排名激发学生的学习动力，使他们更积极地参与到学习过程中。通过这些互动和参与，学生不仅能够加深对知识的理解，还可以培养

自主学习的能力和团队合作精神，为他们未来的学习和生活奠定了坚实的基础。

信息技术与教学资源的融合为教育带来了多方面的优势，它提升了教学效率与质量，使教学内容更生动、直观，易于理解；打破了地域限制，拓展了学习的空间，使学习不再受制于传统的教室环境；再者，实现了个性化学习与差异化教育，为每位学生量身定制学习路径和内容；促进了学生的参与和互动，激发了他们的学习兴趣，培养了自主学习能力和团队合作精神。这些优势共同构成了信息技术与教学资源融合的重要意义，为教育事业的进步和发展注入了新的活力和动力。

三、探索信息技术与教学深度融合的模式

随着信息技术的飞速发展，教育领域也在不断探索如何将其与教学深度融合，以提升教学效果和学习体验。在探索信息技术与教学深度融合的模式中，混合式教学模式、基于项目学习的信息技术融合模式、借助虚拟现实与增强现实技术的沉浸式学习模式及利用人工智能技术实现个性化教学与智能辅助等模式正逐渐成为教育创新的关键路径。

（一）混合式教学模式的实践与探索

混合式教学模式是一种结合传统教学方法和现代信息技术的创新教学方式，它允许教师和学生通过线上和线下资源进行交互和学习，从而达到更好的教学效果。在这种模式下，学生可以在课前通过在线平台获取相关课程内容，例如观看视频讲解、阅读电子书籍或参与在线讨论。然后，在课堂上，教师可以引导学生进行案例分析、讨论或实践操作，以更深入地理解和应用所学知识。这种互动式学习方式不仅使学生能够在课堂上积极参与，提出问题和分享思考，还能够促进同学之间的合作与交流。例如许多大学已经采用混合式教学模式，将课程内容以视频形式录制并在线上平台上提供学生自主学习的机会。学生可以根据自己的学习进度和兴趣，灵活安排学习时间并通过在线讨论区与同学和教师交流。而在课堂上，教师可以利用更多的时间进行案例分析、实践操作或小组讨论，帮助学生将理论知识应用到实际问题中，提高他们的学习效果和能力。混合式教学模式的优势在于充分利用了信息技术的优势，使教学更加灵活和个性化。结合线上和

线下资源，教师可以更好地满足不同学生的学习需求，提高教学的针对性和灵活性。

（二）基于项目学习的信息技术融合模式

基于项目学习的信息技术融合模式是一种注重实践的教学方法，通过让学生参与实际项目来学习和应用知识。这种模式将传统的课堂教学与实际项目结合，通过信息技术工具的支持，使学生能够更深入地理解课程内容并将理论知识应用到实际情境中。例如在计算机编程课程中，学生可能会被分配一个软件开发项目，要求他们在团队合作的情况下利用编程工具和版本控制系统进行代码编写和管理。通过这样的项目学习，学生不仅能够学习到编程技术，还能够了解项目管理的流程和团队协作的重要性。而在这个过程中，信息技术工具扮演着重要的角色，帮助学生更高效地进行项目管理和代码编写，提高了他们的实际操作能力和解决问题的能力。

（三）借助虚拟现实与增强现实技术的沉浸式学习模式

借助虚拟现实（VR）与增强现实（AR）技术的沉浸式学习模式正在教育领域展现出巨大的潜力，这种模式通过模拟真实场景，让学生身临其境地体验和探索，从而提供了更为直观、生动的学习体验。在地理课程中，教师可以利用虚拟现实技术带领学生进行虚拟旅行，让他们仿佛置身于世界各地，亲自探索不同地区的地貌、气候和文化，这种体验可以让学生更加深入地理解地理知识并激发他们对地理学科的兴趣。而在医学课程中，增强现实技术可以用于模拟手术操作，让学生在虚拟环境中进行实践练习。这种模拟让学生能够在没有实际患者的情况下，熟悉手术步骤和技术要点，提高其实际操作能力和自信心。沉浸式学习模式不仅可以提高学生的学习兴趣和参与度，还可以加深他们对知识的理解和记忆。

（四）利用人工智能技术实现个性化教学与智能辅助

利用人工智能技术实现个性化教学与智能辅助是教育领域的一项重要创新。通过分析学生的学习数据和行为，智能教育系统能够为每位学生量身定制学习路径和内容，提供个性化的学习体验。这意味着学生可以根据自己的学习进度、兴趣和学习风格获得订制化的教育服务，从而更有效地提高学习效果。例如智能教育系统可以根据学生在学习过程中的表现和反馈，自动调整学习计划和内容。如果一个学生在某个知识点上表现出较高的理解和掌握程度，系统可以自动跳过相关内容，使学生能够更快地进入下一个阶段的学习。而对于那些在某些知识点上表现较差的学生，系统可以提供额外的练习和教学资源，帮助他们更好地理解和掌握相关知识。智能辅助工具如智能语音助手也能够为学生提供实时的学习帮助和答疑服务，例如在语言学习应用程序中，学生可以通过与智能语音助手对话来练习口语并在发音不准确时得到及时纠正和建议。这种智能辅助工具不仅提高了学生的学习效率，还增强了他们的学习动力和自信心。

混合式教学模式充分利用线上线下资源，促进师生互动，实现个性化学习；基于项目学习强调实践应用，借助信息技术工具提升学生实际操作能力；沉浸式学习模式通过虚拟与现实的结合提供直观生动的学习体验；而利用人工智能技术实现个性化教学与智能辅助，则为每位学生量身定制学习路径与内容，提高学习效果与动力。这些模式的不断探索与实践，将为教育领域带来更广阔的发展空间，助力学生获取更优质、更个性化的教育资源与服务。

四、面对信息技术挑战的教学策略调整

随着信息技术的不断发展和普及，教育领域也面临着诸多挑战和机遇。为了更好地应对这些挑战并发挥信息技术在教学中的优势，教学策略的调整至关重要。下文将探讨四项关键的教学策略调整，以应对信息技术带来的挑战：加强教师信息技术能力培养与专业发展、配备与更新教学设备与软件、注重信息技术与教学内容的整合与创新，以及关注信息技术应用的安全与隐私保护。

（一）加强教师信息技术能力培养与专业发展

教师信息技术能力的培养与专业发展至关重要，可以通过持续的培训和专业发展计划来实现。学校可以组织针对不同级别和需求的教师培训课程，包括基础的信息技术操作培训、教学应用软件的使用培训及教学设计与评估的信息技术整合培训等。例如学校可以邀请专业的信息技术培训机构或企业进行定期的培训，为教师提供最新的技术知识和实践经验。学校还可以建立教师信息技术能力评估体系，通过定期的能力评估和反馈，帮助教师发现自身的不足之处并针对性地制订提升计划。

（二）配备与更新教学设备与软件

配备和更新教学设备与软件对于信息技术教学的顺利进行至关重要，学校应该定期评估现有设备和软件的使用情况，以确定是否需要更新或升级。及时投资购买最新款的交互式白板、平板电脑等设备，可以提供更加灵活多样的教学方式，激发学生的学习兴趣。购买最新版本的教学应用软件可以更好地支持教师的教学活动，例如数学软件可以帮助学生更好地理解抽象的数学概念，语言学习软件可以提供个性化的学习资源，满足学生不同的学习需求。这样的投资不仅可以提高教学效果，还可以增强学校的教育竞争力，为学生提供更好的教育资源和服务。

（三）注重信息技术与教学内容的整合与创新

将信息技术与教学内容整合并创新应成为教学的重点。通过充分利用信息技术工具，教师可以设计更具吸引力的课程内容，使学习变得更加生动且易于理解。在历史课堂上，教师可以利用多媒体资源，如图片和视频，展示历史事件的重要场景，激发学生的兴趣并促进他们进行深入的讨论和分析。而在数学课堂上，使用数学软件进行实时建模和计算可以使抽象的数学概念更加直观，帮助学生更好地理解和应用所学知识。这种整合和创新不仅提高了教学的效果，也促进了学生的参与度和学习成效。

（四）关注信息技术应用的安全与隐私保护

确保信息技术应用的安全和隐私保护是教学过程中至关重要的，学校应该建立严格的信息技术安全管理制度和规范，以确保教学过程中的信息安全。这包括建立健全的网络安全体系，加强对教学设备和网络设备的安全防护措施，以及定期对教学平台和资源进行安全检查和评估，以防范信息泄露和网络攻击的风险。学校还应该加强学生和教师的信息安全教育，提高他们的信息安全意识和自我保护能力，让他们了解如何有效地保护个人信息和隐私。通过这些措施，可以有效地确保信息技术在教学中的安全应用，为教学活动提供一个安全可靠的环境。

面对信息技术的挑战，教学策略的调整至关重要。通过加强教师的信息技术能力培养与专业发展，配备和更新教学设备与软件，注重信息技术与教学内容的整合与创新，以及关注信息技术应用的安全与隐私保护，可以更好地发挥信息技术在教学中的作用，提高教学效果，促进学生的学习成长和发展。这些教学策略的调整将为教育事业的发展和提升教育质量起到重要的推动作用。

第四节 校外资源的开发与利用

一、校外资源的教育价值与意义

校外资源的综合利用对于学生综合素质发展具有重要的意义和价值。除了课堂所学的学科知识外，学生通过参与校外活动和利用外部资源，能够培养丰富的综合能力，包括社会交往、团队合作、跨学科综合应用能力等。这些能力不仅在学生的学习过程中发挥重要作用，也为他们未来面对各种挑战和机遇提供了坚实的基础和支持。

（一）探索校外资源对学生学习的激励作用

校外资源的多样性和丰富性往往能够激发学生的学习兴趣和动力。与传统课堂相比，校外资源的实践性和生动性更容易吸引学生的注意力，例如组织学生参观博物馆、科技展览或进企业实地考察，可以让学生亲身感受到知识的生动性和应用性，激发他们对学习的好奇心和探索欲望。这种激励作用不仅能够提高学生的学习积极性，还可以培养他们的自主学习能力和探究精神，从而促进学习的深入和持久发展。

（二）分析校外资源对拓宽学生视野和知识面的贡献

校外资源在拓宽学生视野和知识面方面具有显著的贡献。通过参与校外活动或利用校外资源，学生能够接触到更为广泛和实际的知识来源，从而拓宽他们的学科视野和专业知识面，例如参观科学实验室或工厂生产线，学生可以亲身体验到最新的科技发展和生产技术应用，了解到课本上所无法涵盖的实际案例和行业现状。这种实践性的学习经历不仅能够让学生更加深入地理解所学知识，还能够激发他们对学科的兴趣和热情。通过不断地接触和探索校外资源，学生将不断拓展自己的认知边界，培养更广阔的视野，获得更丰富的知识储备，为未来的学习和职业发展奠定坚实的基础。

（三）强调校外资源对培养学生实践能力和创新思维的意义

校外资源的利用对于培养学生的实践能力和创新思维具有重要意义。参与校外活动或项目能够为学生提供更多的实践机会，让他们在真实的环境中应用所学知识，从而锻炼解决问题的能力。例如参与社会调研或创业实践项目，学生需要面对各种挑战并寻求创新的解决方案，这不仅促进了他们的实践能力，还培养了他们的创新意识和团队合作精神。通过这样的实践经历，学生能够更深入地理解学科知识的实际应用，同时也能够培养解决问题的灵活性和创造性思维，为他们未来的学习和职业发展奠定坚实的基础。

（四）讨论校外资源对促进学生综合素质发展的价值

校外资源的综合利用对于学生综合素质发展的价值不容忽视。除了学科知识的积累，校外资源也是促进学生社会交往、团队合作和跨学科综合能力发展的重要途径，例如参与社区服务活动或文化交流项目，学生需要与来自不同背景和专业的人合作，这样的经历能够培养他们的交际技能、团队协作能力及跨学科的综合应用能力。这种综合素质的培养将有助于学生在未来的学习和工作中更加全面地应对各种挑战和机遇。通过校外资源的综合利用，学生还能够培养出批判性思维、解决问题的能力及适应变化的灵活性，这些都是综合素质发展中不可或缺的重要组成部分。因此，学校应充分利用校外资源，设计和实施各种活动和项目，以促进学生的全面素质发展，为他们的未来做好全面而充分的准备。

校外资源的综合利用是学生综合素质发展的重要途径之一，通过参与社区服务、文化交流或实践项目等活动，学生不仅能够提升自己的社会交往能力、团队合作精神和跨学科综合应用能力，还能培养批判性思维、解决问题的能力及适应变化的灵活性。这些综合素质的培养将有助于学生更加全面地应对学习和工作中的各种挑战和机遇，为其未来的发展奠定坚实的基础。因此，学校应当充分利用校外资源，设计和实施多样化的活动和项目，促进学生的全面素质发展，助力其走向成功。

二、开发与利用校外资源的途径与方法

充分利用校外资源是学校提升教学质量、促进学生全面发展的关键。下文将探讨几种开发与利用校外资源的途径与方法，包括建立与社区、企业等合作的机制和渠道，有效整合利用网络资源和数字化资源，开展校外实践活动，以及与专家、学者合作开发校外资源的策略与技巧。

（一）探讨建立与社区、企业等合作的机制和渠道

建立与社区、企业等的合作机制和渠道对于充分利用校外资源至关重要，学校可以通过与当地社区组织、企业机构建立长期稳定的合作关系来实现这一目标。这种合作关系可以通过签订合作协议或建立合作平台来明确双方的合作内容和方式，确保合作关系的持续性和稳定性。例如学校可以与当地企业合作开展实习项目，为学生提供实践机会，同时满足企业的人才需求。这种合作不仅能够让学生在真实的工作环境中学习和实践，还能够为他们未来的就业提供宝贵的经验和机会。学校还可以与社区合作开展各类社会服务项目，为社区居民提供各种支持和帮助，促进学校与社区的互动和融合。通过建立良好的合作机制和渠道，学校能够更好地利用社区和企业资源，丰富学生的学习体验，促进校内外资源的共享与互动，为学生的全面发展和未来的职业发展奠定坚实的基础。

（二）分析如何有效整合利用网络资源和数字化资源

有效整合利用网络资源和数字化资源是提高校外资源利用效率的重要手段。学校可以建立在线平台或虚拟资源库，集中整合各类网络资源和数字化资源，包括在线课程、电子图书、学术论文等。通过这些平台，学生可以随时随地获取所需的学习资源，拓宽知识面和学习视野。学校还可以利用社交媒体和在线学习社区等平台，与学生进行互动交流，促进学习资源的共享和传播。有效整合利用网络资源和数字化资源不仅能够提高学生的学习效率，还能够拓展校外资源的覆盖范围，为学生提供更为丰富和多样化的学习体验。

（三）讨论开展校外实践活动和参与社会实践的方法

开展校外实践活动和参与社会实践是拓宽学生视野和培养实践能力的关键途

径。学校可以通过多种方法组织校外实践活动，包括实地考察、实习实践、社会调研等。这些活动让学生亲身接触到真实的工作环境和社会情况，帮助他们更深入地了解不同行业的发展动态和实际工作内容。例如学校可以组织学生到企业进行实地考察，让他们直观地感受企业的运营模式和管理方式，从而加深对所学知识的理解和应用。学校还可以鼓励学生参与社会实践项目，如志愿者活动、公益项目等。通过这些项目，学生可以将所学知识和技能应用于实际中，为社会做出积极的贡献，同时也锻炼了自己的创新思维和问题解决能力。参与社会实践还能够培养学生的社会责任感和团队合作精神，提高其与他人沟通协作的能力。

（四）强调与专家、学者合作开发校外资源的策略与技巧

与专家、学者合作开发校外资源是学校丰富教育内容和提升教学水平的重要策略。学校可以邀请行业内专家、学者到校进行各类活动，如讲座、工作坊或研讨会，分享他们的最新研究成果和行业动态。这些活动可以为学生提供实时的专业信息，帮助他们了解行业发展趋势和就业前景并获得专业指导和建议。学校可以与专家、学者合作开展科研项目或实践项目。通过与专家、学者的合作，学校可以获得最新的学术资源和行业信息，提高教学质量和科研水平。学生也能够参与到真实的科研或实践项目中，锻炼自己的能力并为解决实际问题贡献力量。与专家、学者合作开发校外资源可以为学校带来丰富的教育资源，提升教学水平，促进学生的全面发展。

通过建立与社区、企业等的合作机制和渠道，学校可以充分利用外部资源，丰富学生的学习体验并促进校内外资源的共享与互动。有效整合利用网络资源和数字化资源能够提高学生的学习效率，拓展校外资源的覆盖范围。开展校外实践活动和参与社会实践能够培养学生的实践能力和社会责任感。与专家、学者合作开发校外资源可以为学校带来丰富的教育资源，提升教学水平，促进学生的全面发展。充分利用校外资源是学校教育工作的重要战略，也是推动学生综合素质提升的有效途径。

三、校企合作与社区资源的整合

校企合作与社区资源整合是当今教育领域关注的重要议题之一。在现代教育

体系中，将学校、企业和社区资源进行有机整合，既可以促进学生的全面发展，又能够为社会的可持续发展注入新动力。下文将探讨校企合作项目对学校教育的促进作用，分析如何整合社区资源与学校教学内容相结合，以及讨论社区资源在学校课程实践中的应用与效果；将强调校企合作与社区资源整合的可持续发展策略，为构建更加融合、互利共赢的教育生态提供思路与建议。

（一）校企合作项目对学校教育的促进作用

校企合作项目对学校教育有着显著的促进作用。通过与企业合作开展实习项目，学生可以在真实的工作环境中学习并应用所学知识，从而增强他们的实践能力和职业素养。例如一所高校与当地IT企业合作开展软件开发实习项目，学生在项目中可以学习到最新的软件开发技术并与企业工程师共同合作解决实际问题，提高他们的技术水平和团队合作能力。校企合作项目还能够为学生提供就业机会和职业发展指导。通过实习项目，学生可以与企业建立起联系，了解行业需求，为将来的就业做好准备。因此，校企合作不仅能够促进学生的学习和成长，还能够为他们的就业提供有力支持。

（二）社区资源与学校教学内容相结合

社区资源与学校教学内容相结合是一种有效的教育策略，能够提升学生的学习效果和参与度，例如一所学校的地理课程可以利用社区地理环境来加深学生对地理知识的理解。学生可以组织实地考察和地理调查，通过亲身体验来探索地理概念和地理现象，从而更加深入地理解所学内容。在这个过程中，学生不仅能够在课堂上获取知识，还能够在实践中应用和巩固所学，提高他们的学习兴趣和动力。学校还可以邀请社区内的专家或志愿者参与到教学中，为学生提供实用的案例和经验。这些专家可以分享他们在实际工作中的经验和故事，让学生更加直观地了解课程内容与实际应用的联系。通过与专家的互动，学生不仅可以拓展知识面，还能够培养解决问题的能力和创新思维。这种与社区资源结合的教学方式，能够使学生更加积极主动地参与学习，提高教学质量和学生的学习效果。

（三）社区资源在学校课程实践中的应用与效果

将社区资源融入学校课程实践中，不仅能够增强学生的学习效果，还能够培养他们的实践能力和社会责任感。例如在社会学课程中，学校可以组织学生到社区进行社会调研，让他们亲身接触和了解社会问题和民生需求。通过实地调研，学生能够深入了解社会现象背后的原因和影响，同时也能够培养其观察、分析和解决问题的能力。在这个过程中，学生不仅能够将课堂上学到的理论知识应用到实践中，还能够通过提出解决方案并实施来锻炼自己的实践能力。例如他们可以针对调研结果提出社会改善方案，通过行动来解决问题，从而将理论知识转化为实际技能。通过这样的实践性教学，学生不仅能够提高自己的学习效果，还能够培养社会责任感和团队合作精神。将社区资源融入学校课程实践中还能够促进学校与社区之间的互动与合作，学校与社区可以共同制定实践项目，共同解决社区存在的问题，从而实现共赢的局面。通过这样的合作，学生不仅能够获取更多的实践机会，还能够培养与社区合作的能力，为未来的社会发展做出积极的贡献。因此，社区资源在学校课程实践中的应用具有重要的意义和显著的效果。

（四）强调校企合作与社区资源整合的可持续发展策略

实现校企合作与社区资源整合的可持续发展，需要建立长期稳定的合作机制和渠道。学校可以与企业签订长期合作协议，明确双方的合作内容和方式，确保合作关系的持续性和稳定性。这种协议可以包括共同开展科研项目、提供实习机会、举办专题讲座等内容，从而实现校企双方的共赢和互利发展。学校还应该积极与社区各方建立合作关系，共同探索整合社区资源的方式和途径。这包括与地方政府、非营利组织、社会团体等建立合作关系，共同开展社区服务、环保活动、文化推广等项目，以解决社区问题，提升社区发展水平。通过与社区各方的合作，学校可以更好地了解社区需求，整合各方资源，为社区发展提供支持。借助信息技术手段也是实现可持续发展的重要途径，学校可以建立在线平台或虚拟资源库，集中整合各类校企合作项目和社区资源。这样的平台可以为学生和教师提供便捷的资源获取和利用渠道，促进校企合作和社区资源的充分利用。

　　校企合作与社区资源整合在教育领域具有重要作用，校企合作项目不仅促进了学生的实践能力和职业素养，还为其提供了就业机会和职业发展指导。社区资源与学校教学内容相结合能够提升学生的学习效果和参与度，培养其实践能力和社会责任感。将社区资源融入学校课程实践中，不仅增强了学生的学习效果，还促进了学校与社区之间的互动与合作，为社会发展作出了积极贡献。建立长期稳定的合作机制、积极与社区各方建立合作关系及借助信息技术手段，能够为实现校企合作与社区资源整合的可持续发展提供有效策略与路径。

四、校外资源利用中的风险与防范

　　在数字化时代，学校利用校外资源已成为常态，但这也带来了一系列安全与隐私问题。从信息泄露到网络攻击，从法律合规到道德准则，学校需要认真分析和探讨这些问题并建立完善的风险防范机制和安全保障措施，以确保校园活动和资源利用的安全性。

（一）校外资源可能存在的安全与隐私问题

　　在利用校外资源时存在着一系列安全与隐私问题，其中之一是信息泄露。当学校与外部合作伙伴分享数据或信息时，存在着泄露学生个人信息的风险，如姓名、学号、联系方式等。这可能导致学生的隐私权受到侵犯，甚至引发身份盗用等问题。安全漏洞也是一个潜在的问题。如果校外资源的安全性无法得到有效保障，可能会被黑客攻击或恶意软件感染，造成学校信息系统被破坏或数据被篡改的严重后果。例如一些学校可能与第三方在线学习平台合作，但如果该平台的安全措施不到位，学生的学习数据和个人信息可能会被泄露或遭受攻击。

（二）校外资源利用中可能面临的信息安全风险

　　在校外资源利用中信息安全风险涉及多个方面，其中，数据泄露是最为突出的问题之一。学校可能会与第三方合作，将教学资料和学生信息存储在云端，但如果云存储服务存在安全漏洞，如未加密或权限管理不当，就会面临数据泄露的风险。例如2019年，美国一家教育科技公司的云存储服务因配置错误，导致超过1000万学生的数据暴露在互联网上，引发了广泛关注。网络攻击也是校外资源利用中的潜在威胁之一，学校网站或教学平台可能成为网络攻击的目标。未经授权的软件或不安全的网络连接也可能导致恶意软件感染，威胁学校信息系统和数据安全，例如学生可能会在个人设备上安装未经授权的软件，其中可能包含恶意代码，一旦连接到学校网络，就会对整个系统造成威胁。

（三）在校外资源开发利用中应注意的法律和道德问题

在校外资源开发利用中，遵守法律和道德规范至关重要，以保护个人权利和维护公平正义。学校与企业合作开展项目时，应确保签订明确的合同，其中包括对学生个人信息的安全保护条款。尊重知识产权也是校外资源开发利用中的重要原则，学校及其合作伙伴在开发项目时，应遵守著作权、专利权等知识产权法律，不得侵犯他人的合法权益。这意味着在使用他人的作品或技术时，必须取得合法授权或支付相应的许可费用，以确保知识产权的合法性和尊重原创者的劳动成果。加强师生的法律和道德教育也是至关重要的，学校应该为师生提供相关培训和教育，提高他们的法律意识和道德水平，使他们能够清晰理解和遵守相关法律法规和道德准则。只有通过加强教育，师生才能更好地意识到自己的权利和责任，从而在校外资源利用过程中保持合法性和道德性。

（四）建立完善的风险防范机制和安全保障措施

确保校园活动和资源利用的安全性至关重要，学校可以通过多种方式建立完善的风险防范机制和安全保障措施。建立健全的安全管理制度和规章制度。这包括明确责任部门和责任人，在学校内部建立专门的安全管理团队，负责监督和执行安全相关工作。进行定期的安全意识培训和教育，提高师生对安全问题的认识和应急响应能力。学校应该选择有信誉、安全性高的合作伙伴并与其签订严格的保密协议和安全协议，明确双方的权利和义务。通过建立合作伙伴评估机制和监督制度，及时发现和解决合作过程中存在的安全隐患。建立强大的网络安全系统，包括建立防火墙、安装杀毒软件、加密敏感数据等措施，以防止网络攻击和信息泄露，保障学校信息系统和数据的安全性。学校应该建立完善的安全事件应急预案，包括安全事件的识别、报告、处理和跟踪等环节，以便在发生安全问题时能够及时采取措施，减少损失和影响，保障师生的人身和财产安全。

校外资源利用中存在着诸多安全与隐私问题，如信息泄露和网络攻击等。为了有效防范这些风险，学校需要遵守相关法律法规和道德准则，建立健全的安全管理制度，选择可靠的合作伙伴，加强网络安全防护，以及建立应急响应机制。只有综合运用这些措施，才能有效保障校园活动和资源利用的安全可靠。

第七章 教师专业发展与领导力

第一节 教师专业发展的路径

一、教师专业发展的内涵与重要性

教师专业发展是教育工作者持续不断提升自身能力和素养的过程，涵盖了学科知识、教学技能、教育理念等多个方面，其重要性不言而喻，对教育质量提升、学生全面发展及整个教育体系的发展都具有深远的影响。

（一）教师专业发展的定义和含义

教师专业发展是教育工作者持续不断地提升自身能力和素养的过程。这一过程不仅包括增进学科知识、掌握教学技能，还涉及培养良好的教育理念和职业操守。通过参加各类培训、学习新的教学理论，以及积极参与专业交流与合作，教师能够不断丰富自己的教育教学经验，提升教学质量和教育效果。教师专业发展不仅关乎个人，也对学生和教育机构有着深远的影响。一个经过专业发展的教师，不仅能够更好地满足学生的学习需求，提升其学习成就，还能够为学校的发展和教育事业的推进做出更大的贡献。因此，教师专业发展被视为促进教育质量提升、推动教育事业持续发展的重要途径和手段。

（二）教师专业发展的重要性及意义

教师专业发展的重要性不言而喻，它直接影响着教育质量的提升和学生的全面发展。随着社会的不断变化和科技的进步，教育领域也在不断演进，教师需要不断更新教育理念、掌握最新的教学方法和技能，以更好地适应新的教学环境和学生的需求。教师专业发展有助于提高教学效果和教学质量，为学生提供更优质的教育服务，促进学生的全面发展和个性成长。教师专业发展还能够增强教师的职业满意度和成就感，激发教师的教育创新和改革的动力，推动整个教育体系不断向前发展。因此，教师专业发展不仅对个体教师的成长和发展至关重要，也对整个教育事业的发展具有深远的意义和影响。

（三）教师专业发展对个人和组织的影响

教师专业发展不仅对个人有着重要影响，也对组织及整个教育体系产生积极影响。个人方面的教师专业发展是教育工作者不断提升自身素养和能力的过程。通过专业发展，教师可以不断充实自己的知识储备、提升教学技能，加深对教育事业的理解与把握，提高自我认知和职业满足感。例如一个持续进行专业发展的教师，可能会参加各类培训、研讨会，学习最新的教学理论和教育技术，不断提升自己的教学水平和专业素养，从而更好地服务于学生，实现个人的职业目标和成就。在组织层面的教师专业发展有助于提升教师队伍整体素质，推动学校的教育质量和声誉不断提升。当教师不断提升自身的专业水平时，整个学校的教学质量也会得到提升，学校的声誉和影响力也会相应增强。教师专业发展还有助于建立良好的师德师风，促进教师之间的合作与交流，形成良性的教育发展氛围。例如学校可以建立专门的教师培训机制或者提供各种专业发展的平台，激励教师积极参与专业发展活动，不断提高整个学校的教育水平和竞争力。

（四）教师专业发展的目标和要求

教师专业发展的目标是通过持续学习，不断提高教师的教育教学水平和专业素养，促进教师个体和教育组织的共同发展。要实现这一目标，教师需要具备多方面的能力和素质。教师需要具备扎实的教育理论基础，了解教育学、心理学等相关学科的基本理论，能够理解教育教学的内在规律和原理。教师应当掌握多样化的教学方法和策略，能够根据学生的特点和学科内容灵活运用不同的教学手段，提高教学的针对性和有效性。教师需要具备高尚的师德和良好的职业道德，具有敬业精神、责任感和爱心，能够起到良好的榜样作用，塑造积极向上的教育氛围。教师应当保持积极乐观的教育态度，面对挑战和困难能够坚定信念，持续推动教育事业的发展。为了提升教师的专业水平和素养，教师应当具备不断学习和自我提升的意识。这包括积极参与各种教育培训、学术研讨和专业交流活动，持续改进和创新教育教学工作。教师可以参加教育会议、研讨会，阅读教育相关的书籍和期刊，利用互联网资源进行学习和交流，与同行分享教学经验和教育心得。教师还应当注重教育实践和反思，通过教学实践使教师不断积累经验，发现问题并加以解决，不断完善自己的教学方法和策略。教师需要定期进行教育教学效果的自我评估和反思，及时调整教学策略，以达到提高教学质量和专业水平的目的。

教师专业发展旨在不断提高教师的教育教学水平和专业素养，促进教师个体和教育组织的共同发展。实现这一目标需要教师具备多方面的能力和素质，包括教育理论基础、灵活的教学方法、高尚的师德师风等，并且需要持续学习、反思和不断提升自我。教师专业发展不仅对个人成长至关重要，也对整个教育体系的发展有着积极的影响，是推动教育事业持续发展的重要途径之一。

二、教师专业发展的主要路径与策略

教师专业发展是一个持续不断的过程，涉及多个方面的学习和成长。在教学实践中，教师需要不断更新知识、改进教学方法，以应对不断变化的教育环境和学生需求。为此，教师可以采取一系列有效的路径与策略来提升自己的专业水平。

（一）继续教育与培训

继续教育与培训是教师专业发展的重要途径之一，通过参加各类教育培训课程、研讨会、研修班等活动，教师可以不断更新自己的知识和技能，掌握最新的教学理论和方法，例如参加由学校、教育机构或专业机构举办的教师培训课程，学习新的教学技术、课程设计方法等。教师还可以参加各类学术会议和专业研讨会，与同行交流经验，了解最新的教育研究成果。通过继续教育与培训，教师能够不断提升自己的专业水平，提高教学质量，更好地服务于学生的学习。

（二）反思与自我评估

反思与自我评估在教师专业发展中扮演着至关重要的角色，通过反思教学实践，教师能够深入思考教学中的挑战和困难，从而及时调整教学策略并改进教学方法。例如一位语文老师在反思中发现学生对于诗歌欣赏理解不深，于是他（她）调整了教学内容和方式，增加了诗歌朗诵比赛，激发了学生的兴趣，提高了他们的诗歌欣赏能力。定期进行教学效果的自我评估有助于教师全面了解自己的教学效果并及时发现存在的问题。通过观察学生的学习情况和听取他们的反馈，教师可以了解到哪些教学内容或方法更受学生欢迎，哪些需要改进和调整。例如一位数学老师通过学生的作业表现和课堂表现发现，部分学生对某一章节知识掌握不牢固，于是他（她）重新设计了相关的课堂活动和练习，帮助学生加强了理解和应用能力。反思与自我评估是教师不断成长和提高的关键路径，通过这一过程，教师能够实现教育教学工作的持续改进和提升，为学生提供更加优质的教育服务。

（三）寻求指导与导师支持

寻求指导与导师支持对于教师的专业成长至关重要。在教学实践中面对各种挑战和困难，教师往往需要借助他人的经验和智慧来解决问题。资深教师和专业导师拥有丰富的教学经验和专业知识，他们可以为新任教师提供宝贵的指导和建议。通过与他们交流和请教，新任教师可以更快地适应教学工作，提高教学水平。学校中的资深教师是新任教师的良师益友，他们通常在教学领域有着丰富的经验并且熟悉学校的教学环境和文化。新任教师可以向他们请教教学上的问题，如课堂管理、教学方法、学生关系等，从他们那里获得实用的建议和技巧。这种师徒交流不仅有助于新任教师的个人成长，也促进了教师团队的凝聚和合作。参加导师制培训项目也是提升教师专业水平的有效途径，这种培训项目通常由学校或教育机构组织，旨在为教师提供系统的培训和指导。专业导师会根据教师的需求和水平制订个性化的培训计划，帮助教师提升教学技能、教育理论和专业素养。通过这样的培训，教师不仅可以获取新的教学理念和方法，还可以建立与其他教师的交流平台，共同探讨教育教学的最佳实践。

（四）参与专业社群和合作交流

参与专业社群和合作交流是教师专业发展的有效途径之一，教师可以加入教育领域的专业组织、学术团体或教师社群，与同行进行交流与合作。在这些社群中，教师可以分享教学经验、交流教学心得，共同探讨教育教学问题，相互学习和成长。例如教师可以加入学科教研组，与同事共同备课、讨论教学内容，提高教学质量。教师还可以参加各类教师交流会、教育研讨会等活动，与其他教师进行交流和合作，拓宽教育视野，开阔教育思路。通过参与专业社群和合作交流，教师能够获取更多的教学资源和信息，提高教学水平，促进教育教学工作的不断创新与发展。

继续教育与培训、反思与自我评估、寻求指导与导师支持，以及参与专业社群和合作交流是教师专业发展的主要路径与策略，通过这些途径教师能够不断拓宽自己的教育视野、更新教学理念、提升教学技能，从而为学生提供更优质的教育服务。

三、面对教育变革的教师专业发展挑战

在教育领域不断变革的过程中，教师面临着多方面的专业发展挑战，包括技术与教育创新的融合、教学理念与方法的更新、多元学生群体的教学挑战，以及心理压力与情绪管理等方面。这些挑战要求教师不断学习、适应和成长，以更好地满足学生的需求，推动教育的发展。

（一）技术与教育创新的融合挑战

在当今快节奏的技术和教育创新浪潮中，教师面临着将技术与教学有效融合的挑战。随着数字化和在线化教育的兴起，传统的教学方式正迅速演变为更加互动和个性化的学习体验。然而，对于许多教师而言，掌握新技术并将其应用于课堂教学可能是一个挑战。尤其是那些对技术不太熟悉的老师，可能需要花费更多的时间和精力来学习和适应新技术。因此，为了充分利用技术促进学生的学习，教师需要持续不断地进行专业发展和学习。例如教师可以利用智能白板制作交互式课件，使用教学软件设计个性化学习任务，或者利用在线教学平台开展远程教学活动。通过这些方法，教师可以创造更加生动有趣、符合学生需求的教学环境，激发学生的学习兴趣，提高他们的学习效果。因此，不断更新技术和教学方法，将二者有机地融合在一起，是教师在教育变革中所面临的重要挑战之一。

（二）教学理念与方法的更新挑战

教学理念和方法的更新对教师来说是一项重要而具有挑战性的任务。随着教育理论的不断发展和社会的变革，教师需要不断调整自己的教学观念和方法，以应对新的教育需求和学生特点。这可能需要教师对自己的教学信念和习惯进行深刻的反思和调整。一个明显的挑战是许多教师长期从事教育工作后形成了固定的教学模式和思维定式，传统的教学模式通常注重知识传授和应试成绩，而现代教育更加强调培养学生的综合能力和创新思维。因此，教师可能需要摒弃传统的"一刀切"教学方式，转向更加灵活和个性化的教学方法，以更好地满足学生的多样化需求。另一个挑战是教师需要花费大量时间和精力来学习新的教育理论和方法，包括参加专业发展课程、阅读教育文献、与同行交流等。对于一些经验丰富的老师来说，接受新思想和方法可能会遇到一定的阻力，因为他们已经形成了自己的教学风格和习惯。然而，尽管教学理念和方法的更新带来了挑战，但也为教师提供了不断提升自己的教育水平并更好地促进学生全面发展的机会。通过不断地学习和探索，教师可以更好地应对教育变革所带来的挑战，为学生的学习和成长做出更积极的贡献。

（三）多元学生群体的教学挑战

面对多元化的学生群体，教师需要运用巧妙的方法来应对挑战，以确保每个学生都能够得到充分的教育。了解每个学生的背景和学习需求至关重要。通过个别交流、家庭访谈或学生档案，教师可以更好地了解学生的文化背景、学习风格和兴趣爱好，从而有针对性地设计教学内容和活动。针对学习能力较弱的学生，教师可以采用分层教学的方法，根据学生的学习水平和需求将他们分成不同的小组，然后为每个小组设计相应的教学计划。在这个过程中，教师可以提供更多的个性化辅导和支持，帮助这些学生建立自信心，克服学习障碍，提高学习成绩。对于高水平的学生，教师也需要提供更多的挑战性任务和拓展活动，以满足他们的学习需求和兴趣。这可以通过设立个性化的学习目标、提供额外的阅读材料、组织小组讨论或研究项目等方式来实现。通过激发学生的求知欲和创造力，教师可以帮助他们充分发挥潜力，取得更好的学习成绩和个人发展。教师还可以借助技术手段来增强教学效果，例如利用智能化教学平台或在线资源，为学生提供个性化学习的机会和支持。灵活运用各种教学工具和资源，教师可以更好地满足不同学生的学习需求，促进他们的全面发展。

（四）心理压力与情绪管理的挑战

教师面临着来自工作压力和情绪管理方面的挑战，这在教育领域尤为常见。教育工作的本质决定了教师可能面对各种各样的压力，例如教学任务的繁重、与家长的沟通、应对学生的行为问题等。这些压力不仅来自工作本身，还可能受到社会期望和家庭责任的影响，使教师需要在多个方面保持平衡。教师还需要处理复杂的教育情境，例如学生的学习困难、家庭背景的影响等。这些问题可能会给教师带来情绪上的负担，影响到其工作效率和情绪状态。因此，教师需要具备良好的情绪管理能力，以有效地应对这些挑战。为了更好地管理工作压力和情绪，教师可以采取一系列积极的应对策略。定期锻炼和保持健康的生活方式对于缓解压力和维持良好的情绪状态至关重要，参加心理健康培训和寻求心理咨询师的帮助也可以帮助教师更有效地管理情绪和压力。建立良好的支持系统也是至关重要的，教师可以与同事和家人进行交流，分享彼此的压力和挑战并互相支持。学校管理层也可以提供心理健康支持和资源，帮助教师更好地应对工作中的各种挑战。

面对教育变革的挑战，教师需要不断更新技术和教学方法，将教育理念与现实需求相结合，同时应对多元学生群体的需求，有效管理心理压力和情绪。这些努力将有助于创造更具活力和有效性的教育环境，促进学生全面发展，推动教育事业的进步。

四、构建持续的教师专业发展体系

建立持续的教师专业发展体系是确保教育质量和教师个人成长的关键一环。在学校内部，专业发展支持体系提供了全方位的支持和指导，包括持续的培训、教学观摩与交流及导师制度的建立。教育机构之间的合作与资源共享促进了教师之间的互相学习和借鉴，为教师提供了丰富的专业发展机会。而制订个性化的专业发展规划及持续评估和调整专业发展策略，则是教师个人成长的关键步骤，有助于确保教师发展与职业目标保持一致并不断适应变化的教育环境。在本文中，将深入探讨构建持续的教师专业发展体系的重要性和实施方法。

（一）学校内部专业发展支持体系建设

学校内部的专业发展支持体系是教师成长的重要保障，持续的专业培训为教师提供了更新知识、拓展技能的机会。这些培训可以涵盖教学方法、课程设计、评估技巧等多个方面，帮助教师不断提升自身的教育水平。定期的教学观摩与交流为教师提供了学习借鉴的平台。通过观摩其他老师的课堂，教师可以发现不同的教学风格和方法，从中汲取经验，不断改进自己的教学方式。再者，建立导师制度则能够有效地帮助新进教师融入校园文化，快速成长。有经验的教师可以分享自己的教学经验和管理技巧，指导新教师解决工作中的困惑和挑战，从而加速其适应和成长过程。学校内部的专业发展支持体系为教师提供了全方位的支持和指导，有助于提高教学质量，促进教师个人和学校整体发展。

（二）教育机构间的合作与资源共享

教育机构间的合作与资源共享是教师专业发展的重要推动力，通过建立教育联盟或网络，不同学校的教师可以进行跨校的教学经验分享。这种跨校交流能够促进教师之间的互相学习和借鉴，激发创新思维，提升教学水平。举办联合研究项目也能够促进教育研究的深入发展，让教师共同探索教育领域的前沿问题，推动教育实践的不断进步。共同举办教学研讨会或工作坊是另一个有效的合作方式，这些活动可以邀请来自不同教育机构的专家分享最新的教育理念和教学方法，为教师提供跨领域的学习机会。通过与其他学校的教师进行互动和交流，教师可以开阔视野，拓展思路，从而更好地适应不断变化的教育环境。教育机构之间还可以共享教学资源，包括教材、课件、教学技术等。资源共享可以避免资源浪费，提高资源利用效率。教师可以从其他学校获得更多优质的教学资源，丰富自己的教学内容，提升教学质量。

（三）制定个性化的专业发展规划

制定个性化的专业发展规划对教师的职业生涯至关重要，教师应该审视自己的兴趣、技能和目标，以确定个人发展的方向。这可能包括提升教学技能、深入研究学科知识、拓展教育管理能力等。教师需要考虑所在学校或教育机构的发展方向和需求，以确保个人发展计划与组织目标相一致。如果学校正在推行创新教育模式，教师可以选择参加相关培训以适应新的教学方式。在制定个性化的发展规划时，教师应该评估自己的专业技能、兴趣爱好和职业目标，这有助于确定个人发展的方向和重点领域。根据自我评估的结果，设定具体、可衡量的发展目标。这些目标应该与个人的职业发展愿景和学校的需求相一致。制订实现目标的详细计划，包括参加培训课程、参与项目或研究、申请特定职务等。确保计划具体、可行并设定适当的时间框架。执行制订的发展计划，积极参与培训、项目或活动，不断提升自己的专业能力和知识水平。定期评估个人发展进展，根据实际情况调整发展计划。这有助于确保个人发展与职业目标保持一致并及时应对变化和挑战。

（四）持续评估和调整专业发展策略

持续评估和调整专业发展策略是教师发展过程中的关键环节，能够确保其有效性和持续性。教育机构可以通过多种方式进行评估，以全面了解教师的发展情况和成效。其中，组织专业发展评估小组对教师的教学实践进行观察和评估是一种常见的方法。这些评估小组可以由学校领导、专业导师和同行教师组成，他们可以定期对教师的课堂教学进行观察并提供针对性的反馈和建议。通过这种评估方式，学校可以及时发现教师在教学实践中存在的问题和不足之处并提供相应的支持和培训。教师个人也应该对自己的专业发展进行定期评估和总结，可以通过反思自己的教学实践、收集学生和同事的反馈意见、参加专业培训等方式，了解自己的优势和不足，明确个人发展的方向和目标。在评估的基础上，教师可以调整自己的发展计划和策略，采取更有效的方法和措施，持续提升自己的教学水平和专业能力。

构建持续的教师专业发展体系是教育机构和教师个人共同努力的结果，通过学校内部专业发展支持体系的建设，教师得以持续提升自身的教育水平并更好地适应教育改革和发展的需要。教育机构间的合作与资源共享为教师提供了丰富的学习资源和交流平台，促进了教师之间的互相学习和借鉴。而制订个性化的专业发展规划及持续评估和调整专业发展策略，则是教师个人成长的重要保障，有助于确保教师发展与教育机构的发展目标相一致并不断提升教学质量，为学生提供更优质的教育服务。

第二节　教师领导力的内涵与培养

一、教师领导力的定义与构成要素

教师领导力是现代教育领域不可或缺的一部分，它不仅关乎个体教师的专业成长，更涉及整个学校和教育机构的成功与发展。下文将探讨教师领导力的定义与构成要素，深入了解它在教育领域中的特殊表现，以及它与学校管理之间的紧密关系。

（一）教师领导力的概念界定

教师领导力是教育领域一种重要的能力，它涵盖了教师通过影响他人，推动学校或教育机构实现目标的能力。这种领导力不仅是指在管理层的教育领域担任领导职务，而是每位教师都有机会和责任去发挥的一种能力。教师领导力的核心是影响力和目标导向，通过自身的行为、态度和能力，激发他人的积极性，推动教育机构朝着共同的目标发展。教师领导力包含多个方面的能力和行为，它包括管理团队的能力，这涉及协调、激励和引导教育团队，促进团队合作，共同实现学校的使命和愿景。教师领导力还涵盖激发学生学习潜力的能力，优秀的教师领导者能够激发学生的学习兴趣，激励他们充分发挥自己的潜能，从而取得更好的学习成绩和个人发展。教师领导力还包括推动教育创新的能力，鼓励教师尝试新的教学方法和策略，不断提升教学质量和效果。教师领导力还涉及塑造积极的学校文化，通过教师的示范和引领，营造一种积极向上、合作共赢的校园氛围。教师领导力的重要性在于它不仅能够提升教育机构的整体效能和影响力，还能够为学生和教职员工带来更好的发展和成长机会。

（二）构成教师领导力的基本要素

教师领导力的基本要素包括情感智能、人际交往能力、目标设定与实现能力、教育智慧和专业知识等。情感智能使教师能够理解和管理他人的情绪，建立积极的工作关系；人际交往能力使教师能够有效地与同事、学生和家长进行沟通和合作；目标设定与实现能力使教师能够设定明确的教育目标并通过行动实现这些目标；教育智慧使教师能够理解教育问题的本质并采取有效的教育方法进行解决；专业知识则是教师领导力的基础，只有具备丰富的学科知识和教学技能，教师才能在教育工作中展现出领导力。这些要素共同构成了教师领导力的核心，使教师能够在教育工作中发挥重要作用，推动学生和教育机构的发展。

（三）领导力在教育领域的特殊表现

在教育领域，教师领导力呈现出多种特殊表现，其中包括但不限于优秀的教师领导者能够激发学生的学习兴趣和内在动力，通过鼓励、赞扬和个性化的指导，激励他们积极参与学习，探索知识的乐趣和意义。教师领导力体现在创造积极、支持性和安全的学习环境中。通过尊重、关爱和公平待遇，教师能够建立和谐的师生关系和团队氛围，为学生的学习和成长提供良好的条件。教师领导者能够鼓励和支持教学创新，探索新的教学方法、技术和策略。他们能够与同事合作，分享经验和资源，共同推动教育领域的进步和发展。教师领导力在于塑造积极向上的学校文化，鼓励学生和教职员工勇于尝试、接受挑战和乐于分享成功和失败的经验。通过示范和引领，教师能够促进学校的发展和进步，树立学习、创新和合作的核心价值观。教师领导力在教育领域的特殊表现不仅体现在管理和组织方面，更体现在对学生学习的激励和引导、对教学创新的推动及对积极学校文化的塑造上。优秀的教师领导者能够成为学生和同事的榜样，带领他们共同追求卓越和成功。

（四）教师领导力与学校管理的关系

教师领导力与学校管理之间存在着紧密的关系，教师领导力的发挥对学校的整体管理水平具有重要影响。教师领导者能够激励同事团队，共同致力于实现学校的教育目标。通过展现出榜样行为和领导能力，教师领导者能够影响和激励同事，推动团队形成合力，共同克服困难，实现学校的使命和愿景。例如一位领导力突出的教师可以通过分享成功经验、提供支持和指导，帮助同事提高教学质量，推动学校整体教育水平的提升。教师领导者也可以与学校管理层进行合作，共同推动学校管理的改进和创新。教师领导者不仅能够从教学实践中发现问题和挑战，还能够提出建设性的改进建议并与管理层合作寻找解决方案，推动学校管理的不断完善。例如一位具有教师领导力的教师可以与管理层合作，制定和实施新的教学方法、评估制度或课程设计，以促进学校教育质量的持续提升。

教师领导力不仅是影响他人、推动教育机构实现目标的能力，更是每位教师都应具备并发挥的重要素质，其核心包括影响力、目标导向、管理团队能力、激发学生潜力、推动教育创新及塑造积极学校文化等方面。构成教师领导力的基本要素包括情感智能、人际交往能力、目标设定与实现能力、教育智慧和专业知识等。在教育领域，教师领导力特别体现在激发学生学习兴趣、创造良好学习环境、推动教学创新及塑造积极学校文化等方面，教师领导力与学校管理之间存在紧密关系，教师领导者不仅能够激励同事团队，推动学校教育目标的实现，还能与学校管理层合作，共同推动学校管理的改进和创新。通过教师领导力的发挥，不仅能够提升学校的整体管理水平和教育质量，还能为学生和教职员工带来更好的发展和成长机会。

二、教师领导力在教学管理中的作用

教师领导力在教学管理中扮演着关键角色，不仅对课堂教学产生深远影响，还在学生学习成果和学校文化建设方面发挥着重要作用。在课堂上领导力的运用能够激发学生的学习兴趣，促进良好的学习氛围；而在学校层面，教师领导力不仅能够塑造学校文化，还能够促进教学团队的协作与创新。下文将深入探讨教师领导力在教学管理各个方面的作用与意义。

（一）领导力在课堂教学中的应用

在课堂教学中教师的领导力发挥着至关重要的作用，一位具有领导力的教师能够通过多种方式激发学生的学习兴趣和参与度，从而提高课堂教学效果。教师可以采用互动式教学方法，例如提出引人深思的问题或组织小组讨论，这样可以激发学生的思维，培养他们的批判性思维能力和解决问题的能力。例如一位历史老师在课堂上提出了一个具有争议性的历史事件，要求学生就其进行辩论，这样的活动不仅能够增加学生的参与度，还能够激发他们对历史知识的兴趣。教师领导力还体现在课堂管理和氛围营造上。一位优秀的教师领导者能够有效地管理课堂秩序，确保学生能够专注于学习。他们还能够营造积极、合作的学习氛围，使每个学生都感受到被尊重和支持。例如一位数学老师可以通过小组合作解决问题的方式，让学生在合作中相互学习和交流，提高解决问题的效率和团队合作能力。教师领导力在课堂教学中的应用不仅能够激发学生的学习兴趣和参与度，还能够促进学生的学习效果和个人发展。

（二）教师领导力对学生学习成果的影响

教师领导力在提升学生学习成果方面发挥着重要作用，优秀的教师通过积极的引导和激励，能显著提高学生的学习动力和成就感。例如教师通过设定明确的学习目标和期望，结合奖励制度，可以激励学生克服学习过程中的困难，增强其坚持和努力的意愿。个性化的教学方法，如因材施教和关注学生的具体需求，也是教师领导力的重要体现，这能帮助学生在复杂的学习内容中找到适合自己的学习路径。教师领导力还涉及课堂管理和学生行为的正向引导，一位具有高效领导力的教师能够创建一个支持性强、鼓励探索的学习环境，使学生愿意积极参与和表达自己的想法。这种环境不仅有助于培养学生的批判性思维和解决问题的能力，也能促进他们的社交技能和团队协作能力的发展。教师领导力对学生的自我效能感有着积极影响，通过建立学生的自信心和责任感，教师可以促使学生形成自主学习的习惯，这对他们未来的教育和职业生涯都是极其宝贵的资产。例如通过赋予学生一定的课堂职责，如小组长或课堂讨论的引导者，可以增强他们的领导能力和自我管理能力。

（三）教师领导力在学校文化建设中的作用

教师领导力在学校文化建设中扮演着关键角色，教师作为学校中的榜样和引领者，通过言传身教塑造着学校的价值观和行为准则。一位具有高度责任感和正直品质的教师领导者能够以身作则，倡导尊重、公平和合作，为学生树立正确的行为榜样并影响其他教职员工和学生积极践行这些价值观。教师领导力能够促进学校内外的合作与交流。通过与同事、家长和社区紧密合作，教师领导者能够建立积极的伙伴关系，共同为学生的发展和成功努力。例如一位善于团队合作和协调资源的教师领导者能够带领团队共同制订学校的发展计划和目标，促进教学质量的提升和学校文化的建设。教师领导力还能够传递学校的核心理念和愿景，激励师生共同追求卓越和成功。一位富有教育智慧和人格魅力的教师领导者能够有效地沟通学校的使命和目标，激发师生的工作热情和学习动力，使他们在共同的理想下团结一致，为学校的长远发展而努力奋斗。

（四）教师领导力对教学团队协作的促进作用

教师领导力对教学团队协作的促进作用至关重要，一位具有领导力的教师能够有效地协调团队成员之间的合作，推动团队实现共同的目标。通过组织团队会议，教师领导者可以提供一个开放的平台，让团队成员分享彼此的教学经验和资源。这样的交流不仅有助于发现和借鉴最佳实践，还能够促进教师之间的专业成长和共同进步，例如一位数学老师可以在团队会议上分享自己成功的教学案例，从而启发其他老师尝试新的教学方法和策略。教师领导者能够激励团队成员发挥其潜力和创造力，通过给予认可和鼓励，教师可以增强团队成员的自信心，激发他们的创新意识和团队凝聚力。例如一位教师领导者可以表扬团队中一位教师开展的成功项目，以此激励其他成员积极投入团队工作并提出新的教学改进建议。教师领导力还能够促进团队成员之间的有效沟通和合作，一位具有领导力的教师可以营造一个开放、尊重和信任的工作氛围，鼓励团队成员分享想法和解决问题的方法。通过共同探讨教育问题，提出解决方案，团队成员能够更好地理解彼此的观点和需求，形成共识，进而推动教学工作的不断创新和发展。

教师领导力在教学管理中具有多重作用，从课堂教学到学生学习成果再到学校文化建设，教师领导者都扮演着至关重要的角色。他们不仅是学生的引导者和榜样，还是教学团队的组织者和推动者。通过合理运用领导力，教师能够激发学生的学习潜能，提高教学效果，同时塑造积极向上的学校文化，促进整个教育系统的健康发展。

三、培养教师领导力的途径与方法

培养教师领导力是教育质量提升和学校发展的关键，在这个过程中有几个关键的途径和方法可以帮助教师发掘和提升自己的领导潜能。通过自我认知和领导潜能挖掘，教师可以更清晰地了解自己的优势和不足，为个人和团队的发展制定明确的目标和计划。提供专业发展与领导力培训机会、建立导师制度与同侪辅导机制，以及实践机会与反馈机制的建立与应用也是非常重要的。这些方法的结合可以有效地促进教师领导力的全面提升。

（一）培养教师的自我认知与领导潜能挖掘

培养教师的领导力不仅关乎教育质量的提升，更是整个学校和教育机构发展的关键。自我认知和领导潜能挖掘是培养教师领导力的重要起点。通过自我评估工具和反思，教师可以审视自己的教学风格、管理方式，以及与同事、学生互动的方式。例如一位教师可能在课堂上表现出色，但在团队合作中有待提升，通过360°反馈可以获得来自多方面的意见，了解自己在不同情境下的表现，从而有针对性地调整自己的行为和做法。学校可以组织一系列的评估活动，如领导力测评、案例分析和角色扮演，帮助教师发现自己的领导潜能和优势。例如通过模拟领导团队的情境，教师可以展现自己的领导风格和应对挑战的能力，从而认识到自己的潜在领导力。通过这些方式，教师可以更加清晰地认识自己，为个人和团队的发展制定明确的目标和计划，全面提升教育质量和领导效能。

（二）提供专业发展与领导力培训机会

为了有效提升教师的领导力，专业发展和领导力培训课程发挥着不可或缺的作用。学校和教育机构可以针对教师在职业生涯中面临的不同挑战和需求，设计和提供一系列综合性的培训课程。这些课程通常涵盖教学方法的创新、团队管理策略、有效沟通技巧及冲突解决方法等关键领域。教学技能的提升是专业发展的基础，通过组织教学研讨会和实操工作坊，教师可以学习最新的教育理念和教学技术。这些活动不仅提供理论知识，更重要的是通过实际操作，让教师掌握如何在课堂上有效实施这些新技术和方法。领导力培训则更加注重团队管理和领导策略，例如通过领导力工作坊，教师可以学习如何建立和维护团队凝聚力，如何激励和引导团队成员，以及如何处理团队中的冲突。这些技能对于教师在学校内外担任领导角色时尤为重要。定期邀请行业专家和资深教育者来分享他们的经验和见解，可以极大地拓宽教师的视野，提供更多解决问题的方法和策略。这种交流不仅有助于教师获得实践中的应用技巧，也有助于激发他们的创新思维和领导激情。

（三）建立导师制度与同侪辅导机制

建立导师制度和同侪辅导机制对于培养教师领导力至关重要。导师制度通过将经验丰富的教师与新入职或需要指导的教师配对，促进知识和经验的传承。新教师可以借助导师的指导，更快地适应新的教学环境，了解学校的文化和教学理念并提升教学能力。导师在这个过程中扮演了指导者、支持者和榜样的角色，为新教师提供宝贵的帮助和指导。同侪辅导机制则强调教师之间的相互学习和成长，通过与同事共同探讨教学问题、分享教学经验和交流教学方法，教师可以相互启发，共同进步。这种同侪之间的互动不仅促进了教学技能的提升，还增强了教师之间的团队合作精神和凝聚力。在这样的氛围中，教师受到更多的支持和鼓舞，更有动力去探索和实践新的教学方法和策略。

（四）实践机会与反馈机制的建立与应用

在培养教师领导力过程中。实践机会和反馈机制扮演着至关重要的角色，提供丰富的实践机会是让教师将理论知识转化为实际行动的关键途径。例如组织教学项目和团队合作可以让教师在实际的教学环境中应用所学知识，锻炼他们的领导和管理能力。通过参与校外实习，教师还可以接触到不同的教学场景和文化背景，拓宽自己的视野，提升跨文化沟通和领导技能。建立有效的反馈机制对于教师的成长和发展至关重要，定期评估和360°反馈可以帮助教师了解自己在教学和领导方面的表现，识别自己的优点和不足。通过这些反馈，教师可以得到及时的指导和建议，有针对性地进行改进和提升，例如组织教师间的互评活动，让教师相互评价和反思，发现自己的盲点和不足之处。这种互相学习和成长的氛围可以促进教师之间的合作和交流，共同进步。

通过培养教师的自我认知和领导潜能挖掘，提供专业发展与领导力培训机会，建立导师制度与同侪辅导机制，以及建立实践机会与反馈机制，可以全面提升教师的领导力水平。这些方法不仅有助于教师个人的成长与发展，也为学校的教育质量提升和整体发展打下了坚实的基础。

四、教师领导力与团队协作的关联

教师领导力与团队协作密不可分，一位教师领导者的能力不仅能够影响团队的凝聚力和合作性，更能够塑造整个团队的发展方向与目标。下文将探讨教师领导力如何影响团队的凝聚力与合作性，以及如何利用领导力促进团队的有效协作，并着重探讨领导力在解决团队冲突与挑战中的作用，以及建立共享愿景与共同目标促进团队协作的重要性。

（一）教师领导力对团队凝聚力与合作性的影响

教师领导力在塑造团队凝聚力和促进合作性方面扮演着关键角色，一位具备强大领导力的教师能够以身作则，激发团队成员的积极性和工作动力。通过示范出色的教育实践和专业素养，领导者能够赢得团队成员的尊重和信任，从而加强团队的凝聚力。一位优秀的教师领导者能够树立明确的愿景和目标，为团队提供明确的方向和前进动力。通过与团队成员共同制订学校发展规划和目标，教育领导者能够激发团队成员的合作意识和归属感，使团队成员心往一处想、劲往一处使。例如一位校长与教师团队共同制定了学校的愿景和目标，通过定期沟通和回顾，使每位教师都深入理解学校的使命和价值观，形成了共同的行动方向，促进了团队的协作和发展。这样的领导者不仅鼓励个体的成长，也促进了整个团队的凝聚和合作，为学校的进步和发展奠定了坚实的基础。

（二）如何利用领导力促进教师团队的有效协作

领导力在促进教师团队的有效协作方面发挥着至关重要的作用，其中，建立开放的沟通渠道是关键。领导者应该鼓励团队成员分享想法和建议，倾听他们的意见并及时提供反馈。这种开放的沟通氛围能够促进信息的流通和共享，增强团队的凝聚力和合作性。领导者应根据团队成员的特长和兴趣，合理分配任务和角色。通过充分发挥每个人的优势，团队能够更高效地完成工作并且在合作过程中增进彼此之间的信任和理解。设定明确的目标和绩效标准也是必不可少的。领导者应该与团队成员共同制定具体、可衡量的目标并明确说明每个人在实现这些目标方面的责任和角色。激励团队成员共同努力，以实现共同的目标，这有助于团队成员之间的协作和配合。通过这些措施，领导者可以有效地促进教师团队的协作，提高工作效率和成果，从而推动学校的发展和进步。

（三）领导力在解决团队冲突与挑战中的作用

在解决团队冲突与挑战中，领导力扮演着至关重要的角色。优秀的领导者能够敏锐地察觉到团队内部存在的冲突和矛盾。通过与团队成员的接触和观察，他们能够迅速识别出潜在的问题并及时采取行动。领导者具有解决问题的能力和决断力，他们可以引导团队成员开展诚实而开放的对话，找出冲突的根源并制订解决方案。通过有效的沟通和协调，领导者可以促进团队成员之间的理解和信任，化解矛盾，维护团队的和谐氛围。面对困难和挑战，团队成员可能会感到沮丧或无助，此时领导者的支持至关重要，领导者可以提供鼓励和激励，帮助团队成员保持积极的态度并提供必要的培训和资源，帮助他们克服困难，应对挑战。通过领导者的引领和支持，团队可以更加团结一致，共同应对各种挑战，取得成功。

（四）建立共享愿景与共同目标以促进团队协作

建立共享愿景与共同目标是促进团队协作的有效途径。领导者在制定愿景和目标时，应该与团队成员密切合作，让每个人都参与其中从而增强他们的责任感和使命感。共同制定愿景和目标可以激发团队成员的合作热情和积极性，使他们意识到自己的工作对整个团队的重要性。明确的愿景和目标能够为团队指明前进方向，使团队成员心往一处想、劲往一处使，形成紧密的团队合作氛围。例如一位校长可以与教师团队共同制定学校的发展愿景和目标，通过定期的沟通和回顾，校长可以确保每位教师都深入理解学校的使命和价值观，从而形成共同的行动方向。例如学校的愿景可能是"培养具有创新精神和社会责任感的未来领袖"，而目标可能是"提高学生的学术成绩，培养学生的团队合作能力和创新思维"，通过与教师团队共同制定这些愿景和目标，校长可以激发教师的合作意识和团结力量，促进学校的整体发展。

教师领导力对团队的凝聚力与合作性有着深远的影响，通过领导者的示范、指导和制定明确的目标，团队成员得以共同努力、合作协作，实现共同的使命与愿景。建立开放的沟通渠道、合理分配任务和角色、制定明确的目标和绩效标准，以及有效解决团队冲突与挑战，都是促进团队协作不可或缺的因素。最重要的是，领导者与团队成员共同制定共享的愿景与目标，让每个人都参与其中从而形成紧密的团队合作氛围，为团队的发展与成功奠定坚实的基础。

第三节　教师研究能力的提升

一、教师作为研究者的意义与价值

教师作为研究者在当今教育领域扮演着至关重要的角色，他们不仅是知识的传播者，更是教育实践的创新者和改革者。下文将探讨教师作为研究者的意义与价值，从知识更新与专业成长、教学实践的改进与优化、探索创新教育方法，以及提升教育质量与学生成绩等方面展开讨论。

（一）知识更新与专业成长

教师作为研究者在知识更新与专业成长方面扮演着至关重要的角色，持续参与教育领域的研究活动，有助于教师不断更新知识、拓宽视野并最终实现专业成长。通过积极参与研究，教师能够紧跟教育领域的最新发展，了解最新的教育理论、方法和技术。例如一位教师可能参与了一项关于个性化教学方法的研究项目，通过这个项目，他（她）有机会深入了解个性化教学的最新理论和实践经验。通过与其他研究者的交流和合作，他（她）不仅可以获取新知识，还可以获得其他教师的经验和见解。这些新的思路和方法可以丰富他（她）的教学实践，使他（她）的教学更加灵活、有趣、有效。因此，通过不断地参与教育研究，教师可以提高自己的专业素养，为学生提供更好的教育服务，促进教育事业的发展。

（二）教学实践的改进与优化

教师通过不断研究和反思，能够深入探索教学实践中存在的问题并提出改进和优化的方案，从而不断提升教学质量。通过系统地研究自己的教学实践，教师能够发现教学中的不足之处，找出问题的根源并寻求解决办法。例如一位教师在课堂教学中发现学生对某一概念理解困难，经过反思和研究，他（她）了解到了一种针对这一问题的教学策略——以案例为核心的教学方法。于是，他（她）

开始在课堂上运用案例教学，通过实际案例引导学生深入理解概念，激发他们的学习兴趣和思维活跃性。通过这种方法的实践应用，这位教师有效地解决了学生的理解难题，提升了教学效果。在教学实践的改进和优化过程中，教师不仅需要寻求外部的教学策略和方法，还需要不断反思和调整自身的教学方式。他们可以通过观察学生的反应、收集学生的反馈意见，以及与同行交流分享经验，来评估和改进自己的教学实践。教师还可以利用现代技术手段，如教育软件、在线课程等，来丰富和优化教学内容，提升学生的学习体验和成效。

（三）探索创新教育方法

作为研究者，教师有独特的机会去探索创新的教育方法和策略，为教学实践注入新的活力和思维。通过积极参与研究，教师可以拓宽视野，发现并尝试各种不同的教学方法，以满足不同学生的需求并激发学生的学习兴趣和动力。例如一位教师通过深入研究发现了一种基于游戏化教学的方法，这种方法通过将课堂内容融入游戏中，使学习变得更加有趣和生动。于是，这位教师决定将游戏化教学引入自己的课堂教学中。她设计了一系列与课程内容相关的教育游戏并将其融入课堂教学中，以促进学生的参与度和学习效果。结果出乎意料的好，学生对这种新颖的教学方式充满了兴趣和热情，他们更加积极地参与到课堂活动中，学习效果也得到了显著提升。这个例子展示了教师作为研究者在探索创新教育方法方面的重要作用，通过不断地研究和实践，教师可以不断地发掘和创造新的教学方式，以满足不断变化的教育需求和挑战。这种创新精神不仅能够丰富教学内容和方法，还能够激发学生的学习兴趣和潜力，推动教育的持续发展和进步。

（四）提升教育质量与学生成绩

作为研究者，教师的努力不仅是为了自身的成长，更是为了提升整体教育质量，促进学生成绩的提升。通过研究，教师可以发现教学中的弱点并采取相应的措施来提高教学质量。例如一位教师在教学中发现学生对某一概念理解困难，通过深入研究和思考，设计了一系列针对性的教学活动和课堂实践，以帮助学生更好地掌握这一概念。随着时间的推移，学生的学习成绩逐渐提升，教育质量也得到了明显提高。教师的研究成果还可以为学校和教育部门制定教学改革政策提供参考依据，通过将研究成果与实际教学相结合，教师可以为教育改革提供具体而可行的建议和方案，从而推动教育质量的全面提升。例如一项关于课堂互动教学的研究成果显示，采用积极互动的教学方式可以有效提高学生的学习积极性和成绩水平。基于这一研究成果，教育部门可以推广并倡导更多的课堂互动教学方法，以提升全国教育水平。

教师作为研究者的角色不仅有助于他们自身的知识更新和专业成长，也能够促进教育实践的不断改进和优化。通过探索创新的教育方法，教师能够为学生提供更加丰富、有趣的学习体验，激发他们的学习兴趣和潜力。最终，教师的努力将有助于提升整体教育质量，促进学生成绩的提升，推动教育事业的不断发展与进步。

二、提升教师研究能力的策略与方法

提升教师的研究能力对于教育领域的进步和发展至关重要，教师在教学实践中不仅需要具备优秀的教学技能，还需要不断深化自己的学术视野和研究能力，以更好地应对教育领域的新问题和挑战。下文将探讨几种有效的策略和方法，帮助教师提升他们的研究能力，包括继续教育与专业培训、实践与观察，以及合作与交流。

（一）继续教育与专业培训

继续教育与专业培训是教师提升研究能力的关键步骤之一，通过积极参与各种专业培训课程和研讨会，教师可以不断拓宽自己的学术视野。例如一位语文老师可以参加关于阅读教学策略的培训班，以了解最新的阅读理论和教学方法。这样的培训可以帮助教师更好地理解学生的学习需求并在教学实践中灵活运用各种教学策略。在专业培训中，教师还有机会与来自不同学校和地区的同行进行交流和分享，从而汲取更广泛的教学经验和智慧。这种跨界的交流有助于打破教学的局限性，激发教师的创新思维，为教育领域的研究和实践注入新的活力。因此，继续教育与专业培训不仅可以帮助教师更新专业知识，还能够培养其独立思考和创新能力，为教育事业的发展提供更加坚实的支撑。

（二）实践与观察

实践与观察是提升教师研究能力的重要途径之一。在教学实践中，教师可以通过不断尝试新的教学方法和策略来拓展自己的教学技能。例如一位数学老师可以尝试在课堂上采用游戏化教学方法，观察学生对这种教学方式的反应。通过观察学生的表现，教师可以了解到哪些方法更受学生欢迎，哪些方法更有效果，从而在今后的教学中更好地运用这些方法。教师还可以通过观察学生在学习过程中遇到的困难和问题，来调整自己的教学策略，如果发现学生在学习某一概念时经常出错，就可以针对这一问题调整教学内容或者教学方法，以帮助学生更好地理解和掌握这一概念。通过实践和观察，教师可以不断改进自己的教学方法，提高教学效果，提升自己的研究能力。

（三）合作与交流

合作与交流是教师提升研究能力的关键策略之一，通过与其他教师、研究人员和教育专家合作，教师可以分享经验、交流观点并共同探讨教育领域的问题和挑战。这种合作不仅可以帮助教师拓展自己的思维，还能够汲取他人的智慧和经验，从而提升自己的研究能力。例如一位高中物理老师可能与其他物理教师合作开展一个关于实验教学方法的研究项目。通过共同设计实验方案、收集数据并分析结果，这些教师可以相互借鉴彼此的经验和见解，发现更有效的教学方法。在合作的过程中，他们不仅可以加深对物理教学的理解，还能够锻炼自己的研究能力和团队合作能力。参加学术会议、研讨会等活动也是教师进行交流的重要途径。在这些活动中，教师可以结识来自不同学校和地区的同行，分享最新的教育研究成果和教学经验。通过与其他教育工作者的交流，教师可以了解到不同学校和地区的教学实践，拓宽自己的视野，从而更好地应对教育领域的挑战。

继续教育与专业培训为教师提供了不断学习和更新知识的平台，使其能够跟上教育领域的最新发展，培养独立思考和创新能力。通过实践与观察，教师可以在教学实践中尝试新的教学策略和方法，不断改进自己的教学效果，提高研究能力。合作与交流让教师能够与同行分享经验、交流观点，共同探讨教育领域的问题和挑战，拓宽自己的研究视野，进而更好地应对教育领域的复杂性和变化。这些策略和方法的综合应用将有助于教师不断提升自己的专业水平和研究能力，为学生的教育提供更加优质的服务和支持。

三、教师如何进行行动研究与实践反思

行动研究与实践反思是教师提升教学质量和效果的重要途径，在这个过程中，教师通过系统地观察、收集数据、分析和反思自己的教学实践，以发现问题、探索解决方案并不断改进教学方法和内容。下文将探讨教师如何进行行动研究与实践反思的具体步骤和方法及其重要性和意义。

（一）确定研究主题与问题

确定研究主题与问题是行动研究与实践反思的关键起点，教师在选择研究主题时应结合自身教学实践经验和兴趣爱好，以确保研究的针对性和实用性。例如一位数学教师在教学中发现学生在解题过程中常犯错误，于是他可能将"探索学生常见数学错误的原因与解决方法"作为研究主题。进一步明确研究问题，如"学生在解决代数方程时常出现的错误类型及其根源是什么"，将有助于教师明确研究的目标和方向，为后续的研究工作提供指导。通过确立清晰的研究主题与问题，教师能够更有针对性地开展行动研究与实践反思，为教学实践提供有效的指导和改进方向。

（二）收集数据与信息

在进行行动研究与实践反思时，教师需要通过收集数据与信息来支撑他们的研究工作。这一步骤的重要性在于数据和信息可以提供客观的反馈和依据，帮助教师更全面地了解教学情况并制定有效的改进措施。教师可以利用多种途径来收集相关数据。首先是课堂观察，通过观察学生在口语活动中的表现、交流方式、语言流畅度等，教师可以获得直接的实时数据。其次是收集学生的作业和学习成绩，这些数据可以反映学生在口语教学中的学习情况和成绩变化。利用问卷调查或小组讨论等方式，教师还可以收集学生对口语教学的主观感受和意见，了解他们对教学内容、方法的看法和建议。例如一位语文教师进行口语教学的行动研究，可以通过录音记录学生在口语活动中的表达情况并对录音进行分析，了解学生的口语水平、表达能力和问题所在。可以设计问卷调查，收集学生对口语教学活动的反馈，如对活动内容的理解程度、参与度、是否觉得活动有趣等方面的意见。这样的数据收集方式可以为教师提供全面而丰富的信息，有助于更准确地评

估教学效果，发现问题并提出改进措施。

（三）分析与解释数据

在行动研究与实践反思中，分析与解释数据是至关重要的一环，这一步骤旨在从收集到的数据中提炼出有效信息，揭示教学过程中的规律与问题并为进一步改进教学提供指导。教师可以运用统计分析方法或质性分析方法对数据进行处理，例如在口语教学的行动研究中，教师可以计算学生在口语活动中的平均得分，分析不同学生之间的表现差异。通过统计分析，教师可以发现学生在口语表达方面存在的普遍问题，如发音准确性、词汇运用能力等，并据此制定针对性的教学策略。教师还可以进行质性分析，归纳学生对口语教学的主要意见和建议。通过整理和分析学生的反馈，教师可以了解到学生对口语教学的态度和看法，发现教学中可能存在的盲点或不足之处，从而有针对性地改进教学内容和方法。在分析数据时教师还需要进行解释，将数据分析结果与教学实践相结合，探讨其背后的原因和影响。例如教师可以思考学生口语表达能力不佳是教学内容设置不合理还是学生缺乏自信心等心理因素所致。通过深入挖掘数据背后的含义，教师可以更全面地认识到教学过程中的各种现象，为制定有效的改进措施提供理论依据。

（四）反思与改进实践

反思与改进实践是行动研究与实践反思的最后一步，也是其核心所在。在这一阶段，教师需要结合研究结果和经验，深入分析自己的教学实践，以及时发现问题并提出有效改进方案。例如一位教师在口语教学行动研究中发现学生在口语表达能力方面存在欠缺，是由于课堂氛围不够活跃或者缺乏足够的练习机会。因此，教师可以考虑调整教学方法，采用更多的互动式教学活动，鼓励学生积极参与口语练习，营造更具活力的学习氛围。教师还可以结合学生的反馈意见，对口语教学内容进行优化，确保教学内容贴近学生的实际需求，提高学生的学习动机和参与度。除了在具体教学内容和方法上进行改进外，教师还应不断反思自身的教学理念和教学风格，探索适合学生的最佳教学策略。通过借鉴其他教师的成功经验、参加专业培训和持续学习，教师可以不断提升自己的教学水平和专业能力，为学生提供更优质的教育服务。

行动研究与实践反思是教师持续提升教学质量和效果的关键路径之一，通过明确研究主题与问题，收集、分析数据，教师能够全面了解教学情况并及时发现问题。在反思与改进实践阶段，教师根据研究结果和经验，调整教学方法和内容，以提升学生的学习动机和参与度。持续的反思与改进能够使教师不断提升教学水平和专业能力，为学生的学习提供更优质的支持和指导。

四、构建教师研究共同体与支持机制

在当今教育领域，建立教师研究共同体并提供相应的支持机制，已被广泛认可为促进教学创新和提高教育质量的有效途径之一，为此学校需要着力构建一系列完善的措施，以激发教师的研究热情，营造良好的研究氛围。其中，创建研究平台与资源、建立研究团队与合作网络、提供专业指导与辅导，以及制定激励与奖励制度，是构建教师研究共同体与支持机制的关键要素。

（一）创建研究平台与资源

在建立教师研究共同体过程中，创建合适的研究平台与资源是非常关键的一步，学校可以搭建一个在线教师论坛或平台，这样教师就可以方便地交流、分享他们的研究成果、经验和资源。这种平台可以是一个专门的网站或者是一款专门为教师设计的应用程序，使教师能够随时随地进行交流和互动。提供丰富的研究资料和文献资源也是至关重要的。学校可以购买或者订阅各种教育期刊，收集研究报告、教学案例等资料，为教师提供广泛的参考和借鉴。建立一个数字图书馆也是一个不错的选择，这样教师就可以方便地查阅和利用各类教育研究资料，从而更好地开展自己的研究工作。除了这些基础资源外，学校还可以邀请专家学者来开展研讨会、讲座等活动，为教师提供学术交流和深度探讨的机会。这样的活动不仅可以帮助教师了解最新的研究动态和理论，还可以激发他们的研究热情和创新意识，促进教师研究共同体的建设。通过这些措施，学校可以为教师提供一个良好的研究环境和支持体系，推动他们的教育研究工作取得更好的成果。

（二）建立研究团队与合作网络

建立研究团队与合作网络是促进教师间合作与交流、推动研究工作开展的重要方式。学校可以设立专门的研究小组或项目组，邀请志同道合的教师参与，这些团队成员可以共同探讨问题、设计研究方案并分享实践经验和成果。例如一所学校可以组建一个专门研究语言教育的团队，共同开展口语教学行动研究。通过比较研究、案例分析等方式，团队成员可以不断改进教学方法和策略，提高学生的口语表达能力。这种合作有助于汇集不同视角和经验，加速研究成果的应用和推广。建立合作网络也能够促进跨学科的交流与合作，从而提高研究的深度和广度，为教育改革和教学实践提供更多的创新思路和解决方案。

（三）提供专业指导与辅导

提供专业指导与辅导对建立教师研究共同体至关重要。学校可以建立专门的研究指导团队或委员会，由专家学者和经验丰富的教师担任指导老师，这些指导老师可以为教师提供关于研究方向、方法和技巧的指导与支持。通过定期组织研究讨论会、座谈会等活动，指导老师可以帮助教师规划研究计划并解决他们在研究过程中遇到的困难和问题。为了更好地提供支持，指导老师还可以提供个性化的辅导服务，针对性地回答教师在研究中遇到的具体问题，帮助他们提高研究水平和成果质量。这种专业指导与辅导不仅可以提升教师的研究能力，还可以加强教师之间的交流与合作，从而促进研究共同体的形成和发展。

（四）激励与奖励制度

学校建立完善的激励与奖励制度对于鼓励教师积极参与研究活动至关重要。学校可以设立研究项目资助基金，为优秀的研究项目提供经费支持，从而激励教师开展深入探索和创新性研究。这种资助机制可以为教师提供必要的资源和支持，鼓励他们在教育领域进行前沿性和实践性的研究工作。建立研究成果评选和奖励机制也是一项有效的举措，学校可以设立评审委员会，定期评选出在教育研究领域取得突出成果的教师并给予表彰和奖励。这些奖励可以包括发表论文、获得专利、参与国家级或国际级的研究项目等。通过这种方式，不仅能够激发教师的研究热情，还能够提升学校在教育研究领域的声誉和影响力。将研究成果纳入教师绩效评价体系也是非常重要的，学校可以将教师的研究成果作为评定教师职称和晋升的重要依据之一，以此进一步激发教师的研究热情和创新动力。这种做法能够使教师更加重视研究工作，提高他们的教学水平和专业素养，推动学校教育教学水平的不断提升。

通过建立在线教师论坛或平台、搭建数字图书馆、组织研讨会等方式，学校可以为教师提供丰富的研究资源和交流平台，促进教师之间的合作与交流。建立研究团队、提供专业指导与辅导并设立激励与奖励制度，能够有效地激发教师的研究热情，推动教育研究工作的开展。这些举措共同构建了一个支持教师研究的良好环境，为教育教学改革和提升学校办学水平奠定了坚实基础。

第四节　构建教师专业发展共同体

一、教师专业发展共同体的理念与目标

在当今教育领域，构建教师专业发展共同体已被认为是推动教育质量不断提升的有效途径之一。教师专业发展共同体不仅是一个组织形式，更是一种理念与目标的体现。通过共同体，教师能够紧密合作、互相学习，共同追求教育的发展与创新。下文将探讨教师专业发展共同体的理念与目标，以及如何激发教师的专业发展动力和培养团队合作与资源共享的意识，为构建更加蓬勃发展的教育共同体提供思路与方向。

（一）共同体的概念解读

教师专业发展共同体是一种基于共同体理论的教育组织形式，旨在促进教师的专业成长和教学水平的提升。在这个共同体中，教师不再是孤立的个体，而是通过共同的目标和理念连接在一起，形成一个紧密互动的群体。核心理念是合作与共享，教师通过交流合作，共同探讨教学中的难题，分享成功经验，不断改进教学方法和策略。这种合作和共享的精神有助于实现教师个体发展与整体发展的良性循环，推动教育质量的持续提升。通过教师专业发展共同体，教师可以相互支持、共同成长，共同应对教育领域的挑战，最终实现教育的共赢。

（二）明确教师专业发展共同体的目标与价值观

教师专业发展共同体的目标是建立一个有利于教师成长和提高教学质量的学

习社区。在这个共同体中，教师可以相互支持、共同学习，共同探讨教育领域的问题，共同提升教学水平。它也着眼于教育的整体提升，旨在推动整个学校的教育教学水平不断提高，为学生提供更优质的教育资源和服务。价值观方面的教师专业发展共同体强调尊重、合作、分享和创新。教师相互尊重彼此的专业知识和经验，通过合作解决教学中的问题，分享成功的教学经验和资源。这种合作和分享的精神有助于促进教师之间的良性互动，推动教学方法和策略的创新与优化。共同体还注重创新，鼓励教师勇于尝试新的教学方法和理念，不断探索教育教学的前沿，推动教育的不断发展与进步。

（三）激发教师的专业发展动力与热情

激发教师的专业发展动力与热情是教师专业发展共同体建设的重要任务，为实现这一目标，学校可以采取多种方式。学校可以组织各类专业发展培训课程，涵盖教学方法、课程设计、教育技术等方面，为教师提供更新的教育理论和实践经验。通过培训，激发教师的学习热情，增强其专业发展的动力。学校可以建立在线交流平台或社区，为教师提供一个分享经验、交流想法的平台。教师可以在平台上讨论教学中的问题，分享成功的教学经验和资源，从而促进彼此的成长与学习。学校可以设立奖励机制，鼓励教师积极参与共同体建设和教学创新。奖励可以是荣誉奖励、物质奖励或其他形式的激励，以表彰教师在教学实践和共同体建设中的优秀表现，进一步激发其专业发展的热情与动力。

（四）培养教师团队合作与共享资源的意识

培养教师团队合作与共享资源的意识对于教师专业发展共同体的建设至关重要，学校可以采取多种方式来促进教师之间的合作与资源共享。学校可以组建教学研究小组或跨学科团队，让教师共同研究教学问题，合作探讨教学方法和策略。通过团队合作，教师可以相互借鉴经验，共同解决教学中的难题，提高教学效果。学校可以定期举办资源共享会议，让教师分享各自开发的教学资料、课程设计和教学活动。这样的会议不仅可以丰富教学内容，还可以促进教师之间的交流与互动，激发更多的教学创新和灵感。学校还可以建立在线平台或共享平台，供教师发布和获取教学资源。通过这样的平台，教师可以随时随地方便地共享和获取优质的教学资源，促进教学资源的共享和流通。

教师专业发展共同体的理念基于合作与共享，旨在促进教师的专业成长与教学水平的提升。通过明确的目标与价值观，激发教师的专业发展动力与热情成为共同体建设的关键。培养教师团队合作与共享资源的意识也是共同体建设的重要环节，学校可通过组建研究小组、举办资源共享会议和建立在线平台等方式来促进教师之间的合作与资源交流。这些努力使教师们更好地融入共同体，共同实现教育的持续发展与进步。

二、构建教师专业发展共同体的策略与步骤

在构建教师专业发展共同体的过程中，制订计划、提供培训和资源支持、建立在线平台及创建导师制度都是至关重要的策略与步骤。这些举措将有助于促进教师之间的合作与交流，提升教学质量和效果，共同推动教育事业的不断发展与进步。

（一）制订共同体构建计划与时间表

制订共同体构建计划与时间表是构建教师专业发展共同体的关键步骤之一，这一计划应该从明确共同体的目标和愿景开始，确立共同体的成员和领导机构，以及明确各项活动的实施计划和时间安排。需要召开会议或工作坊，邀请相关教育专家和教师代表共同讨论和制定共同体的发展目标和规划。根据共同体的发展阶段和实际情况，确定具体的任务和时间节点，明确各项活动的负责人和执行方式。例如可以将共同体的建设过程划分为几个阶段，如规划阶段、实施阶段和评估阶段，每个阶段确定相应的目标和任务并设定时间表和里程碑。建立定期评估机制，对共同体的建设进展进行监测和评估，及时调整和优化计划，确保共同体建设顺利推进并取得实质性成果。通过制订详细的构建计划和时间表，可以有效地引导共同体建设的方向和步骤，提高共同体建设的效率和成效。

（二）提供专业发展培训与资源支持

提供专业发展培训与资源支持是促进教师专业发展共同体建设的重要策略之一，通过丰富多样的培训课程和资源支持，可以帮助教师不断提升专业水平，拓宽教学视野，促进共同体成员之间的交流与合作。学校可以组织各类专业发展培

训，涵盖教学方法、课程设计、教育技术等方面，针对不同层次和需求的教师提供有针对性的培训项目。这些培训可以是短期的工作坊、讲座，也可以是长期的课程或研修班，旨在帮助教师掌握最新的教育理论和实践技能，提高教学质量和效果。建立资源库也是支持教师专业发展的重要举措，学校可以收集整理优质的教学资源和资料，包括教学案例、教材、教学视频等，建立在线或实体的资源库供教师参考和借鉴。这些资源不仅可以帮助教师准备教学材料和课程设计，还可以激发教学创新和灵感，丰富教学内容，提高课堂效果。例如学校可以邀请教育专家或资深教师开展主题讲座，探讨最新的教育理论和实践，分享成功的教学经验和案例；还可以建立在线学习平台，提供丰富多样的教学资源和学习资料，供教师自主学习和参考。通过这些培训和资源支持，可以不断激发教师的学习热情和创新意识，促进共同体成员之间的交流与合作，共同推动教育教学的不断发展与进步。提供专业发展培训与资源支持是构建教师专业发展共同体的重要策略之一。通过不断更新的培训课程和丰富的资源支持，学校可以帮助教师不断提升自己的专业水平，从而推动共同体的发展与壮大。为了实现这一目标，学校可以组织各种类型的培训活动，涵盖教学方法、课程设计、教育技术等方面，以满足不同教师的学习需求。这些培训活动可以是定期举办的研讨会、工作坊，也可以是线上学习课程或远程培训，以便让更多的教师能够参与其中。建立资源支持体系也是至关重要的，学校可以建立一个资源库，收集整理各类优质的教学资源和资料，包括教案、课件、教学视频等，为教师提供参考和借鉴。这些资源可以通过学校网站、在线平台或专门的教学资源库进行分享和获取，为教师的教学实践提供有力支持。例如学校可以邀请资深教师或教育专家开展主题培训，分享最新的教育理论和教学方法，让教师及时了解行业动态；还可以建立在线交流平台，让教师可以随时交流心得、分享经验，互相学习、共同进步。通过提供专业发展培训和资源支持，学校能够不断激发教师的学习热情，促进教师专业发展共同体的形成与发展。

（三）建立在线平台或社区促进交流与合作

建立在线平台或社区是为教师搭建一个便捷的交流与合作平台，有助于促进教育者之间的互动和专业发展。通过这些平台，教师可以随时随地分享彼此的教学经验、资源和想法，实现跨地域、跨学科的交流与合作。建立教师专业发展的微信群或在线论坛是一个简单而有效的方式，在这个群或论坛中，教师可以自由地发布问题、分享心得，提出建议，互相答疑解惑。这种实时交流的形式不仅能够促进信息的快速传播，还能够建立起教师之间的紧密联系，形成一个相互支持、共同成长的社区。利用社交媒体平台或教育平台开设专门的教师交流区也是一个不错的选择，这些平台具有较高的用户活跃度和信息传播能力，可以吸引更多的教育者加入其中。在这些交流区，教师可以分享自己的教学心得、课堂经验，发布教学资源和教案，还可以参与讨论各种教育话题，从而开阔自己的教育视野，获得更多的启发和帮助。

（四）创建导师制度，提供个性化支持与指导

创建导师制度是为教师提供个性化支持与指导的关键举措之一，这一制度的核心思想是通过为新教师分配经验丰富的导师，为其提供订制化的帮助和指导，帮助他们更快地适应新环境，解决教学中遇到的问题，实现个人和专业的成长。为了建立有效的导师制度，学校需要精心挑选和培训导师。导师应具备丰富的教学经验和专业知识，善于倾听和沟通，能够有效地指导和支持新教师的成长。他们应该了解新教师的需求和挑战，能够根据不同情况提供个性化的帮助和建议。建立一对一的导师与新教师交流机制是非常重要的。通过定期的一对一会议或交流，导师可以与新教师建立起密切的联系，了解他们的教学情况、困惑和需求，有针对性地给予帮助和指导。在这些交流中，新教师可以向导师请教问题、分享经验，得到及时有效的解答和支持，从而更快地适应教学工作并提升教学水平。导师还可以通过观摩课程、共同备课等形式，与新教师进行教学互动和经验分享。通过实地观摩和互动交流，新教师可以借鉴导师的教学技巧和经验，了解教学中的实际操作和应对策略，提高自己的教学效果和专业水平。例如学校可以定期组织导师与新教师进行面对面的交流，分享教学心得和经验，解决教学中遇到的问题。同时也可以建立在线平台或社区，让导师和新教师之间可以随时随地进行交流和互动，实现更加灵活和便捷的指导模式。

通过制订共同体构建计划与时间表，提供专业发展培训与资源支持，建立在线平台或社区促进交流与合作，以及创建导师制度提供个性化支持与指导，可以有效地构建教师专业发展共同体。这些策略与步骤将有助于教师不断提升专业水平，促进交流与合作，实现共同成长和教育教学质量的提升。

三、教师专业发展共同体中的合作与分享

在教师专业发展共同体中，合作与分享扮演着至关重要的角色。促进教师之间的合作与团队建设、分享教学经验与最佳实践、利用技术手段促进合作与分享，以及开展跨学科合作与项目共建，不仅可以提升教师的专业水平，还能够促进教学创新和问题解决，为学生提供更优质的教育体验。

（一）促进教师间的合作与团队建设

在教师专业发展共同体中，促进教师间的合作与团队建设是为了创造一个互相支持、共同成长的环境。合作不仅能够促进教师之间的知识交流和经验分享，还能够激发创造力和解决问题的能力。教师可以组成小组，共同规划课程、设计教学活动，通过相互交流和反馈，不断改进教学方法和策略。例如一位教师在课堂上尝试了一种新的互动式教学方法，通过与团队成员分享经验和教学成果，其他教师也可以借鉴并应用于自己的教学实践中。学校还可以定期组织教师团队建设活动，如团队拓展训练和教师合作研讨会，通过这些活动增强团队的凝聚力和协作能力，从而提升整个教师团队的专业水平和教学质量。通过促进教师间的合作与团队建设，可以建立一个积极向上的教学氛围，为教师的专业发展和学生的学习提供更好的支持和保障。

（二）分享教学经验与最佳实践

在教师专业发展共同体中，分享教学经验与最佳实践是为了促进教师之间的交流与学习，从而共同提高教学质量。通过各种形式的分享活动，如交流会议、专题讲座和在线平台，教师可以分享自己在课堂教学中的成功经验和有效教学方法。这种分享不仅有助于教师之间的经验互通，还可以激发创新思维，帮助教师发现和尝试新的教学策略和方法。例如一位教师可以分享自己在教学中使用的某个教学工具或技术，以及使用该工具或技术所取得的成效和体会；另一位教师可以分享自己设计的创新课程，包括课程目标、教学内容、教学活动和评估方式等方面的经验。这样的分享不仅可以让其他教师从中获益，还可以为他们提供借鉴和参考，帮助他们在自己的教学实践中取得更好的效果。

（三）利用技术手段促进合作与分享

在当前数字化时代，技术手段已经成为促进教师合作与分享的强大工具，通过在线平台、社交媒体和教育应用程序，教师能够进行跨时区、跨地域的合作与交流。例如利用视频会议工具，教师可以在不同地点进行远程合作研讨，共同探讨教学方法和课程设计。通过在线教学平台，教师能够轻松分享教学资源、课件和教学经验，为其他教师提供借鉴和参考。这种利用技术手段促进合作与分享的方式，大大提高了教师之间的沟通效率和交流频率。不再受地域和时间的限制，教师可以随时随地与同行进行互动，分享最新的教学理念和实践经验。这不仅有助于丰富教师的教学方法和策略，还可以激发创新思维，推动教学质量的不断提升。技术手段也为教师专业发展共同体的建设提供了更广阔的平台，通过在线社区和专业论坛，教师能够更加方便地组建专业网络，加入各种教学研究小组或兴趣小组，共同探讨教育问题，分享最佳实践，从而促进共同体的发展和壮大。

（四）开展跨学科合作与项目共建

跨学科合作与项目共建在教师专业发展共同体中具有重要的作用，旨在整合不同学科领域的专业知识和技能，促进教学创新和问题解决。这种合作模式可以由语文、数学、科学、艺术等不同学科的教师共同参与，打破学科界限，创造更加综合和丰富的学习体验。例如语文老师和数学老师可以共同设计跨学科课程，如数学与文学的融合课程，通过解析文学作品中的数学概念或者将数学问题融入文学创作中，激发学生对两个学科的兴趣和理解。这样的合作不仅丰富了课程内容，还培养了学生的综合素养和跨学科思维能力。教师还可以共同参与各种教育项目的开发与实施，例如校本课程建设、科研课题研究等。通过合作共建项目，教师可以实现资源共享和经验互补，充分发挥各自的专业优势，为学校教育提供更加多元化和创新性的教学内容和方法。比如一群教师可以共同开发一个跨学科项目课程，涵盖多个学科的内容，通过团队合作，将各自的专业知识融入课程设计和教学实践中，为学生提供更加综合和有意义的学习体验。

在教师专业发展共同体中，合作与分享是实现教育目标的关键因素。通过促进教师之间的合作与团队建设，分享教学经验与最佳实践并利用技术手段促进合作与分享，以及开展跨学科合作与项目共建，可以不断丰富教学资源，提升教学质量，促进教师的专业成长和学生的综合发展。

四、评估与改进教师专业发展共同体的效果

评估与改进教师专业发展共同体的效果是确保其有效性和成员持续发展的关键环节，在这个过程中设立评估指标与测量方法、定期评估共同体的运行状况与成效、收集反馈意见与建议并进行改进与调整，以及持续优化共同体的发展策略与机制都是至关重要的步骤。下文将探讨这些步骤的具体内容和方法，以提供有效的指导和实践建议。

（一）设立评估指标与测量方法

在设立评估指标与测量方法时关键在于确保评估的全面性和客观性，教师专业发展共同体的效果评估不仅应该关注教师个体的成长，还应考量共同体整体的发展情况。评估指标的设立应综合考虑教师专业发展的多个方面，首先是教师的教学水平提升，这包括教学技能、课程设计能力、教学方法的创新运用等；其次是教学成果与学生学习效果的改善，可通过学生的学业成绩、课堂参与度、学生满意度等来衡量；最后是教师间的合作与团队建设程度，包括共同研究项目的推进、团队协作能力的提升等。测量方法的选择应根据评估指标的性质和特点来确定，对于教师的教学水平提升，可以采用教学评分表或者同行评教等方式进行定量评估；对于教学成果与学生学习效果的改善，则可以通过学生学业成绩的统计分析、学生问卷调查等方式进行测量；而对于教师间的合作与团队建设程度，则可以通过团队会议记录、合作项目进展报告等进行定性分析。例如针对教师的教学水平提升，可以设立评估指标，包括课堂教学设计、教学方法的多样性、学生参与度等方面，并通过教学评分表进行定量评估。比如教师的课堂教学设计得分是否有所提升，教学方法的创新运用是否得到了肯定，学生的参与度是否有所提高等。通过对评分表的分析，可以客观地评估教师的教学水平是否有所提升，从而为教师专业发展共同体的改进提供参考依据

（二）定期评估共同体的运行状况与成效

定期评估教师专业发展共同体的运行状况与成效对于促进教育质量的提升及

教师个人职业成长具有重要意义。为确保评估的效果应制订详细的评估计划，明确评估的时间节点、评估内容、参与者和使用的工具。评估的时间安排可以灵活选择，例如每学期末或每年末，根据共同体的活动密度和项目周期来决定。这种定期性评估有助于及时发现问题并调整策略，确保共同体的目标得到持续追踪和实现。评估内容应全面覆盖共同体的关键运行指标，包括但不限于共同体成员的参与度，如会议出席率、活动参与情况等；合作项目的推进情况，检查项目进度与预期目标的对齐程度；教学成果的达成情况，通过学生的学习成效来反馈教师教学方法的有效性。具体的评估方式可以多样化，结合定量与定性分析方法，以增加评估的客观性和深度。例如可以通过会议记录来检查参与度和讨论的质量，通过合作项目的进展报告来了解具体的执行情况，以及通过教师的个人教学反思和学生反馈来评价教学方法的改进和学生学习的进步。在每个学期末组织一次座谈会，邀请所有共同体成员参与，每位成员须提交一份关于本学期工作的总结报告，包括成功经验、遇到的困难和未来改进的建议。在座谈会中除了讨论这些报告外，还应收集成员对共同体运作的满意度及对未来活动的期望，确保每位成员的声音都能被听取，从而促进共同体内的沟通与合作，提高整体的教育质量和效率。

（三）收集反馈意见与建议，进行改进与调整

收集共同体成员的反馈意见和建议对于共同体的持续改进至关重要，采取多种形式进行反馈收集是有效的方法，其中包括匿名调查、小组讨论和个人反馈。匿名调查可以让成员更自由地表达他们的想法，而小组讨论则可以促进深入交流和经验共享，个人反馈则能够更加具体地了解每个成员的想法和需求。一旦收集到反馈意见就需要对其进行分析和整理，这可以通过归类相似的意见、识别共性问题和确定主要瓶颈来实现。例如如果教师普遍反映合作项目进展缓慢，可能是由于缺乏明确的目标、沟通不畅或者资源分配不当等。针对这些问题可以制定相应的改进措施，例如加强项目管理和督导，确立明确的时间节点和责任人，以便更好地监督和推进项目的进展。可以提供更多的培训和资源支持，帮助教师提升合作和沟通能力，从而提高共同体的整体效率和成效。关键在于将收集到的反馈意见转化为具体的行动计划并及时实施，定期评估这些改进措施的有效性，以确保共同体的持续改进和发展。通过不断地收集反馈意见和调整改进措施，共同体

将能够不断地适应变化的需求和挑战，实现其长期发展目标。

（四）持续优化共同体的发展策略与机制

持续优化教师专业发展共同体的发展策略与机制对于确保其有效运行和成员的持续发展至关重要，这需要定期审视和调整共同体的发展方向和策略，以适应不断变化的教育环境和共同体成员的需求。一个重要的优化策略是定期召开共同体发展策略会议，这样的会议可以为共同体成员提供一个集思广益、共同商讨的平台，让他们能够分享经验、探讨问题并共同制定新的发展方向和策略。在这些会议上，成员可以提出建议、表达需求并就共同体未来的发展方向达成共识。共同体可以引入新的合作项目或活动来丰富成员的专业知识和教学经验，例如组织跨学科研讨会，让不同学科领域的教师共同探讨教学方法和课程设计，促进跨学科合作和交流；又或者开展教学观摩活动，让教师相互观摩彼此的课堂教学，从中学习借鉴，提高教学水平；还可以通过开展培训课程、举办讲座和研讨会等方式，不断提升共同体成员的专业能力和教学水平。这样的活动有助于拓宽教师的视野，更新教学理念，激发创新思维，进而推动共同体的发展。

评估与改进教师专业发展共同体的效果是一个持续演进的过程，需要不断地审视和调整。设立全面且客观的评估指标与测量方法，定期评估共同体的运行状况与成效，收集并充分利用成员的反馈意见与建议并持续优化共同体的发展策略与机制，是确保共同体持续发展和成员持续成长的关键。通过这些努力，教师专业发展共同体将能够更好地适应教育环境的变化，促进教育质量的提升，实现共同体的长期发展目标。

结　语

作者在对《掌舵未来：教师教学管理的新视角》的研究中深入探讨了高中教学管理的新思路和方法，以及其对教育改革和发展的积极推动作用，通过对教育实践和理论的结合，期望为高中教师提供更多的教学管理策略以提升教育质量，促进学生全面发展。

本书提供了新的教学管理思路和方法，为高中教师在日常教学中提供了更多的选择和灵感。在多样化的学生需求面前，传统的教学管理方式已经不再适用，因此本书探索了各种新颖的教学管理理念，例如个性化教学、合作学习、项目式学习等，以满足不同学生的学习需求。这些方法不仅可以提高教学效果，还可以激发学生的学习兴趣，培养其创新精神和批判思维能力，从而实现学生的全面发展。

本书的研究对高中教育的改革和发展具有积极的推动作用，随着社会的不断变革和科技的快速发展，传统的教育模式已经不能满足现代社会的需求。因此，本书提出了一系列新的教育理念和策略，以推动高中教育的转型与升级。这些理念和策略不仅包括教学管理方面的创新，还涉及课程设置、评价方式、师资培训等方面的改进。通过与实际教学实践相结合，希望能够为高中教育带来新的活力和动力，推动教育实践与理论的相互促进，推动教育事业的不断发展。

本书的研究呼吁教育工作者不断探索、勇于创新，以更加开放和包容的心态迎接挑战。教育事业是一个永恒的事业，需要不断探索和前行，在不断变化的社会环境中需要不断反思和改进教育教学的理念和方法以适应新时代的需求。因此，希望教育工作者能够积极参与本书研究所提出的教学管理策略的实践和探索，不断探索教育教学的新路径，为教育事业的繁荣发展贡献自己的力量。

本书的研究对于提升高中教育质量、促进学生全面发展、推动教育改革和发展具有重要的意义和价值。期待更多的教育工作者能够积极参与到这一进程中来，共同为教育事业的繁荣发展贡献力量，为未来的教育事业带来更多的希望和可能！